교육훈련을 Active하게 만드는 101가지 방법

Mel Silberman 저
전주성 역

학지사

101 Ways to Make Training Active 2nd edition

by Mel Silberman

역자 서문

역자는 연구뿐만 아니라 '가르치는 행위'를 하나의 중요한 업으로 삼고 있는 사람으로서 여러 해 동안 효과적인 교육방법들에 대해 고민해 왔다. 콘텐츠 측면에서 아무리 강의나 교육훈련 내용이 우수하다 할지라도 그것이 효과적으로 전달되지 못한다면 기대하는 교육효과를 얻기는 어렵다. 이 책은 역자와 같은 고민을 공유하는 다양한 분야의 교수자들에게 쉽게 활용할 수 있는 유용한 교육방법 기법들을 제시해 주고 있다.

이 책은 비즈니스 영역의 인적자원개발(HRD) 분야에서 이루어지는 다양한 교육훈련을 대상으로 하였다. 하지만 HRD 영역은 물론 대학 및 평생교육기관 같은 공공적인 성격의 교육현장에서도 쉽게 활용할 수 있다는 점이 크나큰 장점이다.

책의 제목처럼 여기에는 교육훈련을 액티브하게* 만드는 101가지 교육훈련 기법들이 나와 있다. 그런데 이 책을 더욱 매력적으로 만드는 것은 101가지의 교육훈련 기법들을 무질서하게 그냥 나열한 것이 아니라, 그것들을 교육훈련의 도입, 전개, 결말 등 각 교육훈련 상황 및 내용에 적합하도록 체계적으로 배열했다는 점이다. 그리고 이 책에 숨겨져 있는 또 하나의 보물은 '액티브한 교육훈련의 기본'에서 제시하고 있는 '200가지 팁'이다. 이는 101가지 교육훈련 기법들을 적용하는 데 있어 중요한 기반이 되는 팁들이다.

---

* '액티브(active)하다' '액티브하게'라는 표현은 문법적으로 맞지 않는 말이지만, 원어의 어감과 의미를 충분히 살리기 위해 불가피하게 사용하였음을 밝힌다.

이 책의 저자는 교육훈련 기법의 기본적인 프레임으로서 101가지의 방법 및 이의 토대가 되는 200가지의 팁을 제시하고 있다. 하지만 이것들은 그야말로 기본 중의 기본일 뿐이다. 이들을 얼마만큼 더 확장해서 활용할 수 있느냐는 이를 응용하는 사람들의 몫이다.

역자는 숭실대에 재직하면서 이 책을 '평생교육방법론' 등의 강의에 주요 교재로 활용하였다. 강의는 이 교재에서 제시하고 있는 다양한 교육훈련 기법들을 그대로 활용하거나 혹은 응용해 보는 매우 액티브한 활동들로 채워졌다. 교수자인 역자는 물론 각 전략을 준비하여 적용해 본 학생들 모두는 이 책에 제시된 다양한 교육훈련 기법들에 매우 만족하였다. 그것이 이 책을 번역하게 된 결정적인 계기가 되었다.

이 역서를 완성하기까지 숭실대학교 평생교육학과 학부 학생들 및 대학원생들의 기여가 컸다. 특히, 대학원 석사과정의 권민정, 강우식 선생, 그리고 학부과정의 한영준 군의 큰 도움에 감사의 마음을 전한다.

2012년 8월

살피재 언덕의 싱그러움을 바라보며

전주성 씀

저자 서문

액티브한 교육훈련 방법을 개발하기 시작한 지는 15년이 지났고, 이 책『교육훈련을 Active하게 만드는 101가지 방법』의 초판이 나온 지도 10년이 흘렀다. 이 기간은 나의 교육훈련 방법 분야 35년 경력에 있어서 하나의 즐거운 경험이 되었던 시기다. 수많은 사람들이 액티브한 교육훈련 기법을 적용해 왔고, 또한 자신들의 교육훈련 상황에서 어떻게 그것이 효과적으로 활용되었는지에 대해 말해 주었다. 나는 많은 교육훈련 전문가들에게 감사의 마음을 전한다. 특히, ASTD (The American Society for Training and Development), ISPI(The International Society for Performance Improvement), NAASG(The North American Association of Simulation and Gaming) 등의 회원이면서, 이 실험에 참여하여 나에게 많은 격려와 건설적인 피드백을 준 동료들에게 감사의 마음을 전하고 싶다.

나는 티아기(Thiagi)로 더 잘 알려진 티아가라얀(Thiagarajan)에게 특히 감사하고 싶다. 티아기의 창의적인 아이디어들은 내가 보다 나은 액티브한 교육훈련 기법을 개발하는 데 필수적인 패러다임 변화를 가능하게 하는 데 도움을 주었다. 당신은 이 책을 읽으면서 수많은 그 증거들을 보게 될 것이다.

또한 나는 기존의 교육훈련 전략과 기법들을 새롭게 교체하는 데 큰 도움을 준 밥(Bob Pike), 에드(Ed Scannell), 데이브(Dave Meier), 섀런(Sharon Bowman), 장(Jean Barbazette), 라이언(Ryan Watkins), 그리고 해럴드(Harold Stolovitch)에게도 감사하고 싶다. 그리고 이 책의 초판을 출판하는 데 큰 도움을 주었으며, 유용

한 여러 책들의 저자이기도 한 캐런(Karen Lawson)에게 특별한 감사의 마음을 전한다.

마지막으로, 마틴(Martin Delahoussaye), 세드릭(Cedric Crocker), 돈(Dawn Kilgore), 캐슬린(Kathleen Dolan Davies), 그리고 수잔(Susan Rachmeler) 등을 포함한 파이퍼(Pfeiffer) 출판사 출판팀의 지속적인 신뢰에 감사하고 싶다. 그들은 이 책을 나의 상상 이상으로 완성도 있게 만들어 주었다.

차 례

현장평가 전략 119

즉각적인 학습참여 전략 137

정보, 기술, 태도를 액티브하게 가르치는 전략 159

배운 것을 잊지 않게 만드는 전략 327

도입: 이 자원을 최대로 활용하기

> 당신은 사람들에게 그들이 알 필요가 있는 것을 매우 빨리 말해 줄 수 있다. 하지만 그들은 당신이 그들에게 말한 것을 훨씬 더 빨리 잊어버릴 것이다. 사람들은 당신이 그들을 위해 이해시켜 준 것보다 그들 스스로 이해한 것을 더욱 잘 이해한다.

그렇다, 교육훈련에는 단순히 알려 주는 것 이상의 훨씬 더 많은 것들이 있다. 학습은 다른 사람의 머릿속에 정보를 불어넣는 그런 식의 자동적인 결과물이 아니다. 학습은 학습자 자신의 정신적, 육체적 개입을 요구한다. 그저 강의와 시범 설명만으로는 실제적이고 지속적인 학습을 이끌어 낼 수가 없다. 이는 오직 **액티브**한 교육훈련을 통해서만 가능하다.

그렇다면 무엇이 교육훈련을 '액티브'하게 만드는가? 교육훈련이 액티브할 때, 참여자들은 과업의 대부분을 수행한다. 그들은 자신의 머리를 사용하여 아이디어를 연구하고, 문제를 해결하고, 학습한 것을 적용한다. 액티브한 교육훈련은 빠른 속도로 진행되고, 재미있으며, 지지적이고, 직접적으로 참여한다. 종종 참여자들은 자신의 자리를 벗어나 돌아다니며 대화한다.

왜 교육훈련을 액티브하게 만드는 것이 필요할까? 어떤 것을 효과적으로 배우기 위해서는 그것을 듣고, 보고, 그것에 대해 질문하며, 다른 사람과 함께 토의하는 것이 도움이 된다. 무엇보다도 우리는 그것을 직접 '실행해야' 할 필요가 있는데, 여기에는 우리 스스로 문제를 해결하고, 사례를 제시하며, 기술을 연마하고, 이미 알고 있는 방법으로 문제해결을 시도해 보는 것 등이 포함된다.

우리는 사람들이 직접 해 보는 것을 통해 가장 잘 배운다는 것을 안다. 어떻게 우리는 교육훈련 프로그램에서 액티브한 학습을 촉진시킬 수 있을까? 이 책은 거의 모든 분야의 주제에도 사용할 수 있는 구체적이고 실용적인 전략들을 담고 있다. 이 전략들은 당신의 교육훈련 프로그램을 생동감 있고, 더 재미있게 만들어 줄 것이다. 어떤 것은 무척 재미있기도 하고, 또 어떤 것은 매우 진지하나, 이들 모두는 더 깊은 학습을 촉진하고 학습내용을 오래도록 기억에 남게 하기 위해 계획된 것들이다.

『교육훈련을 Active하게 만드는 101가지 방법』 제2판은 탐색하고 적용하기 쉬운, 풍부하고 포괄적인 교육훈련 전략들을 한데 모았다. 이 책은 교육훈련 환경에서 성인들에게 전문적인 혹은 비전문적인 정보, 개념, 기술들을 가르치는 누구에게나, 즉 초보자나 전문가 모두를 위한 책이다. 이 책은 참여자들로 하여금 팀워크를 구축하고 학습주제에 대하여 바로 몰입하게 만드는 활동들을 통하여, 교육훈련의 처음부터 그들을 적극적으로 참여하도록 만드는 방법을 담고 있다. 여기에는 전체그룹 학습 및 소그룹 학습을 실행하는 전략과, 토론과 논쟁을 자극하고, 기술을 연습하며, 질문을 촉진하고, 심지어는 참여자들끼리 서로 가르치게 하는 전략도 포함되어 있다. 마지막으로는 참여자들 자신이 배워 온 것을 복습하게 하고, 그들이 어떻게 변화했는지를 평가하며, 그 교육훈련이 정착될 수 있도록 하기 위해 취해야 할 다음 단계에 대해 생각해 보도록 하는 기법들이 있다.

이 책에 있는 전략들은 강의실에서 이루어지는 교육훈련에 적합하다. 더 이상 강의실에서 이루어지는 교육훈련이 교육훈련의 유일한 방법은 아니지만, 이 방법은 여전히 사람들을 학습에 참여시키는 가장 좋은 방법 중의 하나다. 만약 이것이 잘 개발되면, 강의실의 살아 있는 학습환경은 배려 있는 퍼실리테이터(facilitator)와의 개인적인 관계 맺음, 동료들로부터의 사회적 강화, 주제에 대한

인상적인 발표 등을 포함하는 특별한 방법들로 학습자들에게 동기를 부여할 수 있는 능력을 가진다. 그러나 강의실에서 이루어지는 교육훈련 이외의 다른 형태의 교육훈련들도 이 책에 있는 전략의 적용을 통해 향상될 수 있다. 예를 들면, 이 책에 있는 거의 모든 전략들은 동시적 · 비동시적인 이러닝(e-learning) 모두에 사용될 수 있다. 이런 기회에 대한 언급이 이 책에 나와 있으며, 섹션 중 하나는 이러닝 맥락에 대해 다루고 있다.

이 책의 구성

이 책은 '액티브한 교육훈련의 기본'으로부터 시작된다. 여기에서 당신은 어떻게 액티브한 교육훈련을 조직하고 실행하는지에 관한 200가지 팁을 발견할 것이다. 그룹 만들기, 참여 유도하기, 강의실 자리 배치하기, 토론 촉진하기, 그리고 교육훈련 활동의 효과를 높이기 위한 많은 제안들이 포함되어 있다.

여기에 제시된 101가지 특별한 교육훈련 기법들은 세 부분으로 나누어진다.

교육훈련 시작 시 액티브한 참여를 유도하는 전략

이 섹션은 모든 종류의 교육훈련 프로그램을 위한 아이스브레이커(icebreaker) 및 기타 다른 종류의 오프닝 활동들을 포함한다. 이 기법들은 다음 중 하나 혹은 그 이상의 것들을 하도록 설계되어 있다.

- 팀빌딩 전략: 참여자가 서로 잘 알 수 있도록 돕거나 협동정신과 상호의존성을 이끌어 내기
- 현장평가 전략: 참여자의 태도, 지식, 경험에 대한 학습
- 즉각적인 학습참여 전략: 학습주제에 대한 초기 관심 유발하기

게다가 이러한 기술들은 학습자가 처음부터 적극적이고 활동적인 역할을 하도록 고무시킨다.

정보, 기술, 태도를 액티브하게 가르치는 전략

이 섹션은 당신이 당신의 교육훈련에 있어서 핵심 위치를 차지하고 있을 때 사용될 수 있는 교육 전략들을 포함하고 있다. 이 기법들은 강의 발표를 대체하거나 강화시키기 위해 고안되었다. 참여자들로 하여금 스스로 생각하고 느끼고 적용하도록, 부드럽게 독려하는 광범위한 대안들이 제공된다. 다음의 주제가 다루어진다.

- 액티브한 강의: 교육훈련 교수자가 이끄는 '뇌-친화적인' 강의
- 토론 촉진하기: 핵심 쟁점들에 대한 대화와 토론
- 질문 이끌어 내기: 활동 및 교육내용 등에 대해 명확한 이해를 위하여 참여자들로 하여금 질문을 하도록 유도함
- 팀 학습: 각 그룹의 참여자들에 의해 해결되는 과제들
- 동료 교수법: 참여자들에 의해 이끌어지는 교수 방법

- 액티브한 이러닝: 개인 컴퓨터를 이용하는 학습활동
- 정서지능: 참여자의 감정, 가치 및 태도를 조사하도록 돕는 활동
- 기술개발: 전문적 · 비전문적 기술들을 배우고 연습하는 것

배운 것을 잊지 않게 만드는 전략

이 섹션은 참여자로 하여금 그들이 배운 것이 무엇인지 되돌아보고, 그것을 어떻게 미래에 적용할 것인지에 대해 생각해 보도록 하면서 교육훈련 프로그램을 마무리하는 방법들로 구성되어 있다. 초점은 당신이 참여자들에게 무엇을 말했는지가 아니라 그들이 무엇을 배웠는지에 관한 것이다. 이 기법들은 다음 중 하나 혹은 그 이상의 것을 다루기 위해 고안되었다.

- 복습전략: 학습한 것을 상기하고 요약하기
- 자기평가: 지식, 기술 또는 태도에 있어서의 변화 평가하기
- 적용계획: 교육훈련 프로그램이 끝난 후에 참여자들에 의해 어떻게 학습이 적용될 것인지를 결정하기
- 마무리하기: 참여자들이 교육훈련의 마지막에 갖는 생각, 감정 및 관심사에 대해 대화하기

당신이 읽게 될 101가지 전략들은 다음의 방식으로 제시된다.

- 개요: 해당 전략의 목적과 전략이 적절하게 활용될 수 있는 환경에 대한 언급

- 절차: 해당 전략을 어떻게 이용할지에 대한 단계별 교수법
- 응용하기: 해당 전략을 이용하는 대안의 방법들 제안

각 전략은 당신의 강의 내용에 대한 템플릿의 기능을 할 것이다. 그리고 당신의 교육훈련 프로그램에 학습전략들을 쉽게 적용할 수 있도록 적용 절차가 제시된다. 또한 전략 적용에 도움을 주기 위해, 각 전략들에 대한 최소 한 개의 실제 적용 사례가 주어진다. 이 예시들은 광범위한 주제로부터 도출되었고, 구체적인 교육훈련 상황에서 그 전략이 어떻게 사용될 수 있는지에 대한 이해와 구상에 도움을 준다.

마지막으로, 이 기법들은 '변형 없이 그대로' 이용하거나 당신이 원하는 대로 맞추어 수정해서 적용할 수 있다. 그리고 여기에 당신의 창의성을 더할 수 있다! 이때 마음속에 다음과 같은 충고를 명심해야 한다.

- 무턱대고 실험하지 마라. 하나의 새로운 방법은 한 주에 하나를 초과하지 않도록 하라.
- 당신이 참여자들에게 새로운 전략을 도입할 때, 그것을 전통적인 방법에 대한 하나의 대안으로서 받아들이게 하라. 그리고 그들의 피드백을 얻어라.
- 너무 많은 활동들로 참여자에게 부담을 주지 마라. '때로는 부족한 것이 더 효과적이다.'란 말을 명심하라. 당신의 교육훈련 프로그램을 생동감 있게 할 수 있도록, 너무 많은 활동은 지양하라.
- 활동에 대한 안내를 명확하게 하라. 혼란이 없도록 참여자들이 하길 기대하는 것을 시연 혹은 설명하라.

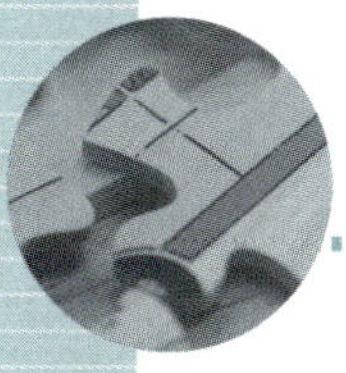

액티브한 교육훈련의 기본

200가지 팁

이 책에 제시된 101가지 액티브한 교육훈련 전략을 잘 이용하기 위해서는 이 섹션을 먼저 읽어 보는 것이 좋다. 101가지 전략 중 대부분이 여기에 열거된 팁들을 이용한다. 이 팁들은 액티브한 교육훈련의 기본이 된다. 나의 책 『액티브한 교육훈련(Active Training)』에서는 민간 부문 및 공공 부문의 교육훈련 프로그램에 대하여 어떻게 그것들을 활동적이고 경험에 기반을 둔 프로그램으로 설계하고 실행할 수 있는지에 대해 상세히 기술하였다. 이어서, 당신은 20개의 'TOP 10' 목록을 통해, 총 200개의 교육훈련 팁을 발견하게 된다. 이 목록들은 처음부터 끝까지 교육훈련 프로그램에 대하여 더 나은 품질, 활동, 다양성 및 방향을 구축하는 방법에 대한 나의 조언이 많이 요약되어 있다. 이 목록들은 교수자가 액티브한 교육훈련을 실행하는 강의에서, 빠른 시간 안에 그들에게 유용한 전략 'TOP 10'을 찾을 수 있도록 도와줄 것이다. 그것들은 전략을 위한 '초석'으로서 기능하게 될 것이다.

대부분의 아이디어들은 이미 잘 알려져 있다. 그에 대해 잘 구성된 목록을 갖는 것은 당신이 좀 더 쉽게 액티브한 교수자가 되도록 도울 것이다. 이 목록들은 교육훈련을 액티브하게 만들고 싶은 상황에서, 당신이 선택할 수 있는 '교육훈련 메뉴' 옵션이 될 것이다.

교육훈련 강의실 구성을 위한 10가지 자리배치

물리적인 강의실 환경은 액티브한 교육훈련을 만들기도 하고, 반대로 망치기도 하는 주요한 요인이다. 이상적인 배치라는 것은 없지만, 선택할 수 있는 여러 대안들이 있다. 활동을 위한 '내부 장식'은 재미있고, 자극이 될 수 있다(특히, 테이블 및 의자 등이 덜 이상적일 때). 몇몇의 경우에, 테이블과 의자는 다양한 배치를 위해 재배열될 수 있다. 만약 당신이 그렇게 하기로 결정했다면, 참여자들에게 의자와 테이블을 함께 옮겨 줄 것을 부탁해 보는 것도 좋다. 그것 또한 참여자를 '액티브하게' 만든다.

❶ U자형

이것은 다목적 이용을 위한 배치다. 참여자들은 읽기와 쓰기를 위한 공간을 갖는다. 그들은 당신과 영상매체를 쉽게 볼 수 있고, 서로를 마주 보고 있을 수 있다. 또한 참여자들을 짝짓는 데 용이한데, 특히나 한 테이블당 두 자리씩 있다면 더욱 그러하다. 이 구성은 유인물 자료들을 참여자에게 빨리 나누어 줄 수 있고, 많은 자료를 가지고 다양한 방향으로 움직이기에 매우 이상적이다.

당신은 직사각형의 테이블을 U자 모양의 사각형으로 배치할 수 있다.

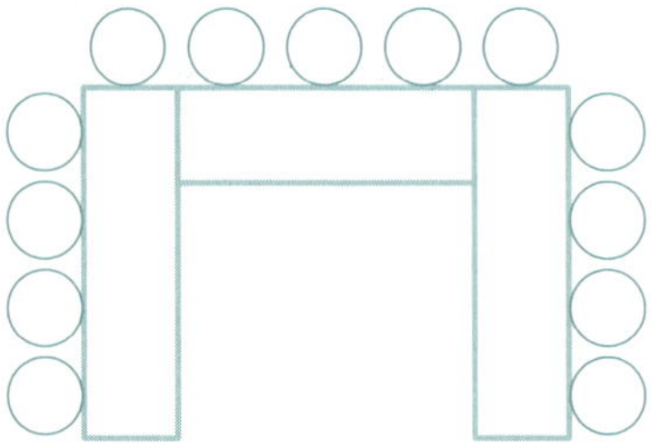

세 명 혹은 그 이상의 참여자들로 구성된 소그룹이 그 테이블에서 뒤로 물러나 서로를 바라볼 수 있도록 하기 위해 강의실 내에 충분한 공간이 남도록 하는 것이 좋다.

참여자가 20명 이상일 때, U자는 볼링장과 같은 모양으로도,

혹은 다리와 같은 모양으로도 배치될 수 있다.

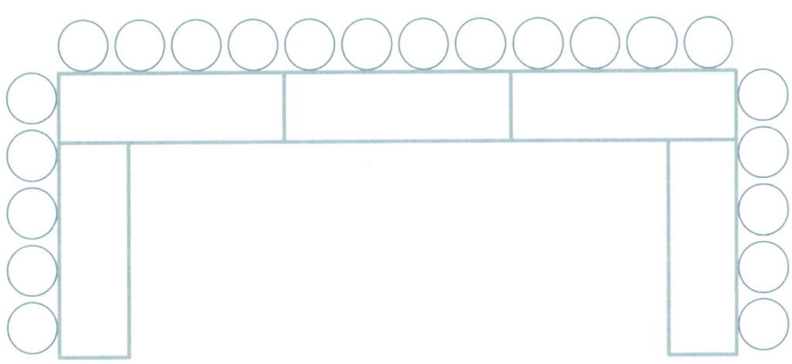

이런 경우에는, U자의 안쪽에 자리를 더 만들어 서로가 더욱 가까이 자리할 수 있도록 하는 것이 좋다.

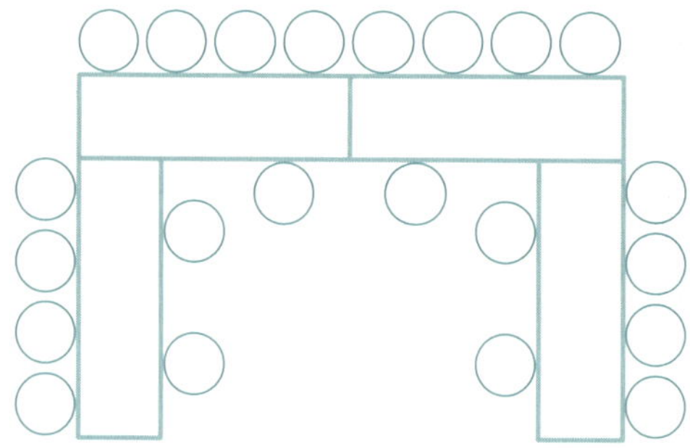

당신은 또한 원형이나 직사각형의 테이블을 말발굽 모양이나 반구 모양의 U자로 배열할 수도 있다.

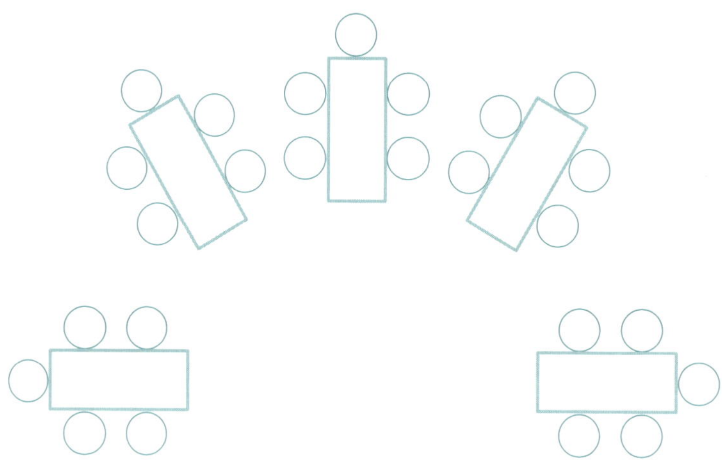

❷ 팀 스타일형

강의실에 원형 또는 직사각형의 테이블로 그룹핑하는 것은 팀의 상호작용을 촉진시킨다. 당신은 의자를 테이블 주위에 둘러싸도록 배치함으로써 가장 친근한 강의실 구성을 할 수 있다. 그러나 이 경우에는 몇몇의 참여자들이 당신이나 화이트보드, 칠판 혹은 스크린을 보기 위해 의자를 돌려야 한다.

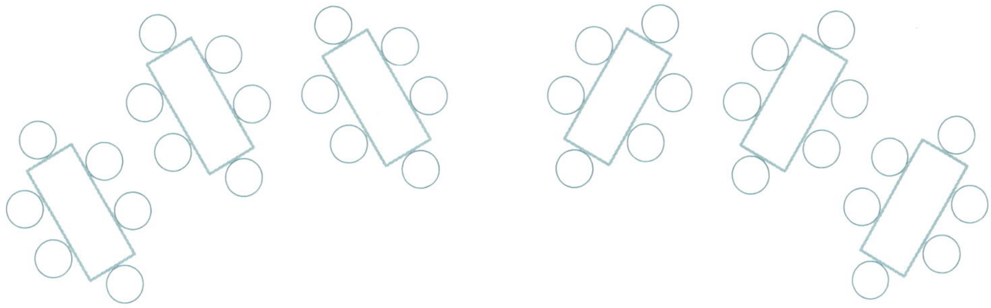

또는 참여자들이 강의실 앞을 보기 위해 의자를 돌리지 않아도 되게끔, 의자를 테이블 절반만 둘러싸도록 배치할 수도 있다.

❸ 회의실 테이블형

테이블이 원이나 정사각형 모양일 때가 가장 좋다. 이 배열은 리더의 중요성을 최소화하고 그룹의 중요성을 최대화한다. 직사각형 테이블의 경우는, 만약 퍼실리테이터(리더)가 테이블의 '머리'쪽에 앉는다면 종종 공식적인 느낌을 갖게 만든다.

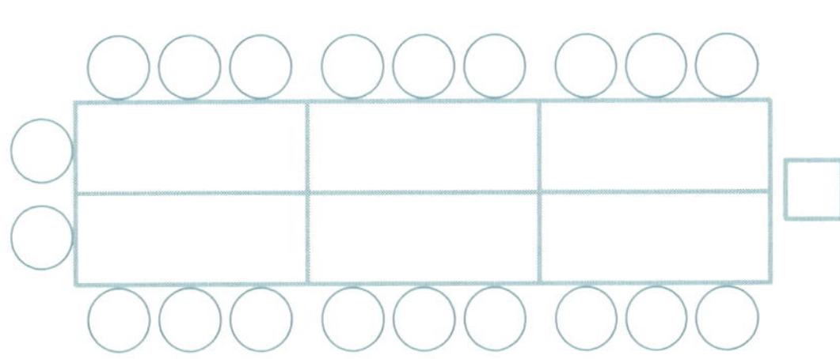

이를 피하기 위해서는 아래 그림처럼 퍼실리테이터가 직사각형 테이블 배치의 '중앙'에 앉는 것이 더 좋다.

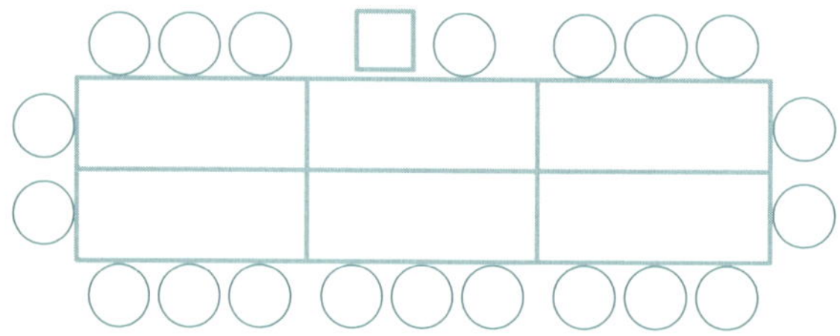

❹ 원형

참여자들이 테이블 없이 원으로 앉았을 때, 직접적인 면대면 상호작용을 가장 잘 촉진시킬 수 있다. 이러한 원은 전체그룹 토론에 이상적이다. 주위의 공간이 충분하다고 가정할 때, 참여자에게 자신들의 의자를 스스로 빠르게 배열하도록 해서 많은 소그룹들을 만들 수도 있다.

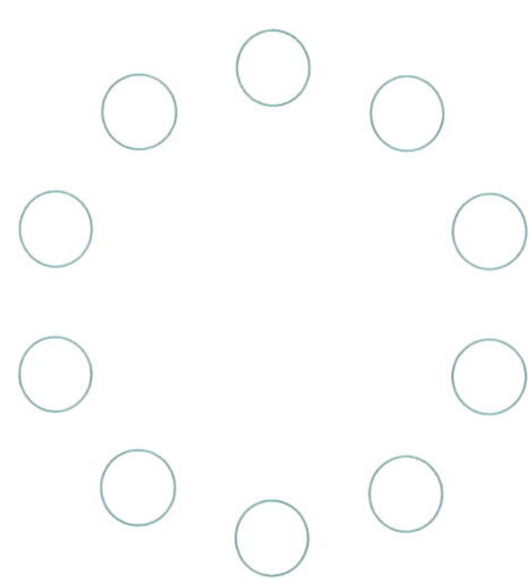

❺ 이중 그룹형

이 배열은 피쉬볼(fishbowl, 어항) 토론을 가능하게 하며, 역할놀이, 토론(debate) 혹은 그룹활동의 관찰 등을 가능하게 해 준다. 가장 전형적인 배열은 두 개의 동심원으로 자리를 배치하는 것이다.

또한 원형으로 자리를 배열하기 위해 의자를 움직이지 않고도 이중 그룹형으로 자리를 만들 수 있다. 그저, 다른 소그룹은 경청하도록 하고, 한 소그룹에게는 서로 상호작용하도록 하라. 예를 들면, 팀 스타일 배치에서, 하나의 테이블은 '스피킹 그룹'으로 지정될 수 있다. 또한 U자형 혹은 직사각형 모양의 배치에서는, 테이블의 한쪽 면에 앉아 있는 참여자들이 '스피킹 그룹'이 될 수 있다.

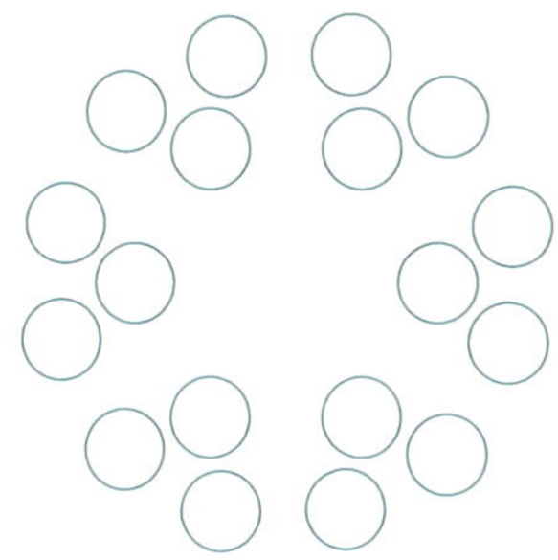

❻ 워크스테이션형

워크스테이션형(workstation)은 시연설명 후에 각 참여자들이 자신의 워크스테이션에 앉아 어떤 절차나 과업(예를 들면, 컴퓨터 사용, 기계 작동, 드로잉 등)을 수행하는, 액티브하며 실험실 타입 환경에 적합한 배치다. 학습 파트너십을 조장하는 훌륭한 방법으로서 같은 테이블에 2명의 참여자를 함께 앉힐 수 있다.

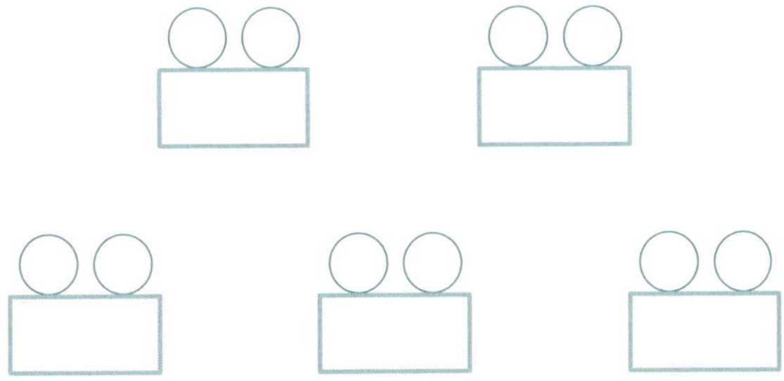

❼ 브레이크아웃 그룹핑형

만약 강의실이 충분히 넓거나 또는 인근에 여유 공간이 있다면, (가능할 때 미리) 소그룹들이 팀 기반 학습활동을 위해 사용할 수 있도록 테이블과(또는) 의자를 배치하라. 각 팀이 다른 사람들에 의해 방해받지 않도록 모든 팀을 가능한 한 서로 멀리 떨어지도록 배치하라. 그러나 협력적인 교류를 유지하기가 어려울 정도로 많이 띄어 놓는 것은 피하라.

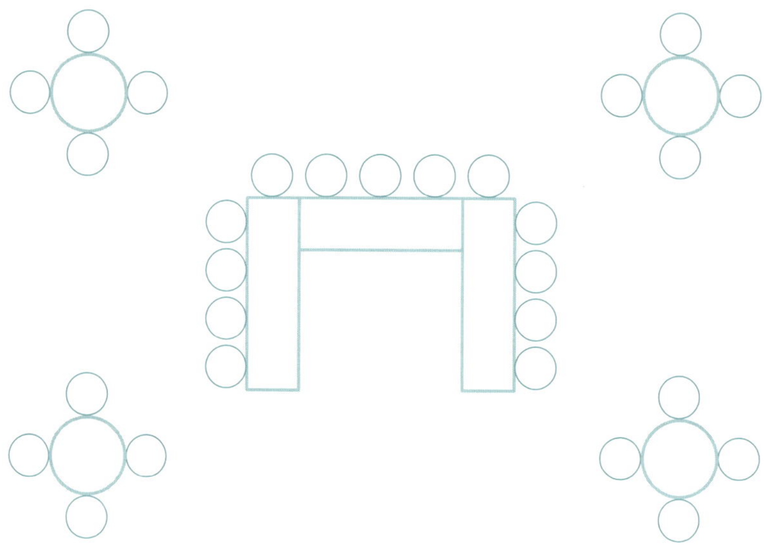

❽ 역V자형

전통적인 강의실 배치(줄지은 테이블)는 액티브한 학습을 촉진시키지 못한다. 그러나 많은 참여자들(30명 또는 그 이상)과 오직 직사각형의 테이블만 이용할 수 있을 때는 참여자들을 '강의실 스타일'로 배치하는 것이 필요하다. 가능하다면, 반복적인 V자형 또는 역V자형의 배치는 사람과 사람 사이의 거리를 줄이며 정면 가시성을 좋게 만든다. 이것은 또한 전통적인 배치보다 참여자들로 하여금 서로를 더 잘 볼 수 있도록 한다. 이 배열에서 통로는 다음 그림과 같이 중심에서 벗어나도록 하는 것이 가장 좋다.

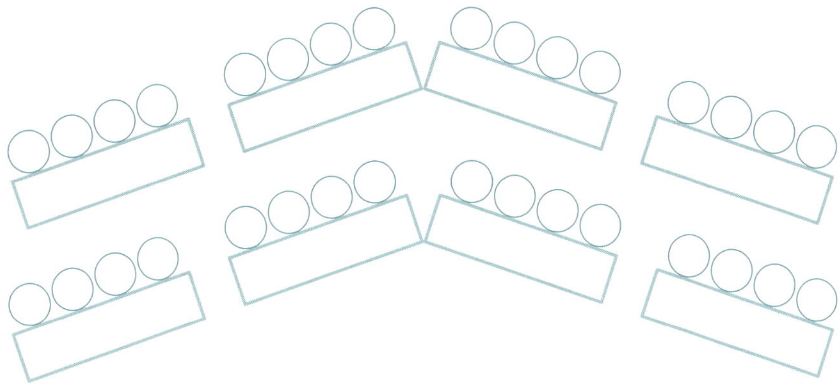

9 전통적인 강의실형

만약 당신에게 단지 일렬로 늘어 놓은 테이블과 의자만이 주어졌다고 하더라도, 아무것도 할 수 없는 것은 아니다. 학습 파트너를 만들 수 있도록 의자를 둘씩 짝지어라. 짝수로 줄을 만들어서 홀수 줄의 참여자들이 뒤돌아 앉게 하여 마주 보는 그룹끼리 4인조로 한 그룹을 만들 수 있다.

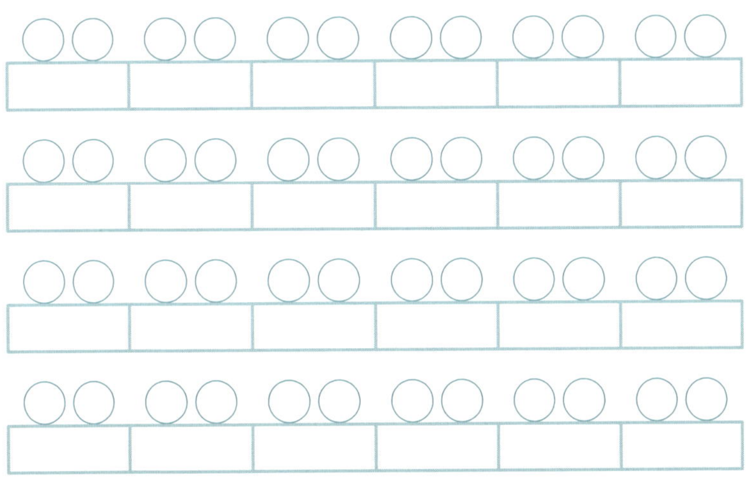

⑩ 대강당형

비록 대강당형은 액티브한 교육훈련에 제한적인 환경이지만, 여전히 희망이 있다. 만약 좌석을 움직일 수 있으면, 서로 더 친밀감을 높이고 당신 그리고 서로를 더 잘 보게 하기 위해 아치 형태로 배열하라.

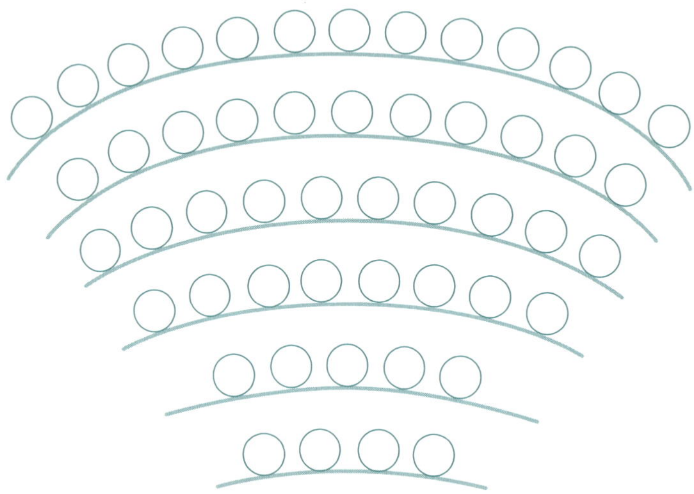

만약 좌석이 고정되어 있다면, 참여자들을 가능한 한 중심에 가깝게 앉도록 요청하라. 이를 적극적으로 요청해서, 참여자들이 대강당의 불필요한 구역(예를 들면, 눈에 띄지 않는 구석 등)으로 가 버리지 않게 해야 한다. 아무리 대강당이 크고 참여자의 규모가 상당할지라도 당신은 참여자들을 짝지우고, 학습 파트너를 수반하는 액티브한 교육훈련을 실시할 수 있다.

이름을 외우기 위한 10가지 기술

액티브한 교육훈련 환경에서, 참여자는 교수자만큼이나 중요하다. 참여자는 다른 사람들이 자신의 이름을 불러 줄 때, 자신이 중요하다고 느낀다. 다른 사람의 이름을 외우는 방법은 다양하다. 어떤 것(예를 들면, **이름 외우기 과제**와 **알파벳순 서명**)은 비교적 직접적이고, 또 어떤 것(예를 들면, **이름 빙고**와 **네 이웃의 이름은?**)은 게임을 통해서도 이름을 외울 수 있게 한다.

❶ 이름 외우기 과제

참여자들로 하여금 다른 사람에게 가서 자신을 소개하거나, 아니면 다른 사람의 이름표를 보게 하여 가능한 한 많은 이름을 외우도록 한다. 몇 분이 지난 후 활동을 멈추게 하고 이름표를 가리거나 떼어 버리게 한다. 이제 참여자에게 주위를 둘러보게 하고 다른 사람의 이름을 몇 명이나 외우고 있는지를 자문해 보도록 한다. 필요하다면, 당신이 원하는 만큼 이름 외우기 및 자문퀴즈 활동을 반복하라. 참여자들은 10분 안에 적어도 20명의 이름을 외울 수 있어야 한다.

❷ 이름 체인

각 참여자에게 앞서 소개된 이름들과 자신의 이름을 순서대로 연속해서 함께 말하도록 한다. 예를 들면, 첫 번째 사람은 자기 자신의 이름만을 소개하면 되지만, 두 번째 사람은 자신의 이름뿐만 아니라 첫 번째 사람의 이름도 말해야 한다. 체인이 길어질수록 기억해야 할 이름은 점점 많아진다. 그러나 그 이름들은 그때쯤이면 이미 여러 번 되풀이되어 있을 것이다. 참여자로 하여금 '아름다운 아름'이나 '재빠른 재웅'과 같이 그들의 이름 앞에 이름의 첫 글자와 같은 문자로 시작하는 형용사를 붙이게 함으로써 이름 체인을 두운을 맞춰 진행할 수도 있다. 이러한 닉네임은 학습활동에서 다른 사람의 이름을 쉽게 기억하도록 도와주고 종종 유머도 더해 준다. 또는 참여자들에게 자신의 이름을 말하게 하고 이와 더불어 신체적인 움직임도 함께 하도록 하라. 이 움직임은 이름 연상에 도움이 된다.

❸ 알파벳순 서명

플립 차트에 알파벳을 미리 적어 놓는다. 알파벳 글자가 쓰인 플립 차트를 강의실 벽에 붙인다. 참여자들로 하여금 자기 이름의 첫 이니셜이 쓰인 플립 차트에 자기 이름을 적도록 하고, 같은 이니셜을 가진 다른 사람을 찾도록 한다. 그다음, 다른 플립 차트들도 보도록 하고, 가능한 한 많은 사람들의 이름과 그 얼굴을 확인하도록 한다.

❹ 알파벳순 라인업

참여자들로 하여금 이름의 알파벳순으로 정렬하도록 한다. 이 활동은 그룹 내 다른 구성원의 이름을 알 수 있도록 돕는다. 또는 재래적인 방식으로 각자를 소개하게 한 다음, 그 이름들을 잘 외우고 있는지 검토하는 방법으로 '말없이 이름의 알파벳순으로 정렬하기' 활동을 한다. 참여자는 다른 사람과 말을 하지 않고 이름의 알파벳 순서대로 줄을 서 보도록 한다.

❺ 이름 빙고

참여자에게 강의실 안을 돌아다니게 해서 서로의 이름을 파악하도록 요청한다. 그러고 나서 서로 교환한 이름을 빙고의 빈칸에 적도록 한다. 참여자가 10명보다 적다면 3 × 3 정사각형 빙고판을 만들고, 16명 이하라면 4 × 4, 25명 이하라면 5 × 5 정사각형을 만들도록 한다. 각 참여자들을 만나 보게 한 후, 사용되지 않은 박스의 빈 칸에는 'O'를 넣도록 한다. 그다음에는 모자 안에 모든 사람들의 이름표를 넣는다. 모자를 그룹의 참여자에게 돌릴 때, 각 참여자들로 하여금 모자에서 이름표 하나를 빼도록 한다. 모든 사람들은 빼낸 이름이 있는 칸에 'X' 표시를 한다. 어떤 한 참여자가 빙고가 되었을 때(수평, 수직 또는 대각선으로), 그 사람은 "빙고"라고 외친다. 마침내는, 모든 사람들이 수 차례 빙고를 외치게 될 것이다.

❻ 이름표 섞기

각 참여자에게 그룹 내에 있는 누군가의 이름표를 주고, 이름표의 주인을 찾아보도록 요청한다. 모든 사람이 각자 자신의 이름표를 받을 때까지 계속하도록 요청한다.

❼ 네 이웃의 이름은?

원의 형태를 만들고 중심에 한 참여자를 나오게 한다. 원 중심에 있는 사람이 원에 있는 누군가를 지명하여 "네 (왼편 혹은 오른편) 이웃의 이름은?"이라는 질문을 하도록 한다. 만약 원에 있는 사람이 성공적으로 왼편 혹은 오른편에 있는 사람의 이름을 말한다면, 원 중심의 그 사람은 거기에 그대로 서 있고 원의 또 다른 사람에게 같은 질문을 한다. 지명된 사람이 이웃의 이름을 대는 것을 실패했을 때, 그는 중심의 사람과 교체된다. 게임을 진행할 때, 원에 있는 참여자들의 위치를 자주 바꾸어 준다.

❽ 개별화된 이름표

각 참여자가 다음과 같은 것들을 이용하여 이름표를 만들 수 있도록 재료를 제공한다.

- 흥미로운 글씨체
- 개인적인 로고

- 별자리
- 개인적 특징을 상징하는 물체나 동물
- (가문/도시 등의 상징으로서의) 문장
- 좋아하는 표현이나 물체가 포함된 잡지를 오려낸 것

참여자들로 하여금 서로 만나게 해서 이름을 외우도록 한다.

⑨ 이름 토스

참여자들을 원으로 서게 하고 그중 한 사람에게 공과 같이 쉽게 던지고 잡을 수 있는 물건을 들도록 한다. 물건을 가진 사람은 자신의 이름을 말하고 다른 사람에게 물건을 토스한다. 물건을 잡은 사람은 자신의 이름을 말하고 또다시 토스한다. 모든 참여자들이 자신을 소개할 때까지 토스하는 것을 계속한다. 마지막 사람까지 소개를 마쳤을 때, 그 마지막 사람에게 어떤 사람의 이름을 말하고 그 사람에게 물건을 던지도록 한다. 받은 사람은 물건을 토스한 사람의 이름을 반복해서 말하고, 다른 사람에게 물건을 던지기 전에 그 사람의 이름을 말한다.

⑩ 이름 안에 무엇이?

참여자들은 그들 자신을 소개하고 자신의 이름에 대해 다음과 같은 것들을 공유하도록 한다.

- 이름에 대하여 좋은 점과 싫은 점
- 누구의 이름을 따라 지었는지
- 자신이 좋아하거나 싫어하는 별명
- 내 이름의 유래

소개를 마친 후에, 참여자들에게 그룹에 있는 모든 참여자의 이름을 한번 적어보도록 한다.

참여자의 기대를 파악하기 위한 10가지 질문

다음의 다양한 질문들은 해당 교육을 적절하게 수행하기 위하여 참여자들의 요구와 기대, 걱정거리를 파악할 수 있게 하는 질문들이다. 당신은 열린 토론, 논쟁, 응답 카드, 관찰, 피쉬볼, 여론조사, 패널, 게임 등의 방법을 통해 대답을 얻을 수 있다.

❶ 왜 이 수업을 선택하였는가? 왜 오게 되었나?

❷ 수업에서 다루는 주제와 관련하여 묻고자 하는 질문은 무엇인가?

❸ 이 수업으로 얻고 싶은 조언, 정보, 기술은 무엇인가?

❹ 필요치 않은, 혹은 원하지 않는 조언, 정보, 기술은 무엇인가?

❺ 이 수업을 통해 무엇을 얻고 싶은가? 한 가지만 적어라.

❻ 이 수업에서 바라는 것은 무엇인가? 걱정거리는?

❼ 수업목표가 당신의 요구에 부합하는가?

❽ 당신에게 '필요하다'고 느끼는 기술이나 지식은 무엇인가? 가지고 있으면 '좋을' 것 같은 기술이나 지식은?

❾ 이 수업에 대한 당신의 기대는 무엇인가?

❿ 이 주제에 대해 이전에 들었던 수업에서 배운 것은 무엇인가?

참여를 유도하기 위한 10가지 방법

액티브한 교육훈련은 참여자들의 참여 없이는 이루어질 수 없다. 한 교육훈련 세션 동안 토론을 조직하고 참여자로부터 반응을 얻기 위한 여러 가지 방법들이 있다. 어떤 방법은 시간이 제한적일 때나 참여자의 참여를 이끌어 내기 위해 잘 구슬려야 할 때 특히 적합하다. 또한 당신은 몇 가지 방법들을 결합하여 이용하는 것도 고려해 보아야 한다. 예를 들면, 먼저 소그룹 토론을 한 후에, 각 소그룹에서 대표자를 나오게 하여 패널 토론의 패널로 봉사하도록 할 수도 있다.

❶ 열린 토론

전체그룹을 대상으로 비구조화된 질문거리를 다루도록 한다. 열린 토론의 장점은 규칙이 복잡하거나 진행 방법이 어렵지 않다는 것이다. 만약 토론이 너무 길어질까 염려된다면, "네 명 혹은 다섯 명의 사람들에게만 의견을 묻고 싶다."라고 미리 제한을 한다. 참여자들이 발표하도록 독려하기 위해서는 "내 질문에 대한 대답을 가지고 있는 사람이 있습니까?"라고 묻는다. 그리고 손을 든 사람 중 한 사람을 지명한다.

❷ 응답 카드

질문이 담긴 색인 카드를 나누어 주고, 이에 대한 익명의 응답을 요구한다. 응답카드는 시간을 절약하거나 개인적으로 드러내기를 꺼려 하는 것들에 대한 익명성을 보장하기 위해서 사용한다(200가지 팁 중 '응답 카드를 이용하는 10가지 상황' 참조).

❸ 여론 조사

현장에서 바로 응답하고 총계를 낼 수 있는 짧은 설문조사를 만들거나, 구두로 설문조사를 진행한다. 여론 조사는 데이터를 빠르고 수량화할 수 있는 형태로 얻기 위해 이용한다. 만약 서면으로 설문조사를 실시하게 되면, 참여자들에게 가능한 한 빨리 그 결과를 제공한다. 만약 구두로 설문조사를 한다면, 거수투표를 요청하거나 참여자들에게 응답 카드를 들어 올리도록 요청한다(14번 전략 '바로 파악하기' 참조).

❹ 소집단 토론

정보를 공유하고 기록하기 위해 3명 또는 그 이상의 참여자로 소그룹을 구성한다. 이 방법은 질문이나 이슈를 다룰 시간이 충분히 있을 때 이용하며, 모든 사람들의 참여를 유도할 수 있는 핵심 방법들 중 하나다(200가지 팁 중 '그룹 구성을 위한 10가지 전략' 참조).

❺ 파트너

참여자들을 둘씩 짝을 지어 그들에게 과업을 해결하도록 하거나 핵심 질문들을 토론하도록 한다. 이 방법은 소그룹 토론을 위한 시간이 충분하지는 않지만 모든 사람이 참여하기를 원할 때 이용한다. '파트너'는 서로 도움을 주고받는 지원적 관계를 형성할 수 있게 해 주고, 대그룹 활동으로는 적합하지 않은 복잡한 활동들에 적용하기 좋다(200가지 팁 중 '학습 파트너에게 주는 10가지 과제' 참조).

❻ 고 어라운드(go–around)

핵심 질문에 대해 각 참여자가 짧게 응답하도록 한다. 이 방법은 각 참여자로부터 빠른 응답을 얻기 원할 때 이용한다. 한 가지 예로, '나머지 말 잇기(예를 들면, "팀 미팅을 효과적이게 하는 한 가지는 ~")'는 이 방법을 실행하기에 유용하다. 참여자가 원할 때는 대답 없이도 통과할 수 있도록 한다. 원한다면, 각 참여자들에게 한 번 나온 대답은 하지 않게 함으로써 반복을 피하도록 한다(12번 전략 '초반부 고 어라운드' 참조).

❼ 패널

몇몇 참여자를 강의실 앞 혹은 중앙으로 나오게 해서, 학습주제 혹은 토론주제에 대하여 자신의 생각을 발표해 보도록 요청한다. 좌석에 있는 지정된 참여자들의 견해를 물어봄으로써 비공식적인 패널이 만들어질 수 있다. 이 방법은 당신의 질문에 대해 깊이 있는 대답을 도출할 만큼 시간이 충분할 때 이용한다. 참여율을 높이기 위해 패널에 참여하는 사람을 교대한다.

❽ 피쉬볼

그룹의 일부에게 토론을 위하여 원형으로 둘러서게 하고, 남아 있는 참여자들은 그들 뒤에 원을 만들어 경청하도록 한다. 토론을 지속하게 하기 위해 새로운 그룹과 안쪽의 토론 그룹을 교대한다(36번 전략 '3단계 피쉬볼 토론' 참조). 피쉬볼 토론은 대그룹 토론에 집중하는 것을 돕기 위해 이용한다. 이는 비록 시간이 많이 소요되지만, 소그룹과 대그룹 토론의 장점을 결합한 최고의 방법이다. 이 같은 동심원 형태의 변형으로서, 참여자들은 테이블에 앉은 채 있을 수도 있고, 다른 테이블 그룹들이나 한 그룹의 일부를 불러내 토론하도록 요청할 수도 있다.

❾ 게임

참여자들의 아이디어나 지식 또는 기술을 이끌어 내기 위해 재미있는 활동 혹은 퀴즈 게임을 이용한다. 게임은 활기와 참여를 고무시키기 위해 이용한다. 또한 게임은 참여자들이 교육훈련을 쉽게 잊지 않도록 하는 극적인 순간을 만드는 데 도움을 주기도 한다(200가지 팁 중 '교수자들이 흔히 이용하는 10가지 게임' 참조).

⑩ 다음 발표자 지명하기

참여자들이 그들의 견해를 공유하기를 원할 때, 손을 들어 발표할 수 있도록 하고, 그 발표자에게 다음 발표자를 지명하도록 요청한다(교수자가 이 역할을 수행하기보다는). 이 방법은 당신이 참여자들이 토론이나 활동에 많은 흥미를 가지고 있다고 확신하고, 또한 참여자들의 상호작용을 촉진시키기 원할 때 이용한다(35번 전략 '타운 미팅' 참조).

학습 파트너에게 주는 10가지 과제

액티브한 교육훈련을 고취하는 가장 효과적이고 효율적인 방법 중 하나는 한 클래스에서 둘씩으로 구성된 짝으로 만들어 학습 파트너십을 구축하는 것이다. 짝에서 한 명이 소외될 가능성은 매우 적다. 또한 짝에서 활동을 하지 않는 것도 불가능하다. 학습 파트너십은 단기적일 수도, 혹은 장기적일 수도 있다. 학습 파트너들은 다음과 같이 즉각적인 과제 또는 시간이 걸리는 과제를 다양하게 맡을 수 있다.

1. 배정된 글이나 연습문제, 비디오에 대한 당신의 반응을 공유하라(예를 들면, "만화 '미스터 초밥왕'에서 고객들이 대접 받는 방식에 대한 당신의 느낌은 무엇이었나?").

2. 짧은 문서에 대해 서로 토론하라(예를 들면, "수업 전에 당신이 읽은 전략적인 계획에 관해 토론하고, 당신이 불명확하게 생각했던 것을 확인하라.").

3. 함께 기술을 연습하라(예를 들면, "몇 분 동안 당신의 파트너와 함께 당신이 감독하는 사람에게 건설적인 수행 피드백을 주는 연습을 하라.").

4. 강의 또는 시연설명을 함께 요약하라(예를 들면, "당신의 파트너와 함께, 객원 발표자로부터 막 들었던 프레젠테이션의 핵심 강조점을 검토하라.").

5. 퍼실리테이터에게 할 질문을 함께 개발하라(예를 들면, "나는 각각의 짝이 우리가 막 시험해 본 소프트웨어에 관한 질문을 함께 만들기를 바란다.").

❻ 사례문제 혹은 연습문제를 함께 분석하라(예를 들면, “다음 10분 동안 이해관계의 충돌과 관련한 비즈니스 윤리문제에 대하여 함께 작업하라.”).

❼ 서로 시험하라(예를 들면, “나는 당신들이 순서를 바꿔 가면서, 다음 달에 우리가 출시하는 4가지의 새로운 대출 프로그램 각각에 대하여, 당신 파트너의 해당 제품에 대한 지식을 시험해 보기를 원한다.”).

❽ 퍼실리테이터가 제기한 질문에 대해 답변하라(예를 들면, “당신의 파트너와 함께 우리의 토론 안내서에 있는 첫 번째 질문에 대한 공동의 답변을 생각해 내라.”).

❾ 설문조사와 같은 과제를 당신이 어떻게 마쳤는지를 비교하라(예를 들면, “당신의 파트너에게 우리가 방금 마친 EQ 검사에 대한 당신의 점수를 보여 줘라. 어느 부분이 다른지 보아라.”).

❿ 작성한 것을 서로 교환하라(예를 들면, “당신의 파트너에게 당신이 이번 세션을 위해 준비한 업무중심형 이력서를 보여 주고 피드백을 요청하라.”).

응답 카드를 이용하는 10가지 상황

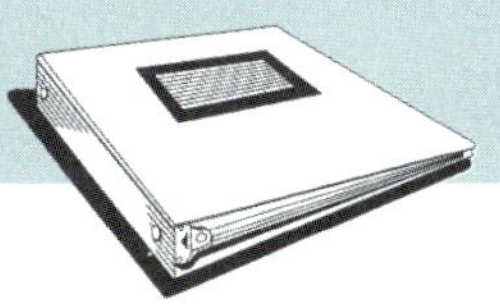

생각과 토론을 불러일으키는 가장 단순한 방법 중의 하나는 참여자들에게 빈 색인 카드에 대답(응답)을 쓰도록 하는 것이다. 참여자들에게 전체그룹 토론을 위해 자신의 카드를 가지고 있게 하거나, 혹은 그 카드들을 모아서 섞은 후 참여자들에게 분배할 수도 있다(카드를 받은 각각의 참여자들은, 누가 그 카드의 원저자인지 알지 못한다.). 이를 통해 다른 사람들이 무엇을 썼는지를 서로 알게 할 수 있다. 당신은 참여자들에게 다음과 같은 많은 것들을 응답 카드에 적어 보도록 할 수 있다.

❶ 교육훈련 세션의 주제에 대한 질문

'백금률(platinum rule)'이 무엇이라고 생각하는가?

❷ 교수자가 제시한 테스트 질문에 대한 답변

프로세스 매핑(mapping)은 하나의 프로세스 향상 도구다.

❸ 세션에 대하여 각 참여자들이 가지는 기대 또는 요구

나는 상사에게 세세한 것까지 간섭 받지 않는 법을 알고 싶다.

❹ 사례문제에 대한 해결책

김부자 씨가 자신의 세금 부담을 줄일 수 있는 방법 중 하나는 비과세 연금에 가입하는 것이다.

❺ 중요한 용어에 대한 정의

AI(Appreciative Inquiry)는 조직에서 무엇이 잘 작동되는지를 찾고 더 잘 작동되도록 그것에 헌신하는 조직개발 방법이다.

❻ 참여자들이 가진 신념 또는 견해

나는 다양한 인력이 단점보다는 더 많은 장점을 가지고 있다고 믿는다.

❼ 참여자들이 진실이라고 믿고 있는 주제에 대한 사실

에이즈 바이러스는 긴 잠복기를 가지고 있다

❽ 실험 또는 연구 프로젝트에 대한 가설

키가 180센티미터 이상인 남성이 180센티미터 미만인 남성보다 승진할 가능성이 높다.

❾ 참여자들이 가진 선호도

나는 우리의 수행평가가 더 자주 시행되기를 바란다.

❿ 참여자들이 좋아하는 속담, 슬로건, 또는 타이틀(책, 영화, 노래, 기타 등)

부숴질 수 없는 것이라면, 부숴라!

학습을 시각적으로 만드는 10가지 방법

만일 학습자들이 어떤 것을 단지 듣기만 하는 것보다 볼 수 있다면, 그들은 더 쉽게 그것을 기억할 수 있을 것이다. 교육훈련 세션에 시각자료를 추가하는 방법에는 여러 가지가 있다. 어떤 것들은 자주 접해 본 것일 수 있고, 또 어떤 것들은 흔히 보지 못했던 것들이다.

❶ 프레젠테이션 슬라이드

슬라이드로 내용을 전달하는 것이다. 이것은 컬러, 그래픽, 애니메이션 및 오디오/비디오 스트리밍 등과 함께 하면 더 좋은 효과를 볼 수 있다.

❷ 플립 차트

중요한 이슈, 질문 또는 해결책 등을 플립 차트에 옮겨 놓는다. 컬러와 시각적인 그래픽을 추가하는 것은 전시효과를 강화시켜 준다.

❸ 실물

다루려는 교육훈련 주제의 핵심 요소를 직간접적으로 보여 주는 소품, 직무 관련 장비, 플레이 기어, 조각품, 기계 또는 어떤 3차원적 자료들을 활용할 수 있다.

❹ 문서

당신이 발표하는 것에 도움이 될 때 보고서, 다이어그램, 차트, 지도, 사진, 그림 또는 다른 유사한 이미지들을 이용하라. 보통 한 자료를 전시하거나 돌려가며 보도록 하는 것보다는 모든 참여자들에게 하나씩 나누어 주는 것이 좋다.

❺ 생생한 이야기

당신이 말하려고 하는 요점을 잘 드러내는 이야기를 하라. 이야기에 시각적인 세부사항을 더 많이 포함할수록, 더 많은 참여자가 관심을 가질 것이다.

❻ 장식품

강의실에 시각적으로 호기심을 자극하는 다채로운 물건을 놓는다. 예를 들면, 예술품, 수공예품, 꽃, 식물, 가구, 족자, 풍선 및 다른 장식적인 물건들을 활용할 수 있다.

❼ 극화 활동

참여자들에게 실제의 업무나 사건들을 극화한 것(연극 등)에 참여하거나 보도록 해서, 중요한 행위들이 어떻게 전개되는지를 보게 할 수 있다.

❽ 시연설명

참여자들에게 구두로 어떻게 어떤 일이 이루어지는가를 알려 주는 것보다는, 직접 보여 주어라. 만약 가능하다면 시연설명에 그들을 참여시켜라.

⑨ 시뮬레이션

참여자들로 하여금 실제와 비슷하거나 실제를 상징화하는 수준에서 사건, 절차, 문제의 본질을 경험할 수 있도록 하라. 시뮬레이션의 시각적인 측면은 일반적으로 쉽게 잊히지 않는다.

⑩ 멘탈 이미지

단어에 의해 연상되는 멘탈 이미지를 형성하도록 함으로써 참여자들에게 사실 같은, 그리고 사실 같지 않은 상황들을 시각화하도록 하라.

강의를 활성화시키기 위한 10가지 제안

강의는 가장 오래전부터 활용되어 온 방법이지만, 비효과적인 교수법 중 하나다. 강의 그 자체로는 절대 액티브한 학습활동을 이끌지 못한다. 하지만 만약 강의자가 처음에 흥미를 돋게 하고, 이해와 기억을 극대화시키며, 학생들을 강의 중간에 참여시키고, 강의 때 배운 내용을 강화한다면, 강의는 액티브한 학습을 촉발할 수 있다. 이를 위한 몇 가지 방법이 있다(※ 다음에 제시된 모든 제안은 온라인 '강의'에서도 마찬가지로 적용할 수 있다.).

흥미 돋우기

❶ 첫 테이프를 끊는 이야기 혹은 흥미로운 시각자료

청중의 관심을 사로잡을 수 있는 관련 일화나 허구적 이야기, 만화, 인용 혹은 그래픽을 제공하라.

❷ 첫 사례문제

(학습 세션 전이나 중간에) 강의와 관련된 핵심 문제를 제기한다.

❸ 테스트 질문

당신의 강의를 귀담아 듣도록 자극하기 위해 참여자에게 질문을 하라(비록 그들이 사전 지식이 없을지라도).

이해와 기억을 극대화하기

❹ 헤드라인

강의의 요점들을 부제, 주요 항목, 기억 돕기 등의 역할을 하는 키워드로 줄여라.

❺ 사례 및 비유

아이디어와 연관된 실제 예화를 제공하고, 가능하다면 당신의 수업자료와 참여자들이 이미 가지고 있는 지식과 경험을 비교하도록 하라.

❻ 시각적 보조재

당신이 말하는 것을 참여자들이 듣고 볼 수 있도록 플립 차트, 슬라이드, 간략한 유인물, 견본 모델(실제 혹은 가상적인) 등을 이용하라.

강의 중에 학습자들을 참여시키기

❼ 도전시키기

강의를 중간중간 멈추고 참여자들에게 지금까지 논의된 개념들의 예를 들어 보도록 요청하거나, 즉석 질문에 답변해 보도록 한다. 또는 투표를 해 보도록 하고 그들의 의견을 물어봐라.

❽ 논점을 분명케 하는 활동들

강의 중간중간에, 당신이 말하고자 하는 요점을 분명하게 하는 간단한 활동들을 배치시켜라.

강의 강화시키기

❾ 참여자 리뷰

참여자들에게 강의의 내용에 관해 서로 리뷰해 보도록 하거나, 그들에게 그들 스스로 점수를 매기는 리뷰 테스트를 제공하라.

❿ 문제의 적용

참여자들에게 강의를 통해 얻은 정보와 지식을 가지고 문제를 해결해 보도록 한다.

교수자들이 흔히 이용하는 10가지 게임

게임과 유사하게 재미있고 신나는 요소를 가진 구조화된 활동들이 매우 많이 있다. 기발한 교수자들이 쓴 수많은 책들은 이와 같이 특수한 게임을 담고 있다. 많은 흔한 게임들이 아이디어를 설명하고, 정보를 얻고, 기술을 연습하고, 배운 것을 복습하기 위하여 교육훈련 세션 때 활용될 수 있다. 여기 10가지 예시들이 있다.

❶ 가로세로 낱말퍼즐

간단한 가로세로 낱말퍼즐을 구성하라. 정의, 범주, 예시, 반대, 빈칸 채우기 등 수평과 수직의 조항들에 대한 실마리를 만들어라(83번 전략 '가로세로 낱말퍼즐' 참조).

❷ 카드

학습자들을 참여시키기 위해 포커, 고 피시, 솔리테르, 크레이지 에이트와 같은 카드 게임의 형식을 이용하라. 참여자들은 정답, 아이디어 또는 문제에 대한 해결책을 제시함으로써 좋은 카드를 얻을 수 있다. 카드 게임들은 또한 어떤 것(고용 관행을 합법적인 것과 비합법적인 것으로 분류)을 분류하거나 어떤 것들의 순서(건설적인 피드백을 제공하는 다섯 가지 단계)를 열거하는 데 사용될 수 있다(카드 게임의 몇 가지 용법에 대해서는 Thiagi, 『*Design Your Own Games and Activities*』 참조).

❸ 철자 순서를 바꾼 말

참여자들에게 단어나 구의 문자를 재배열함으로써 새로운 단어나 구를 만들도록 하라(예를 들면, trenur no estinmvent를 return on investment로).

❹ 야구

'1루타' '2루타' '3루타' '홈런'에 해당하는 질문을 만들어라. 각 팀으로 하여금 참여자들의 라인업을 만들어 내도록 하라. 각 팀은 자체 개발한 질문이 상대팀에 먹힐 만한지의 '피칭' 가능성을 고려하라.

❺ 스크래블

참여자들에게 강의 주제와 관련된 낱말들을 만들도록 이끌어라. 당신은 그들이 실제 스크래블(Scrabble®) 게임으로부터 글자를 선택하도록 할 수도 있고, 아니면 새로운 단어나 구를 만들기 위해 반드시 사용되어야만 하는 글자가 포함된 단어나 구를 제공할 수도 있다(82번 전략 '스크래블 리뷰하기' 참조).

❻ 픽셔너리(Pictionary)

작은 그룹들을 만들고 한 명의 참여자로부터 시작하라. 첫 번째 '그리는 사람'은 여러 낱말 카드 중에서 하나의 낱말 카드를 선택하고(예를 들면, 핵심 소프트웨어 개념이나 기술) 5초 동안 카드를 검토한다. 초시계를 설정한 뒤 그리는 사람은 팀을 위해 그림 힌트를 스케치하기 시작한다. 그리는 사람은 게임이 진행되는 동안 팀 동료에게 언어나 신체적인 대화를 해서는 안 된다. 스케치와 추측은 단어가 확인되거나 시간이 다 될 때까지 계속된다.

❼ 풋볼

(추가 점수와 함께) '퍼스트 다운' '필드 골' '터치 다운'을 얻기 위한 질문을 만들어라. '방어'하는 팀은 '공격'하는 팀이 (득점을 위해) 범위를 좁혀 가거나 득점하기 위하여 반드시 대답해야 하는 질문을 선택하거나 만들어 낼 수 있다.

❽ 주사위

응답되어야 할 질문을 결정하기 위해서(난이도 등급은 1부터 6까지) 혹은 한 팀이 반드시 내놓아야 할 아이디어나 대답의 양을 구체화하기 위해서(웹 검색을 위한 6가지 전략) 한 개의 주사위를 굴려라. 팀이 과업을 완수하거나 질문에 대답한 후, 목표를 향해 얼마나 많은 칸을 전진할 수 있는지 결정하기 위해 두 개의 주사위를 굴려라.

❾ 다트

배점이 서로 다른 질문들을 만들어라. 그리고 학습자에게 다트를 던지게 해서, 다트를 맞춘 해당 질문에 대답하게 하라.

❿ 빙고/틱택토(Tic－Tac－Toe)

여기에는 많은 가능성들이 있다. 모자에 참여자들의 이름을 넣어서 하는 이름 게임부터, 정답이 게임 시트에 제시되어 있고 참여자들은 몇 가지 질문을 던짐으로써 그 정답을 '취재할' 기회가 주어지는 퀴즈 게임까지 다양하다(30번 전략 '빙고' 참조).

그룹을 환기시키거나 편안하게 하는 10가지 활력소

지친 그룹에는 생기를 불어넣어 주며, 긴장해 있는 그룹에는 이를 풀어 줄 수 있는 간단한 활동들이 많이 있다. 교육훈련 세션의 시작이나 휴식 후, 혹은 활동 중간에 다음과 같은 것들 가운데 선택하여 실시할 수 있다.

❶ 돌림노래 부르기

참여자들을 여러 그룹으로 나누고 '퐁당퐁당'과 같은 친숙한 돌림노래를 부르도록 한다(※ 돌림노래-한 팀이 한 구절을 먼저 불러 그다음 구절을 시작할 때 다음 팀이 앞의 구절을 시작하는 무한 캐논 형식의 노래).

❷ 천천히 호흡하기

참여자들에게 천천히 10번의 숨을 깊게 들이마시고 내쉬도록 한다. 그런 다음 그와 반대로 먼저 천천히 내쉬고 들이마시도록 한다. 비록 호흡하는 것이 들숨과 날숨의 지속적인 사이클이기는 하지만, 의식적으로 그 사이클의 각 부분을 강조하려고 노력하는 것은 꽤 즐거운 일이다.

❸ 하품하기 대회

누가 가장 크고 길게 하품을 할 수 있는지 대결해 본다.

❹ 파란색 터치하기

한 색깔을 가리키면 (예컨대, 파란색) 참여자들이 재빨리 그 색의 물건을 찾아 터치하도록 한다. 혹은 색깔 이외에도 '유리로 된 것'이나 '둥근 것' 또는 '시계, 책, 운동화' 등등 다른 옵션을 부를 수도 있다. 모두가 그 물건을 만지면 바로 다음 옵션을 부른다.

❺ 호키포키(hokey–pokey)

'머리, 어깨, 무릎, 발' 놀이를 한다.

❻ 제목 대기

참여자들에게 1분을 주고 그들이 할 수 있는 한 많이 영화 제목이나 책 제목을 말하도록 한다. 좀 더 난이도를 높여, 히치콕 영화 또는 이문열의 책, 전쟁 영화, 경영 분야의 책 등등 특정한 분야를 제시한다.

❼ 종이비행기

종이를 나누어 주고, 종이비행기를 만들도록 해서, 당신이 그린 차트 중앙에 맞추거나 가장 멀리 날리도록 한다.

❽ 거울 놀이

참여자들에게 짝을 짓도록 하고, 한 명은 '리더'로, 다른 한 명은 '팔로워'로 명명한다. 리더가 어떤 행동을 취하면, 팔로워는 거울을 보는 것처럼 똑같이 리더의 행동을 따라 한다. 역할을 바꾸거나 파트너를 바꿔 가며 실시할 수 있다.

⑨ 등 마사지

참여자들에게 짝을 짓도록 하거나, 또는 원으로 서게 하여 한쪽 방향을 보도록 하고, 앞 사람의 등을 마사지하게 한다. 그러고 나서 반대로 돌아 앞 사람을 마사지하도록 한다.

⑩ 인간 매듭

6명 정도의 참여자들에게 원을 만들도록 한다. 그리고 맞은편에 있는 다른 두 사람과 손을 잡도록 한다. 그러고 나서 손과 팔들로 엉킨 인간 매듭을 손을 놓지 않고 풀도록 한다. 본래의 원으로 돌아가면 이 활동은 끝난다.

그룹 구성을 위한 10가지 전략

소그룹 활동은 액티브한 교육훈련의 중요한 부분이다. 신속하고 효율적으로 그룹을 만드는 것이 중요하며, 동시에 전 교육훈련 과정 동안 그룹 구성 및 그룹 크기를 때때로 다양화하는 것 역시 중요하다. 아래에 제시하는 옵션들은 참여자로 하여금 자신이 직접 그룹을 선택하게 한다거나 지정된 숫자만큼으로 구성된 그룹을 만드는 흥미로운 방법들이다.

1 그룹핑 카드

얼마나 많은 참여자들이 세션에 참여하게 될지, 세션이 진행되는 동안 당신이 얼마나 다양한 그룹핑을 원하는지 결정하라. 예를 들면, 한 강의실에 20명이 있다면, 한 활동에서는 아마도 다섯 명이 한 조가 되어 네 그룹을 구성해야 할 수도 있고, 네 명이 한 조가 되어 다섯 그룹을 구성해야 할 수도 있으며, 또한 두 명의 관찰자를 두고 세 명이 한 조가 되어 여섯 개의 그룹을 구성해야 할 수도 있다.

색종이(네 개의 그룹을 형성하기 위해 빨간색, 파란색, 녹색 그리고 노란색을 사용), 스티커(다섯 개의 그룹을 형성하기 위해 사자, 원숭이, 호랑이, 말 그리고 코끼리와 같은 공통 주제의 다른 스티커를 사용), 그리고 숫자를 사용하여(여섯 개의 그룹을 형성하기 위해 1부터 6까지 사용) 그룹들을 코드화하라. 각 참여자의 이름표 등에 무작위로 숫자나 컬러 색종이 또는 스티커를 붙여 놓고, 참여자들의 교재에 그것을 넣어 두어라. 그룹을 구성할 준비가 되면, 당신은 어떤 코드를 사용하고 있는지를 확인하고, 참여자들에게 자신의 그룹에 합류하도록 안내하라. 참여자들은 시간 절약 및 혼란 없이 신속히 그들의 그룹으로 이동할 수 있을 것이다. 당신은 그 과정을 좀 더 효율적으로 하기 위해 어떤 그룹이 어디에서 만나야 하는지를 미리 표시해 놓을 수도 있다.

❷ 퍼즐

6조각의 어린이용 직소(jigsaw, 조각 그림 맞추기) 퍼즐을 구매하거나, 또는 잡지에서 사진을 오려 낸 후 마분지(보드판)에 붙여 넣고, 원하는 모양, 크기, 개수로 잘라 내 직접 제작할 수도 있다. 당신이 만들려는 그룹의 개수에 따라 퍼즐의 개수를 선택한다. 퍼즐을 분리한 후 조각들을 섞고, 각각의 참여자에게 퍼즐 조각을 하나씩 나눠 주어라. 당신이 그룹을 구성할 준비가 되었을 때, 참여자들에게 퍼즐을 완성하기 위해 다른 조각을 가진 사람을 찾으라고 지시한다.

❸ 유명한 가상의 친구와 가족 찾기

세 명에서 네 명으로 이루어진 유명한 가상의 가족 구성원이나 친구의 목록을 만들어라(예를 들면, 피터팬, 팅커벨, 후크 선장, 웬디; 앨리스, 체셔 캣, 하트의 여왕, 매드 해터; 슈퍼맨, 로이스 레인, 지미 올슨, 클락 켄트 등). 참여자의 수만큼 가상 인물의 수를 선택하라(만들려고 하는 그룹 수만큼의 가상 친구 혹은 가족의 인물 세트가 필요). 각각의 색인 카드에 하나의 가상 인물의 이름을 써라. 카드를 섞은 후 각 참여자들에게 카드를 제공하라. 당신이 그룹을 구성할 준비가 되면, 참여자들에게 그들 '가족' 혹은 '친구'의 다른 구성원을 찾을 것을 요구한다. 그룹 형성이 완료되면, 그들이 모일 장소를 찾을 수 있다.

❹ 이름표

그룹들을 지정하기 위하여 다양한 모양 및 색상의 이름표를 사용하라.

❺ 생일

참여자들에게 생일순으로 줄을 서 달라고 요청을 한 후, 특정 활동을 위해 필요한 만큼의 소그룹으로 나누어라. 큰 그룹에서는 태어난 달로 구분해 소그룹을 구성한다. 예를 들면, 150명의 참여자들을 1, 2, 3, 4월, 5, 6, 7, 8월, 9, 10, 11, 12월로 구분해서 대략 세 개의 비슷한 크기의 그룹으로 나눌 수 있다.

❻ 카드놀이

그룹을 지정하기 위해서 카드를 사용하라. 카드를 잘 섞은 후 각각의 참여자에게 한 장씩 나눠 준다. 그런 후에 모양, 숫자, 짝홀수, 색깔(검정 혹은 빨강), 카드 속 인물의 복장 유사 여부, 서로 다른 계급 등등의 준거들을 이용하여 그룹을 구성한다.

❼ 숫자 뽑기

당신이 만들기를 원하는 그룹의 수와 크기를 결정하고, 각 종이에 숫자들을 적은 후 상자에 담아라. 그런 다음 참여자들은 그들이 속하게 될 그룹의 숫자가 적힌 종이가 담겨 있는 상자에서 숫자를 뽑는다. 예를 들면, 만일 당신이 4명씩 4개의 그룹을 구성하길 원한다면, 1에서 4까지의 숫자가 각각 적혀 있는 종이 16장을 준비해야 한다.

❽ 서로 다른 사탕 맛

그룹을 구분하기 위해 포장된 여러 가지 맛의 무가당 사탕을 참여자들에게 나눠 주어라(혹은 빈 상자 속에 여러 가지 맛의 사탕을 넣고 각 참여자에게 뽑게 한다.). 예를 들면, 소그룹들은 레몬, 버터스카치, 체리, 민트 등으로 분류될 수 있다.

❾ 비슷한 아이템 선택

그룹을 만들기 위해서 공통 테마를 가진 장난감들을 선택하라. 예를 들면, 분류 아이템으로 운송수단을 선택하고 자동차, 비행기, 보트, 기차 등을 이용할 수도 있다. 각각의 참여자들은 박스에서 장난감 하나를 집은 후, 같은 장난감을 가진 사람을 찾아 그룹을 형성한다.

❿ 참여자 학습자료

미리 그룹을 결정하기 위해 색깔이 있는 클립이나 유인물, 또는 폴더나 텐트 카드에 붙인 스티커 등을 이용하여 참여자들의 학습자료들을 코드화할 수 있다.

그룹 리더 선정과 기타 역할 배분을 위한 10가지 대안

소그룹 내의 액티브한 학습을 촉진시키기 위한 방법 중 하나는 바로 리더, 조력자, 시간 기록원, 서기, 대변인, 진행 관찰자 혹은 자료 관리자와 같은 역할을 그룹 구성원들에게 할당하는 것이다. 흔히, 당신은 이런 역할들을 맡도록 지원자를 모집할 수 있다. 때때로, 창의적인 방법으로 역할을 배분해 보는 것도 재미있고 효율적일 것이다.

❶ 알파벳(가나다)순 할당

이름의 알파벳(가나다순)순으로 역할을 할당하라. 교육훈련 기간이 긴 경우, 이 순서를 이용하여 역할을 교대하라.

❷ 생일순 할당

참여자의 생일에 따라 연대기적으로 역할을 할당하라. 교육훈련 기간이 긴 경우, 이 순서를 이용하여 역할을 교대하라.

❸ 숫자 제비뽑기

숫자가 쓰인 종이를 모자에 넣고, 하나의 숫자를 뽑게 한 다음, 그 숫자에 해당하는 역할을 할당하라.

❹ 색깔 제비뽑기

각 역할에 해당하는 색깔을 선택하라. 그다음 그 색깔과 같은 옷을 입은 구성원에게 해당하는 역할을 배분하라.

❺ 의복 소품 등

의복 소품 등(예를 들면, 안경, 은 액세서리, 스웨터, 갈색 신발 등)에 맞춰 상응하는 역할을 할당하라.

❻ 투표

그룹 구성원들에게 역할 분담을 위한 투표를 요청하라. 대표적인 방식 중 하나는 해당 역할에 대하여 자신이 표를 줄 사람을 지목하는 것이다. 이들 중 가장 지목을 많이 받은 사람이 바로 그 역할을 할당받게 된다.

❼ 무작위 할당

먼저 각 구성원들에게 그들의 전화번호 마지막 4자리의 합을 구하도록 하라(예를 들면, 9999는 36이다.). 다음, 1부터 36(나올 수 있는 최대의 수) 중 숫자 한 개를 발표하라. 그 수와 가장 근접한 구성원에게 해당 역할을 할당하라.

❽ 애완동물 애호가

가장 많은 애완동물과 살고 있는 구성원에게 지정된 역할을 할당하라.

❾ 가족의 수

구성원들 중 형제 혹은 자매가 가장 많은 (혹은 가장 적은) 사람에게 지정된 역할을 맡게 하라.

⑩ 추첨으로 역할 정하기

먼저 세션 전에, 그룹당 한 명의 구성원 물건에 하나의 스티커를 붙인다. 스티커는 이름표, 의자, 테이블 혹은 교육용 유인물 중 하나에 부착할 수 있다. 그 스티커를 받는 사람이 특정한 그룹 역할을 할당받게 된다. 한 가지 이상의 역할을 할당하기 위해서는 다른 색깔의 스티커를 사용할 수 있다.

토론을 촉진시키는 10가지 팁

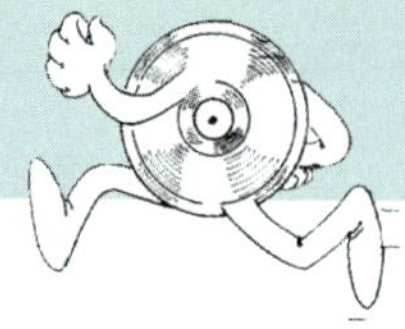

그룹 토론 중의 당신의 역할은 참여자들이 자연스럽게 대화에 참여할 수 있도록 분위기를 만들어 주는 것이다. 각 참여자의 발언에 대해 일일이 코멘트를 할 필요는 없지만, 정기적으로 그들의 기여에 대하여 여러 방식으로 코멘트를 하는 것은 도움이 된다. 여기 당신이 그룹 토론을 이끌어 가는 데 이용할 수 있는 10가지 팁이 있다.

❶ 다른 말로 바꿔 표현하기

한 참여자가 말한 것을 이해되기 쉽게 다른 말로 바꾸어 표현함으로써, 발표자에게는 당신이 발표의 내용을 이해했다는 것을 알려 주고, 다른 참여자들에게는 발표 내용을 요약해 주어라.

> 즉, 당신이 지금 말하고 있는 것은, 인터뷰하는 동안 지원자들이 어디 사는지에 대해서 묻는 것은 그것이 어떤 인종이나 민족적 소속을 나타낼 수도 있기 때문에 굉장히 조심해야 된다는 것입니다.

❷ 체크하기

참여자들의 발표내용을 당신이 이해하고 있는지 스스로 체크해 보거나, 참여자들에게 그들의 발표내용이 무엇인지에 대해 다시 한 번 말해 달라고 하라.

> 당신은 지금 이 계획이 현실적이지 않다고 말하고 있는 겁니까? 저는 당신이 무엇을 말하는지 정확히 이해를 하지 못하겠습니다. 다시 한 번 말씀해 주시겠어요?

❸ 칭찬하기

홍미롭거나 통찰력이 있는 발언을 칭찬하라.

> 좋은 지적입니다. 우리는 당신이 그에 대해 언급해 줘서 기쁩니다.

❹ 상세하게 설명하기

사례를 들어 토론 참여자의 발언을 보충하거나, 그 문제를 보는 새로운 방법을 제안하라.

> 당신의 의견은 직원의 관점에서 흥미로운 관점을 제공합니다. 그것은 또한 관리자가 동일한 상황을 어떻게 볼 수 있을지를 생각하게 하는 데에 도움이 될 수도 있습니다.

❺ 활력 불어넣기

토론 진행 속도를 빠르게 하거나, 유머를 이용하거나, 또는 필요하다면 참여자들이 적극적으로 토론에 참여하도록 자극하여 토론을 활기차게 하라.

> 여기 한 가지 과제가 있습니다. 2분 동안 당신이 당신의 부서에서 협력을 증진시킬 수 있는 방법을 얼마나 생각해 낼 수 있는지 보도록 합시다.

❻ (정중하게) 이의 제기하기

토론을 자극하기 위하여 참여자의 의견에 이의를 제기해 보도록 하라.

> 당신이 그렇게 말하는 이유를 알겠습니다. 그러나 저는 그게 항상 그런지는 확신할 수 없군요. 김상철 씨와 다른 경험을 가진 사람은 없나요?

❼ 중재하기

참여자 간의 의견 차이를 조정하고, 토론이 과열될 조짐이 보일 경우 중재하라.

저도 전예람 씨와 조다빈 씨가 정말 서로 동의하지 않는 것은 아니라고 생각합니다. 그 둘은 단지 서로 그 이슈의 두 가지 다른 면을 언급하고 있을 뿐이지요.

❽ 합치기

아이디어들 간의 관계를 보여 주면서 이들을 합쳐라.

김민규 씨와 장진희 씨의 발언에서 볼 수 있듯이 개인적 목표 설정은 시간관리에 있어서 매우 중요한 부분입니다. 당신은 시간을 보다 효율적으로 사용하기 위해서 일별로 목표를 설정할 수 있어야 합니다.

❾ 바꾸기

참여를 이끌어 내기 위한 방법을 바꾸거나, 제안된 아이디어를 평가하도록 함으로써 그룹 프로세스를 변경하라.

더 작은 그룹들로 나누어서, 오늘 아침 발표에서 다룬, 상품들에 대한 전형적인 고객 이의사항을 생각해 낼 수 있는지 보도록 합시다.

❿ 요약하기

그룹의 주요 견해들을 요약하라(필요하다면, 기록한다.).

저는 우리의 토론으로부터 관리자가 권한을 위임하지 않는 4가지 이유를 발견했습니다. (1) 자신감 부족, (2) 실패에 대한 두려움, (3) 그들 스스로 업무를 처리하는 것의 편안함, 그리고 (4) 대체되는 것에 대한 두려움 등입니다.

역할놀이를 위한 10가지 옵션

역할놀이는 참여자의 태도를 탐색하고 기술을 연마할 수 있는 가장 유용한 방법 중 하나다. 역할놀이를 성공적으로 수행하기 위해서는 대본을 만들고 이것을 시연하기 위한 다양한 방법들을 알고 있는 것이 도움이 된다.

대본 쓰기

❶ 즉흥 연극

참여자들에게 대강의 시나리오를 주고 세부사항은 그들 스스로가 채워 보도록 요청하라.

❷ 미리 정해진 역할들

참여자들에게 그들이 표현할 역할들과 일어날 사건들에 대한 사실들을 명시한 안내문을 제공하라.

❸ 참여자들이 준비한 촌극(skits)

참여자들에게 상황에 대한 배경 지식을 제공하고, 자신들의 역할놀이 소품(vignette)을 준비하도록 하라(76번 전략 '직접 대본 쓰기' 참조).

❹ 대본 리딩

참여자들에게 앞서 준비된 대본을 연기하도록 제공하라.

❺ 삶 재연하기

참여자들에게 그들이 겪었던 실제 상황을 재연할 것을 요청하라.

상연하기

❻ 동시성

모든 참여자들을 적절한 크기(예를 들면, 2인 연극을 위한 짝 그룹, 3인 연극을 위한 트리오)의 소그룹으로 구성하고, 모든 그룹들이 동시에 그들의 역할놀이를 수행하도록 하라.

❼ 무대 앞

전체그룹 앞에서 한 명 또는 그 이상의 참여자들이 역할놀이를 하게 하라. 나머지 참여자들은 관찰하고 피드백을 주도록 하라.

❽ 교대하기

진행 중인 역할놀이를 중간에 중단시키고 새로운 참여자가 역할놀이를 수행하도록 교대하라(75번 전략 '역할 교대하기' 참조).

⑨ 다른 배우들

역할놀이 전 과정에서 같은 상황을 연기할 한 명 이상의 사람을 확보하라. 이 방법은 전체그룹에게 한 가지 이상의 유형을 관찰할 수 있게 한다(74번 전략 '3중 역할놀이' 참조).

⑩ 반복하기

재차 역할놀이를 실행하라.

경험적 활동을 촉진할 때 사용하기 위한 10가지 단계

경험적 활동은 참여자의 주의를 이끌어 내는 데 매우 도움이 된다. 종종 참여자들은 무엇에 대해 듣기보다는 직접 경험하는 것이 훨씬 더 낫다. 이러한 활동에는 전형적으로 역할놀이, 게임, 시뮬레이션, 시각화, 문제해결 과업 등이 있다. 다음의 10가지 단계들은 당신의 경험적 활동을 성공적으로 만드는 데 도움을 줄 것이다.

❶ 당신의 목표를 설명하라

참여자들은 어떤 일이 일어날지, 그리고 왜 그러한지를 알고 싶어 한다.

❷ 얻게 될 좋은 점을 납득시켜라

왜 그 활동을 하는지, 그리고 이전의 활동들과 어떻게 연관되는지 설명하라.

❸ 지시사항을 전달할 때 천천히 말하라

시각적인 자료를 제공하는 것도 좋다. 설명이 잘 전달되었는지 확인하라.

❹ 지시사항이 복잡하다면 시범을 보여 주어라

참여자들이 활동을 하기 전에 시범을 보여 주어라.

❺ 복잡한 지시사항을 전달하기 전에 참여자들을 소그룹으로 나누어라

그렇게 하지 않으면, 소그룹을 구성하는 동안에 참여자들이 설명을 잊어버릴 수도 있다.

❻ 참여자들에게 주어진 시간을 알려 주어라

전체 활동을 위해 할당된 시간을 알려 주고, 활동 중간중간에도 남은 시간을 알려 주어라.

❼ 활동이 지체되지 않게 하라

참여자들의 의견을 화이트보드나 칠판에 부단히 기록하고 토론을 너무 오래 끌지 않게 함으로써 활동이 느려지는 것을 막아라.

❽ 참여자를 자극하라

활동이 적정 수준의 긴장을 줄 때 더 많은 에너지가 발생한다. 만약 주어진 과제가 너무 쉬운 것이라면, 참여자는 활동에 흥미를 잃게 될 것이다.

❾ 항상 활동에 대해서 토론하라

하나의 활동이 끝나갈 때, 참여자들에게 그들의 참여 소감 및 배운 것에 대해 공유하도록 요청한다.

❿ 첫 결과보고 경험을 조직하라

토론을 조심스럽게 이끌면서 참여자들의 적극적인 참여와 의견 개진을 위하여 질문하라. 참여자들이 소그룹 안에 있다면, 각 사람들이 서로의 대답을 짧게 공유할 수 있도록 요청하라.

액티브한 교육훈련에 시간이 걸릴 때 이를 절약하는 10가지 방법

액티브한 교육훈련은 시간이 걸린다. 따라서 시간을 낭비하지 않는 것은 매우 중요하다. 다음은 시간을 낭비하지 않기 위한 몇 가지 방법이다.

❶ 제시간에 시작하라

이 행위는 늦게 온 사람들에게 교수자인 당신이 자신의 강의를 진지하게 생각한다는 메시지를 전달하는 것이다. 만약 참여자들이 모두 다 아직 강의실에 있지 않더라도 그냥 강의를 시작하라. 당신이 원한다면, 모든 참여자들을 필요로 하지 않는 토론이나 시간을 채우기 위한 기타 활동을 하라.

❷ 명확한 설명을 주어라

참여자들이 무엇을 해야 하는지에 대해 혼란스러워 할 때에는 활동을 시작하지 마라. 만약 지시가 복잡하다면, 그것들을 글로 써 주어라.

❸ 시각적인 정보를 미리 준비하라

참여자들이 지켜보고 있는 동안에는 화이트보드나 칠판에 강의 요점들을 적지 마라. 노트는 미리 준비되어 있어야 한다. 또한 참여자들의 견해를 기록하는 것이 정말 필요한 것인지 아닌지를 결정해야 한다. 만약 필요하다면, 토론 내용을 말 그대로 적지 마라. 참여자들이 말하는 것을 포착하기 위해 '헤드라인'을 사용하라.

❹ 유인물을 신속히 배분하라

수업 전에 유인물을 스테이플러로 찍어 준비해 두어라. 유인물을 몇몇의 사람들이 분배할 수 있도록 강의실의 핵심 위치에 나누어 주어라.

❺ 소그룹의 보고를 신속하게 하라

소그룹에게 그들의 아이디어를 플립 차트에 나열하게 하고, 그들의 결과물을 제시하고 동시에 토론까지 가능하도록 목록을 강의실 벽면에 부착하게 한다. 또는 모든 참여자들에게 서로 겹치는 것이 있는지에 주의를 기울이도록 하기 위해 각 그룹이 돌아가면서 단 한 가지 것에 대해서만 보고하도록 하라. 각 소그룹은 이미 나온 것을 반복해서는 안 된다.

❻ 토론이 너무 길어지도록 두지 마라

다음으로 넘어가야 할 필요성을 언급해 주고, 다음 토론에서는 이전 토론에 참여할 기회가 없었던 사람을 호명할 것임을 확실히 해 줘야 한다. 또는 시간제한에 대해, 그리고 얼마만큼의 시간이 허락되는지 언급해 주면서 시작한다.

❼ 지원자를 신속하게 찾아라

지원할 참여자를 끝없이 기다리지 마라. 당신은 수업 휴식 시간에 지원자를 모집할 수 있다. 만약 지원자가 없을 때는 개인 참여자를 호명해서 한다. 또는 앞에서 제시한 '그룹 리더 선정과 기타 역할 배분을 위한 10가지 대안'에서 언급한 방법들을 활용하라.

❽ 지치거나 무기력한 그룹을 위해 준비하라

아이디어, 질문, 심지어는 정답 목록을 제공하고 참여자들에게 그들이 동의하는 것들을 선택하도록 한다. 종종 당신의 목록은 참여자들로부터 생각과 이슈를 촉발할 것이다.

⑨ 때때로 활동의 진행속도를 빠르게 한다

시간제한을 설정하는 것은 종종 참여자들을 더욱 역동적이고 더 생산적이게 만든다.

⑩ 즉각적인 주의를 끌어내라

당신은 소그룹 활동이 끝난 후 다시 모이게 할 준비가 되어 있다는 것을 참여자들에게 알려 주기 위해 다양한 신호를 이용하거나 주의를 얻기 위한 장치를 이용해야 한다(다음에 제시되는 '질서를 정돈하기 위해 참여자들을 환기시키는 10가지 비법' 참조).

질서를 정돈하기 위해 참여자들을 환기시키는 10가지 비법

교육훈련이 액티브할 때, 강의실은 활동과 소음으로 북적거릴 수 있다. 그래서 때때로 당신은 시간이 다 되었다고 말하거나, 새로운 국면으로의 진행을 위해 참여자들의 주의를 환기시킬 필요가 있다. 이를 위한 몇 가지 방법들이 아래에 있다.

❶ 불빛 깜빡이기

빠르고 간결하게 한다면 이것은 그리 공격적인 방법이 아니다.

❷ 극적인 안내방송하기

"마이크 테스트 하나, 둘, 셋, 하나, 둘, 셋!" "자, 들립니까?" "집중, 집중!" 등과 같은 말을 하며 주의를 끈다. 큰 그룹을 집중시킬 때는 메가폰이나 마이크를 이용한다.

❸ 말 따라 하게 하기

그룹으로 하여금 당신이 "시간 다 되었습니다."라고 말할 때마다 당신의 말을 따라 하게 만들어라. 참여자들은 자신들이 하고 있는 것을 멈추어야 할 때라는 것을 알게 되고, 그렇게 따라 함으로써 당신을 도울 것이다.

❹ 박수 치기

참여자들이 당신의 말을 듣게 되면 박수를 치도록 만들어라. 몇 초 안에 당신의 말을 들은 첫 번째 참여자가 박수를 칠 것이고, 그렇게 함으로써 나머지 구성원들이 집중을 하게 될 것이다. 또는 당신이 리듬감 있는 패턴의 박수(예를 들면, '대~한민국' 박수)를 칠 때는 언제나 마지막 박수 두 번은 그들이 치도록 요구하라.

❺ 미리 녹음된 음악 틀기

쉽게 주의집중을 시킬 수 있는 음악을 선택한다. 당신은 참여자들을 명상음악과 같이 잔잔한 음악을 통해 부드럽게 조용히 시킬 수도 있고, 베토벤의 5장 도입부와 같이 쾅 하는 소리를 이용할 수도 있다.

❻ 조용한 시각 신호 사용하기

참여자들이 어떤 시각 신호(예를 들면, 집게손가락과 가운뎃손가락만 들어 올리는 것)를 보게 되면, 즉시 조용히 해야 된다는 것을 알려 준다. 아니면 말하는 것을 멈추게 하기 위해 시각적 심벌을 간단하게 들어 올리거나 빔 프로젝터 스크린에 투사한다.

❼ 소리 신호 이용하기

의사진행용 망치, 벨, 휘파람 불기, 혹은 커주(장난감 피리) 등을 이용한다. 장난감 가게에서는 다양한 종류의 소리를 내는 장난감들을 판매한다. 탬버린이나 플루트와 같은 악기 소리도 제 역할을 할 수 있다.

❽ 비밀 단어 또는 구

당신이 어떤 말(예를 들면, "너는 해고야." 같은 재미있거나 색다른 단어 또는 구)을 큰 소리로 속삭이면, 참여자들은 옆에 있는 동료에게 그것을 속삭이고 바로 행동을 멈추고 들어야만 한다는 것을 알려 주어라.

⑨ 조크하기

참여자들에게 당신은 조크 혹은 수수께끼의 창고이며, 당신이 조크를 하면 그것은 참여자들이 조용히 해야 한다는 것을 의미한다고 알려 주어라.

⑩ "휴식 시간!"이라고 말하기

이것은 분명히 모든 이의 집중을 이끌어 낼 것이다.

학습을 극대화하는 10가지 소품

여기에 소개될 소품들은 시각적인 효과를 통해 흥미를 유발하고, 학습한 내용을 오래 기억할 수 있도록 도와줄 것이다. 당신이 전달하고자 하는 핵심 내용을 설명하고 발표를 향상시키기 위해 어떤 물건들이 좋을지 생각해 보아라(이러한 교육훈련용 소품이 필요할 때 참고하면 좋을 온라인 사이트로는 orientaltrading.com 혹은 trainers warehouse.com 등이 있다.).

❶ 기차 기적소리

지금까지 하던 소그룹 활동을 끝내거나 다른 새로운 활동의 시작을 알리기 위한 목적으로 참여자들의 주의를 끌기 위해 기적소리를 이용하라. 참여자들에게 마무리할 시간(혹은 새로운 활동의 시작)이 다가온다는 것을 알려 줘야 할 때, 이 "train(기차)"-ing(교육훈련)이 정시에 다가오고 있음을 알리는 신호로 이보다 적절한 게 있을까?

❷ 완벽한 사진

강의주제와 관련된 사진을 찾기 위하여 잡지나 카탈로그를 정독하고, 가정을 검증하거나 핵심을 설명하고 토론을 활성화시키기 위하여 그것들을 활용하라. 예를 들면, 다양성(diversity)에 관한 교육 세션에서, 다양한 환경 속에서 보이는 서로 다른 연령, 성별, 인종 또는 민족 배경을 가진 사람들의 사진을 준비해서 참여자들에게 보여 준 후, 사진 속 인물의 직업을 추측하도록 하고 그렇게 생각한 이유를 물어

보라. 이것은 고정관념과 가설을 조사하려 할 때 이용하는 흥미로운 방법이다.

❸ 아브라카다브라

많은 사람들이 교육훈련을 거의 또는 아예 받지 않고도 관리자로 진급하기를 바라며, 어떻게 관리하는가에 대해서도 '마법 같이' 통달해 버리기를 소원한다는 점을 지적하면서, 관리 기술에 관한 주제를 소개하기 위해 마술 지팡이나 수정 구슬을 활용한다. 경력개발 세션에서, 당신은 많은 사람들이 자신의 경력에 '마법 같은' 일이 일어나기를 기대한다는 것을 지적하고, 대신에 스스로 주도권을 갖고 계획을 세우는 것이 얼마나 중요한지에 대해 강조하라.

❹ 테이크 원(take one)

당신은 역할놀이에서 참여자들을 지도하기 위하여 연기를 멈추게 하거나 혹은 그 역할놀이에 대해 그룹으로 하여금 피드백을 하게 할 때, 영화감독의 클랩보드(촬영할 때 각 장면 촬영 시작을 알리는 한 쌍의 판)를 이용할 수 있다.

❺ 장난감

단순해 보이는 어린이 장난감이 다양하게 쓰일 수 있다. 예를 들면, 당신의 교육에 참여 중인 참여자의 수만큼 다양한 장난감을 고른다. 지점토, 요요, 슬린키(Slinky®, 스프링), 공 혹은 퍼즐 등을 포함하여 다양하게 선택하라. 참여자들에게 모두 한 개씩 고르도록 한 후, 이것이 그들의 조직 혹은 그들 자신, 또는 강의주제와 관련하여 어떤 식으로 표현될 수 있는지 설명하게 하라. 또한 당신은 판촉 교육훈련 세션에서 참여자들에게 이 장난감의 특징과 장점을 설명해 보도록 한다거나 혹은 클래스의 다른 사람들에게 팔아 보도록 함으로써 장난감을 활용할 수 있다. 쉬는 시간을 더 재미있게 보내는 데 장난감이 쓰일 수도 있다.

❻ 모자

역할놀이에서 참여자들에게 그들이 맡은 역할에 '몰입'할 수 있도록 모자를 활용하라. 예를 들면, 매니저-코치 역할은 야구 모자를 쓰도록 한다. 또한 팀빌딩에서 팀의 로고가 박힌 모자의 활용은 팀에 대한 동질감과 팀 정신을 만드는 데 도움을 줄 수 있다.

❼ 포스터

교육훈련 세션의 주제와 관련된 유명한 사람의 인용구가 적힌 포스터를 만들고 이 포스터를 강의실 내벽에 전시하라. 이 포스터들은 분위기를 조성하고 흥미를 유발하는 데 도움을 줄 뿐만 아니라, 당신이 교육 세션을 시작할 때, 참여자들로 하여금 전시된 인용구 가운데 가장 마음에 드는 것을 선택하게 하고 그것이 이 교육 세션과 어떤 관련이 있는지에 대해 설명해 보도록 요청함으로써도 활용할 수 있다.

❽ 체현(personification)

교육훈련 세션의 주제와 관련된 의상을 입어라. 예를 들면, 당신은 노인 환자를 다루는 간호교육 시간에 도움이 필요한 할아버지나 할머니의 복장을 입고 있을 수도 있다. 장애인 관련법에 대해 다루는 세션에서는 강의실에 휠체어를 타거나 목발을 짚고 들어가 참여자들과 더불어 그들이 장애인을 어떤 식으로 대하는지에 대해 토론할 수도 있다. 당신은 참여자들에게 청력손실을 경험하도록 하기 위해 귀마개를 이용하게 하거나, 시력손실을 경험하도록 하기 위해 안경에 바셀린을 바른다거나, 아니면 신체손실을 경험하도록 하기 위해 팔을 아래로 묶거나 해서 장애를 가진다는 것이 어떠한 것인지를 체험하게 할 수 있다.

⑨ 좋은 대답

카드에 큰 글씨로 '좋은 대답'을 적어 두어라. 그 카드를 강의실 앞 자리에 있는 사람에게 주어라. 토론이 진행되는 동안, 참여자들이 질문에 대해 좋은 대답을 했을 때, 카드를 가진 사람을 가리키고 그 사람이 모두가 볼 수 있도록 '좋은 대답' 카드를 들게 한다.

⑩ 팀 테마

당신의 교육훈련 세션을 위한 테마를 선정하라. 이것은 다가올 공휴일이나, 다룰 내용에 대한 비유 또는 한 조직의 테마와 관련되어 있을 수 있다. 그다음, 강의실을 이에 맞게 꾸미고 테마를 드러내 줄 다양한 소품들을 선택한다. 예를 들면, 팀빌딩에 대한 하나의 비유는 유람선이 될 수 있다. 참여자들이 강의실에 도착하면, 그들을 화환과 함께 환영하며 '진로에서 벗어나지 않도록' 돕기 위해 나침반을 나눠 준다. 당신은 또한 참여자들에게 오후에 각성제로서 필요한 라이프세이버(LifeSaver®) 캔디 한 통씩을 줄 수도 있다.

그룹에 대한 통제권을 되찾기 위한 10가지 중재안

지나치게 강의나 전체그룹 토론에만 의지하는 교수자들은 액티브한 교육훈련 기술들을 이용함으로써 자신들의 강의를 효과적으로 향상시킬 수 있다. 하지만 여전히 (토론 등에서) 한 개인의 독점이나 주의산만, 중간에 그만두어 버림 등과 같은 어려움이 나타날 수 있다. 이 문제를 해결하기 위한 방법이 아래에 제시되어 있다. 어떤 것은 개별적인 참여자들에게 효과가 좋고, 반면에 다른 것은 전체그룹에 효과가 있다.

❶ 비언어적인 신호를 보내라

학습자가 개인적인 대화를 하거나, 잠들려고 하거나, 혹은 참여하지 않으려고 할 때는 눈을 마주치거나 학습자에게 좀 더 가까이 다가서라. 말이 너무 긴 참여자에게는 손가락을 서로 눌러 신호를 보냄으로써 말을 멈추게 할 수도 있다. 또 원하지 않는 행동을 멈추게 하고자 할 때는 손가락으로 T 신호를 만들어 보내라.

❷ 적극적으로 경청하라

일부 참여자들이 토론을 독점하려 하거나, 옆길로 새거나, 아니면 당신과 언쟁하려 할 때에는 불쑥 그 사람의 의견을 요약한 후에 다른 사람들이 말하도록 하라. 또는 그들의 관점에 대한 가치를 인정해 주고, 휴식 시간 동안 그들과 그 의견에 대해 함께 토론하도록 하라.

❸ 새로운 지원자들을 격려하라

소수의 참여자들만 계속해서 말하는 반면에 나머지 사람들은 가만히 있을 때, 질문이나 문제를 제시하고 얼마나 많은 사람들이 그에 대한 의견을 가지고 있는지를 물어보아라. 아마 새로운 사람이 손을 드는 것을 볼 수 있을 것이다. 이들 중 한 명에게 자신의 의견을 발표하게 하라. 이 방법은 역할놀이를 위한 지원자 모집에서도 효과가 있을 것이다.

❹ 참여 규칙을 적용하라

때때로 참여자들에게 다음과 같은 규칙을 적용하겠다고 말하라.

- 역할놀이를 하는 동안에는 웃지 않는다.
- 아직까지 말하지 않은 참여자만 참여할 수 있다.
- 새로운 의견은 각각 이전의 아이디어와 연계되어야 한다.
- 다른 사람을 위해서가 아닌 자신을 위해서 말하라.

❺ 부드러운 유머를 사용하라

활동에 비협조적으로 나오는 것을 다른 방향으로 트는 방법은 유머를 사용하는 것이다. 그러나 빈정거리지 않도록 조심하라. 비협조적 태도에 부드럽게 대처하라. 또는 참여자 대신에 자신을 유머러스하게 깎아내려라.

❻ 개인적인 차원에서 친해져라

문제를 가지고 있는 참여자가 적대적이거나 내성적일지라도, 점심시간이나 휴식시간에 그들을 만나 친하게 지내도록 하라. 그들에게 관심을 가진다면, 그들이 당신을 어려워하거나 거리를 유지하는 일은 없을 것이다.

❼ 참여 방법을 변화시켜라

때때로 전체그룹 활동보다는 두 명이나 소그룹을 활용하는 것과 같은 새로운 포맷을 도입함으로써, 일부 참여자가 문제를 일으키는 것을 통제할 수 있다.

❽ 방해가 되는 행위들을 부드럽게 무시하라

크게 소란을 일으키지 않는 행위들에 대해서는 관심을 갖지 않거나 가볍게 넘어가라. 이러한 행동들은 단순히 세션을 계속 진행하는 것만으로도 사라질 수 있다.

❾ 매우 방해가 되는 행위들에 대해서는 따로 불러 이야기하라

당신은 어떤 행위들이 교육훈련 세션에 해를 끼친다고 판단되면 그러한 행위를 반드시 멈추게 해야 한다. 휴식 시간을 마련하고, 수업에 지장을 주는 참여자를 따로 불러 그러한 행위를 하지 않도록 단호히 요구한다. 또는 소그룹 활동들을 만들어서 문제가 있는 참여자들에게 주의를 준다. 만약 전체그룹이 관련되어 있다면, 해당 세션을 멈추고 효과적인 학습을 진행하기 위해 당신이 참여자들에게 요구하는 것들을 명확하게 설명하라.

❿ 당신이 직면하는 어려움들을 개인적으로 받아들이지 마라

많은 문제 행위들은 당신과 아무 상관이 없다는 것을 잊지 마라. 대신에 그것들은 개인적인 두려움과 요구 혹은 전위된 분노 때문이다. 이 행위들이 그런 문제로 인한 것이지를 살펴보고, 만약 그렇다면 교육훈련 세션에 잘 참여할 수 있도록 그러한 문제를 떨쳐버릴 수 있는지를 물어보라.

액티브한 온라인 학습을 위한 10가지 팁

온라인 학습과정들은 학습자의 활동과 참여가 종종 이름뿐인 전통적인 우편통신 교육의 대체가 되어서는 안 된다. 온라인 학습과정들이 액티브할 때, 학습자들은 가치 있는 학습공동체를 만들고, 친구를 사귀며, 기존 강의실에서 경험했던 것과 유사한 특징과 결과를 갖는 경험들을 온라인에서 공유한다. 다음에서는 10가지의 액티브한 온라인 학습과정을 위한 팁을 제시한다.

❶ 학습자들의 참여를 위한 명확한 기대를 설정하라

강의실 수업에서의 학습자 참여를 위한 기대는 강의 안내서, 강의 계획서, 또는 강의 일정표 등을 통해 쉽게 알아볼 수 있다. 그러나 온라인 학습과정의 경우, 참여를 위한 기준(기대요구)들이 훨씬 덜 설정되어 있거나 혹은 참여자가 덜 인식하게 되므로, 교수자는 그것을 명확히 해야만 한다.

❷ 온라인 의사소통을 위한 에티켓 지침을 제공하라

참여자들이 액티브한 온라인 학습과정 중 어떻게 상호작용해야 하는지에 대한 규칙, 방침 그리고 권고사항 등은 학습과정의 초반부에 알려 주는 것이 가장 잘 전달될 수 있다. 예를 들면, 냉소, 방언, 은어, 속어를 피하도록 하는 것이다.

❸ 모든 테크놀로지는 사전에 잘 작동하는지 테스트하라

학습자들에게 온라인 테크놀로지(예를 들면, 채팅 룸, 토론 포럼, 동영상 기능)를 이용하는 활동을 해 보게 하기 전에, 당신과 참여자들 모두는 이와 관련된 도구를 테스트해 보아야 한다. 학습과정 활동 시작 전에 기술적인 문제를 확인하는 것은 시간을 절약하며, 다양한 번거로운 상황들을 피하게 해 준다.

❹ 효과적인 교수환경을 만들어라

큰 소리의 라디오나 텔레비전 같은 것이 강의실 수업을 방해하는 것처럼, 온라인 테크놀로지들(이메일, 문자메시지, 웹서핑 등)은 당신이 온라인 학습에 쉽게 몰입하지 못하도록 한다. 결론적으로, 온라인 교육을 할 때에는 한꺼번에 여러 일을 하지 말아야 한다.

❺ 한 번에 너무 많은 걸 시도하지 마라

온라인 학습과정을 참여적으로 만들 수 있는 활동과 게임은 당신이 상상하는 만큼 다양하다. 그러나 아무리 좋은 것이라 할지라도 너무 많이 사용하면 참여자들에게 문제가 될 수 있다(예를 들면, 테크놀로지 과부하, 혼란, 기술적 문제들 등).

❻ 질문이나 코멘트를 미리 써 놓아라

온라인 강의를 할 때(특히, 라이브 온라인 토론방을 이용할 때), 당신은 워드 프로그램(예, 한글)을 이용하여 토론에 대한 준비를 미리 해야 한다. 질문이나 코멘트를 작성해 놓음으로써, 대화를 지연시키지 않고 적절한 때에 그러한 질문이나 코멘트를 채팅창에 복사하여 붙여 넣을 수 있다.

❼ 정보를 주는 유익한 제목을 요구하라

대부분의 이러닝 학습과정에서는 엄청난 온라인 커뮤니케이션이 이루어진다. 자세한 제목을 달아 주거나 그렇게 하도록 학습자에게 요구하는 것은 온라인 강의의 조직과 관리에 필수적이다.

❽ 학습자들을 참여시켜라

온라인 학습자들이 가장 자주 불만스러워 하는 것은 학습공동체에서의 소외감이다. 온라인 그룹을 구성하는 것, 학습활동에 참여하도록 하는 것, 자주 토론 주제를 제시해서 토론하도록 하는 것, 그리고 그 밖의 다른 액티브한 학습 전략을 이용하는 것은 학습자들이 온라인 학습에서 갖는 불안감을 줄여 줄 수 있다.

❾ 리뷰하라

온라인 학습과정은 당신과 참여자들에게 온라인 학습과정에서 무엇이 학습되었고, 참조되었으며, 토론되었고, 결정되었는지에 대한 전례 없는 기록들을 제공한다. 이것들은 강의 경험에 관하여 리뷰하고 깊이 생각해 보게 하는 데 효과적으로 이용될 수 있다.

❿ 예기치 않은 것을 예상하라

테크놀로지에 의존하는 강의는 어떤 것이든 때때로 다양한 기술적 위기에 봉착하게 된다. 물론 테크놀로지와 관련된 비상대책을 마련하는 것은 필수지만, 교수자는 유연하고 끈기 있는 태도를 유지해야 한다.

교육훈련 시작 시 액티브한 참여를 유도하는 전략

팀빌딩 전략

여기에서 제시되는 몇 가지 전략들은 참여자(서로 처음 보는 경우든지 아니면 이전 교육훈련 세션에서 만났던 경우든지)에게 서로를 잘 알게 해 주거나, 혹은 완전한 그룹과 더불어 팀 정신을 구축하는 데 도움을 주는 전략들이다. 또한 이 전략들은 참여자들에게 신체적으로 움직이도록 하고, 자신들의 의견과 감정을 솔직하게 공유하도록 하며, 자부심을 가질 수 있는 무언가를 성취하도록 함으로써 액티브한 학습환경을 조장한다. 이들 중 많은 전략들은 교육훈련 전문가를 통해 이미 잘 알려진 것들이지만, 일부는 내가 독창적으로 개발한 전략들이다. 이 모든 전략들은 교육훈련 시작부터 참여자를 액티브하게 만들어 준다.

당신은 팀빌딩 전략을 사용할 때, 이 전략들을 교육훈련의 주제와 연관시키도록 노력해야 한다. 때때로 과업지향적 참여자들은 다른 참여자의 취미나 관심, 선호 등과 같은 사소한 정보를 익히는 것을 시간 낭비라 여길지 모른다. 하지만 만약 당신이 그 전략을 참여자들로 하여금 서로를 소개하는 것과 동시에 교육훈련 주제에 적합하도록 활용할 수 있다면, 이러한 우려를 줄일 수 있다. 이것이 앞으로 소개될 전략에서 어떻게 성취될 수 있는지 주목하라. 또한 당신과 당신의 참여자들에게 새로운 전략들을 실험해 보라. 요즘의 교육훈련 참여자들은 이미 몇몇 유명한 아이스브레이커들을 너무나 잘 알고 있기 때문에, 그것들이 그들의 흥미를 돋우기보다는 오히려 그들을 지루하게 만들 수 있다. 때문에 참여자들은 신선한 활동들을 매우 반갑게 여길 것이다.

1 해당되는 사람 일어나기

개요

이 방법은 특히 규모가 큰 수업에서 참여자들이 서로 친해질 수 있게 만드는 전략이다.

절차

1 참여자들에게 '오늘 교육훈련 세션에 참여한 사람들이 누구인지'를 알아보는 간단한 설문을 실시할 것이라고 알린다.

2 참여자들에게 질문이 자신에게 해당되면 일어나도록 요청한다(나머지 참여자는 서 있는 사람의 수를 세어 본다.).

3 다음과 같은 범주로부터 다양하고 흥미 있는 질문거리를 만들어 낼 수 있다.

- 직무: "당신이 만약 팀장이면 일어나세요."
- 직위: "당신이 만약 이 회사의 신입사원이면 일어나세요."
- 장소: "당신이 만약 서울 밖에서 살고 있다면 일어나세요."
- 경험: "당신이 만약 최근에 유명한 사람을 만났다면 일어나세요."
- 신념: "당신이 만약 '고객은 언제나 옳다.'라고 믿는다면 일어나세요."
- 의견: "당신이 만약 이 교육훈련 프로그램 종료 후 이것의 효과가 거의 없을

것이라고 생각하면 일어나세요."

- 선호: "당신이 만약 이메일보다 전화를 더 선호하면 일어나세요."
- 우선순위: "당신이 만약 제품 개발보다 직원 관리에 더 많은 시간을 소비해야 한다고 생각하면 일어나세요."
- 취미: "당신이 만약 어떤 악기를 연주할 수 있다면 일어나세요."
- 재능: "당신이 만약 엑셀 사용에 능숙하다면 일어나세요."

4 5~25개의 질문을 사용한다. 위에서 제시한 범주 중 하나를 선택하거나, 혹은 섞어서 사용한다. 어떤 소재를 이용하든 간에 참여자들로 하여금 관심을 갖도록 유도한다. 당신이 가지고 있는 질문 중 어떤 것은 모두에게 적용되고, 또 어떤 것은 단지 몇 명에게만 적용될 때, 그 활동이 가장 재미있고 효과적이 될 것이다. 당신은 모든 참여자들을 일어나도록 만드는 질문으로 끝을 맺을 수도 있다. 예를 들면, "당신이 만약 살아 있다면 일어나세요." "당신이 만약 이 활동을 즐겼다면 일어나세요."

적용 사례

ROI(return of investment) 교육훈련 프로그램에서 참여자들은 다음과 같은 질문에 해당되면 일어나야 한다.

- 연구방법론 수업을 들은 적이 있다.
- 사람을 관찰하는 것보다 인터뷰하는 것을 선호한다.
- 커크패트릭(Kirkpatrick)이 누군지 안다.
- 전에 어떤 교육훈련 프로그램을 평가해 본 적이 있다.
- 교육훈련 프로그램의 효과에 대한 증거를 요구받은 적이 있다.
- 강의평가 피드백 자료와 실제 교육훈련의 학습전이 사이에는 거의 상관관계가 없다고 믿는다.
- 목표지향평가(절대평가)를 설계해 보았다.

2 사람 찾아보기

개요

이 전략은 다양한 방법으로도, 그리고 다양한 크기의 그룹에게도 적용될 수 있는 인기 있는 아이스브레이커다. 이 전략은 교육훈련 세션 초반에 팀빌딩을 구축하고 신체적 움직임을 이용한다.

절차

1 "……는(……한) 사람을 찾아라."라는 문구를 완성시키기 위한 6~10개 정도의 진술문을 만든다. 여기에는 개인적인 정보나 교육훈련 프로그램의 내용을 확인할 수 있는 진술문을 포함한다. 아래와 같은 예를 사용할 수 있다.

※ 다음에 해당되는 사람을 찾아봅시다.

- (　　　　　　)를(을) 좋아하는/즐기는 사람
- (　　　　　　)에 대해 아는 사람
- (　　　　　　)에 대한 전문가
- (　　　　　　)를(을) 이미 해 본 사람
- (　　　　　　)에 의해 동기화된 사람
- (　　　　　　)를(을) 믿는 사람
- (　　　　　　)에 관한 책을 최근에 읽은 사람

- (   )에 대한 경험을 가지고 있는 사람
- (   )를(을) 싫어하는 사람
- (   )에 관한 교육을 이미 받은 사람
- (   )에 대해 좋은 생각이 있는 사람
- (   )를(을) 가지고 있는 사람
- (   )를(을) 원하는 사람
- (   )를(을) 원하지 않는 사람

2 참여자들에게 작성한 진술문을 나누어 주고 다음과 같이 안내한다. "이 활동은 물건 대신 사람을 찾는다는 것을 제외하면 보물찾기 게임과 같습니다. 내가 '시작'이라고 말하면 강의실을 돌아다니면서 이 진술문들에 맞는 사람을 찾아보세요. 하나의 진술문에 단 한 사람만 찾아보세요. 해당되는 사람을 찾았을 때, 그 사람의 이름을 써 보세요."

3 대부분의 참여자들이 활동을 마쳤으면, 다시 전체그룹으로 모이도록 한다.

4 당신은 첫 번째로 끝낸 사람에게 포상을 줄 수도 있다. 더 중요한 것은, 각 항목에 대하여 전체그룹을 대상으로 설문하는 것이다. 학습과정 주제에 대하여 흥미를 유발할 수 있는 몇 가지 항목에 대해 짧은 토론을 실시한다.

응용하기

1 불필요한 경쟁을 막기 위해 모든 참여자들이 활동을 완료할 수 있도록 충분한 시간을 주어라.

2 참여자들에게 다른 사람을 만나 보도록 하고, 각 사람들이 얼마나 많은 항목에 해당되는지 찾아보도록 하라.

적용 사례

다음의 '사람 찾아보기'는 '액티브한 교육훈련 기법(active-training techniques)'에 관한 세션에서 사용된다.

※ 다음에 해당되는 사람을 찾아봅시다.

- 당신과 같은 이니셜을 가진 사람
- 당신과 같은 달에 태어난 사람
- 당신과 다른 구(혹은 도, 시)에서 사는 사람
- 역할놀이를 싫어하는 사람
- 이전에 교육훈련 기법에 관한 워크숍에 참여해 본 사람
- 직소 학습(jigsaw learning)이 무엇인지를 아는 사람

전체그룹으로 다시 모이면, 각 참여자(이름)의 알파벳 이니셜을 살펴보고 몇 사람의 이니셜을 호명한 후, 그 이니셜을 가진 사람에게 자기소개를 하도록 한다. 생일이 가장 최근이었던 참여자를 찾아낸다. 역할놀이에 대한 참여자들의 의구심과 그들이 이전 워크숍에서 배운 것에 대하여 간단한 토론 시간을 갖는다. 직소 학습이 무엇인지를 설명할 수 있는 참여자를 불러낸다. 만약 아는 사람이 없으면, 그것이 무엇인지를 추측하게 하고 여러 사람의 추측 후에 그것에 대하여 설명해 준다. 그리고 나중에 그것을 워크숍에서 시연설명해 줄 것을 약속한다.

3 그룹 이력서

개요

이력서는 보통 개인의 성취를 기술한다. 그룹 이력서는 서로를 알아 가게 돕거나 혹은 이미 서로 알고 있는 경우 팀빌딩을 도모하는 흥미로운 방법이다. 이 활동은 그룹 이력서가 교육훈련의 주제와 연관이 있을 때 특히 효과적이다.

절차

1 참여자들을 3~6명씩 소그룹으로 나눈다.

2 그룹 구성원들에게 "당신들은 놀라운 재능과 경험을 가지고 있다."고 말해 준다.

3 그룹의 자원을 확인하고 자랑할 수 있는 한 가지 방법은 그룹 이력서를 작성하는 것이라고 제안한다(그룹이 얻고자 하는 직업이나 계약을 제안할 수도 있다.).

4 각 소그룹에게 전지(혹은 플립 차트)와 마커를 제공하고 그룹 이력서를 작성해 보도록 한다. 이 그룹 이력서는 총체적으로 해당 그룹을 홍보할 수 있는 어떤 정보를 포함해야 한다. 각 그룹은 다음의 항목들을 포함하도록 선택할 수 있다.

- 학력

- 학습과정 내용에 대한 지식
- 그룹 구성원들의 총 직업 경력
- 직위
- 전문 기술
- 주요 성취
- 발표물
- 취미, 재능, 여행, 가족

5 각 소그룹에게 자신들의 그룹 이력서를 발표하게 하고, 모든 그룹들이 가지고 있는 총 자원에 대해서 축하한다.

응용하기

1 그룹 이력서 쓰기 활동을 신속하게 하기 위해, 수집될 정보를 구체화한 이력서를 미리 준비하라.

2 참여자들에게 그룹 이력서를 만들게 하는 대신에, 당신이 제시한 범주들에 대하여 팀 구성원 서로가 서로를 인터뷰하게 하라.

적용 사례

다음의 그룹 이력서는 비즈니스 글쓰기에 관한 교육훈련 세션에서 만들어질 수 있다.

Writers "R" Us

전주성, 정찬모, 강석우, 우진하

www.writersrus.co.kr

희망하는 일

광고문구 작성 및 전문서적 편집

자격

- 16년 관련 직종 경력
- 14년 고등교육 학력
- 한글, MS워드, 엑셀 등에 능통함
- 글 편집, 문법 교정, 오탈자 수정 지식 갖춤
- 취미: 요리, 등산, 쇼핑, 마라톤

4 예측하기

개요

이 활동은 참여자들이 서로 친해질 수 있게 도와주는 매력적인 방법이다. 또한 참여자들의 첫인상에 대한 흥미로운 경험이 될 수 있다.

절차

1 (서로가 상대적으로 낯선) 3명 혹은 4명으로 구성된 소그룹을 만든다.

2 참여자들이 할 일은 당신이 미리 준비한 어떤 질문들에 대해 각 그룹에 있는 사람들이 어떻게 대답할지를 미리 예측하는 것임을 알려 준다. 아래에 제시된 질문들은 다목적으로 이용될 수 있다.

- 당신은 어디에서 성장했나요?
- 당신은 아이일 때 어땠나요? 학생일 때는?
- 당신의 부모님은 엄격하셨나요, 아니면 관대하셨나요?
- 당신은 어떤 종류의 음악을 즐기나요?
- 당신이 즐기는 여가 활동은 무엇인가요?
- 당신의 수면 시간은 얼마나 되나요?

Tip 당신이 이끄는 그룹의 상황에 따라 다른 질문을 더하거나 교체할 수도 있다.

3 각 소그룹은 한 사람씩 뽑고, 그 선택된 사람에 대해 가능한 한 구체적으로 앞에 제시된 질문들에 대한 예측을 시작하도록 한다. 선택된 사람은 예측에 대해 어떤 암시도 주지 않는다. 예측이 모두 끝나면 선택된 사람은 각 질문에 대하여 답을 하도록 한다.

응용하기

1 참여자들로 하여금 (사실적인 것보다는 쉽게 알 수 있는 것, 혹은 단순한 신변잡기용 질문이 아닌) 서로의 관점이나 신념에 대하여 예측하는 질문을 만들게 하라.

2 예측하는 것 대신에, 각 참여자들을 한 사람씩 불러 질문들에 대해 즉각적으로 대답하게 하라. 다음으로 소그룹 구성원에게 서로에 관한 어떤 사실이 (첫인상에 근거해서) 자신들을 놀라게 했는지 말해 보게 하라.

적용 사례

리더십 개발 학습과정의 교수자는 '예측 질문'을 첫 강의에 활용할 수 있다. 참여자들은 4명으로 구성된 소그룹들로 나뉘고, 다음과 같은 질문에 대한 답을 예측한다.

- 매니저가 된 지는 얼마나 되셨나요?
- 누구를 훌륭한 리더로 추천하실 건가요?
- 당신에게는 올바른 사람이 되는 것과 사랑받는 사람이 되는 것 중 무엇이 더 중요한가요?

5 텔레비전 광고 제작

개요

이 방법은 팀 구성원들이 서로 이미 잘 알고 있을 때 이용할 수 있는 훌륭한 방법으로, 팀의 결속력을 빠르게 다질 수 있다.

절차

1 한 팀에 인원이 6명이 넘지 않게 팀을 구성한다.

2 각 팀들에게 자신의 팀이나 자신의 전문성, 또는 자신의 조직을 광고하는 30초짜리 텔레비전 광고를 제작하도록 한다.

3 광고는 슬로건(예를 들면, "당신은 이제 자유롭게 어디든 갈 수 있습니다.")과 시각자료를 포함하도록 한다.

4 광고는 일반적인 콘셉트와 개요만으로도 충분하다는 것을 설명한다. 만약 팀 구성원들이 자신의 광고에서 실제로 연기하기를 원한다면 그 역시도 좋은 방법이다.

5 각 팀들이 자신의 광고 계획을 세우기 전에, 창의성을 자극하기 위해 최근에 잘

알려진 광고들의 특징에 대해 논의하게 한다(예를 들면, 유명인이나 유머, 경쟁자나 경쟁 상품과의 비교, 또는 성적 어필에 대한 활용).

6 각 팀들에게 자신의 아이디어를 소개하도록 하고, 모든 참여자들의 창의성에 대해 칭찬한다.

응용하기

1 각 팀에게 텔레비전 광고 대신 인쇄물 광고를 제작하도록 하라. 만약 가능하다면 실제로 동영상 광고물을 만들도록 하라.

2 각 팀들의 흥미, 가치, 신념 혹은 관심 등을 광고하도록 요청하고, 이를 학습과정의 주제와 연결시키도록 하라.

적용 사례

어느 한 병원의 직원들은 그 병원의 환자가 되는 것이 어떤 이점이 있는가에 대해 홍보하는 텔레비전 광고를 제작하도록 의뢰받았다. 직원들은 보살핌과 친근함을 강조하는 몇몇 잘 알려진 광고 슬로건을 결합하는 광고를 제작한다(예를 들면, "당신의 건강, 우리 ㅇㅇ병원과 함께라면 안심할 수 있습니다!").

6 나도요!

개요

이 활동은 교육훈련 세션 초반부터 바로 신체적 움직임을 도입하며, 공통된 특성을 가진 참여자들끼리 신속하게 그룹을 만들게 함으로써 서로 친해질 수 있도록 돕는다. 이 활동은 빠르게 진행되며, 매우 재미있다.

절차

1 당신의 교육훈련 세션을 위한 '서로 친해지기 활동'에 적합한 범주들의 목록을 작성한다. 범주의 사례는 다음과 같다.

- 태어난 달
- [시나 역할놀이, 과학 또는 웹 검색 등과 같은 주제]에 대한 부정적 또는 긍정적 반응
- 수면 시간
- [책, 캐릭터, 노래 또는 패스트푸드 식당 등 무엇이든] 가장 좋아하는 것
- 왼손잡이 또는 오른손잡이
- 신발 색상
- 어떤 쟁점에 관한 견해에 대하여 찬성 또는 반대(예를 들면, "개발보다는 자연환경을 우선 보호해야 한다.")

2 참여자들이 자유롭게 돌아다닐 수 있도록 강의실을 정리한다.

3 하나의 범주를 부른다. 참여자들로 하여금 주어진 범주와 관련하여 자신이 정확히 어디에 소속되어야 하는지를 파악하도록 한다. 예를 들면, '오른손잡이'와 '왼손잡이' 범주는 두 개의 그룹으로 나뉠 것이다. 또는 어떤 의견에 찬성하는 사람과 반대하는 사람의 범주도 마찬가지다. 만약 범주가 두 개 이상 있다면(예를 들면, 참여자들의 태어난 달), 참여자들에게 같은 범주에 드는 사람들끼리 모이도록 한다.

4 참여자들이 적절한 '나도요!' 그룹을 형성하면, 그들에게 서로 악수를 하게 한다. 각 그룹에 대략 몇 사람들이 있는지 세어 보도록 한다.

5 바로 다음 범주로 넘어간다. 당신이 새로운 범주를 말할 때마다 참여자들이 이 그룹 저 그룹으로 계속 움직이게 한다.

6 전체그룹으로 다시 모이게 한다. 이 활동을 통해 드러난 참여자들의 다양성에 대해 토론한다.

응용하기

1 참여자들에게 자신과 같은 범주에 속한 사람이 아닌 다른 사람의 소재를 파악하도록 하라. 예를 들면, 당신은 참여자들에게 자신의 신발 색깔과 다른 신발을 신고 있는 사람을 찾아보도록 할 수 있다(서로 다른 범주들에서 동일한 수의 참여자가 나오지 않으면, 하나의 그룹에서 한 사람 이상이 다른 그룹으로 이동할 수 있게 하라).

2 참여자들에게 흥미 있는 범주를 제안해 보도록 하라. 아니면 간단하게 한 사람

을 일어서게 한 후 그 자신에 대한 어떤 사실을 말하도록 한다. 예를 들면, "나는 INTP(MBTI 성격유형의 16개 유형 중 하나) 유형입니다." 그룹에 INTP 유형의 사람들이 있다면, 그 사람들은 일어서서 "나도요!"를 외치도록 한다.

적용 사례

세일즈 교육훈련 과정에서 교수자는 다음 범주를 활용한 '서로 친해지기 활동'을 계획한다.

- 잠재 고객들을 대상으로 전화로 영업하는 것을 좋아한다 / 싫어한다.
- 적극적인 판매 방법 / 부드러운 판매 방법이 더 효과적이라고 생각한다.
- 판매 경험이 한 번도 없다 / 1~5년의 경험이 있다 / 5년 또는 그 이상의 경험이 있다.
- __________광고보다__________광고를 선호한다(두 가지의 광고 방법을 제시하라).
- 거의 남성에게 / 여성에게 / 둘 모두에게 판매한다.

7 절친되기

개요

대부분의 친목 도모를 위한 활동은 다른 사람들을 만날 기회에 있어 한계가 있다. 이에 대한 한 가지 대안은 구성원들을 짝지어서 깊이 있게 친목 도모를 할 수 있도록 하는 것이다.

절차

1 당신이 원하는 어떤 방식으로든 참여자들을 둘씩 짝짓는다. 둘씩 짝짓는 기준에는 다음과 같은 것이 있을 수 있다.

- 이전에 전혀 만난 적이 없는 두 사람
- 서로 다른 부서 혹은 조직에서 일하는 두 사람
- 서로 다른 직업, 연구 분야, 다른 수준의 학력 혹은 경력을 가지고 있는 두 사람

2 두 사람이 서로를 잘 알아 가도록 30~60분 정도 시간을 준다. 그들에게 산책을 하거나, 차를 마시거나, 혹은 관련이 있다면 서로의 직장 또는 사무실을 방문하도록 제안한다.

3 서로를 인터뷰할 수 있도록 약간의 질문거리를 제공한다.

4 전체그룹으로 다시 모이면, 두 사람이 함께 그 세션의 주제에 대한 학습을 시작할 수 있게 과제를 내준다(200가지 팁 중 '학습 파트너에게 주는 10가지 과제' 참조).

5 만들어진 짝을 장기적인 학습 파트너로 삼는 것에 대해 고려해 본다.

응용하기

1 짝 대신에 3명 혹은 4명으로 참여자들을 구성하라.

2 자신의 파트너를 전체그룹에게 소개하도록 하라.

적용 사례

참여자들을 둘씩 짝짓기 위한 다음과 같은 방법들이 서로 다른 부서 및 팀의 사람들이 참여하는 관리자 교육훈련 프로그램의 멀티세션 첫 번째 미팅에서 만들어졌다.

- 관리자 경험의 수준

  가능한 질문: 지난 몇 년간 조직 내에서 바뀐 것은 무엇인가요?
  가장 보람 있었던 경험은 무엇이었나요?
  또 가장 힘들었던 것은?
  최근 관리자가 된 기분은 어떤가요?

- 관리하는 직원의 수

  가능한 질문: 만약 만난다면, 언제 그들을 그룹으로 만나시겠습니까?
  작은 부서가 더 의욕적인가요?
  모든 직원들을 관리하기 위해 어떻게 하고 계십니까?

• 다른 회사에서의 이전 업무경험

가능한 질문: 이전 회사는 우리 회사와 어떻게 다릅니까?

이전 회사에서 좋아했던 것은 무엇이고, 싫어했던 것은 무엇인가요?

이전 회사에서 관리자들은 어떻게 훈련을 받았나요?

8 팀별로 휴양별장 짓기

개요

종종 액티브한 교육훈련은 장기적인 학습팀을 구축함으로써 강화된다. 당신이 만약 이것을 계획하고 있다면, 확실한 출발을 보장해 주는 초기 팀빌딩 활동들을 실행하는 것이 도움이 된다. 많은 팀빌딩 활동들이 있지만, 아래에 소개하는 것이 특히 더 좋다.

절차

1 각 팀에 한 묶음의 색인 카드를 제공한다(각 카드 묶음마다 서로 다른 크기의 색인 카드들로 구성되어 있으면 최상이다.).

2 주어진 색인 카드만을 이용하여 '휴양별장'을 만들어 보게 함으로써, 가능한 한 각 팀이 효과적인 팀이 되도록 자극한다. 색인 카드를 접거나 찢는 것은 허용되지만, '휴양별장'을 만들기 위해 다른 용품들이 쓰여선 안 된다. 팀들이 그것을 만들기 시작하기 전에, 어떻게 휴가를 보낼지에 대해 계획을 세워 보도록 한다. 팀이 카드에 그림을 그리고 별장을 보기 좋게 꾸미도록 마커를 제공한다.

3 최소한 15분은 제공한다. 팀을 재촉하거나 압박하지 않도록 한다. 팀 구성원들에게 성공적인 경험을 갖게 하는 것이 중요하다.

4 모두 만드는 것을 마쳤을 때, 전체그룹으로 하여금 각 팀의 '휴양별장'을 돌아보도록 한다. 각 별장을 방문하게 하고, 그 별장에 관한 여러 자랑거리들을 들어보도록 한다. 그리고 각 팀의 성과물들에 대해 치하한다. 각 팀의 성과물에 대하여 경쟁은 하지 않도록 한다.

응용하기

1 '휴양별장' 대신에 기념물을 만들어 보도록 하라. 튼튼하고, 높고, 미적으로 아름다운 기념물이 되도록 하라.

2 전체그룹을 다시 모으고 참여자들에게 다음의 질문에 대답하게 함으로써 자신들의 경험을 되돌아보게 하라. "함께 작업할 때 팀으로서, 그리고 개인으로서 도움이 된 행동과 도움이 되지 않은 행동은 무엇이었나요?"

적용 사례

물론 이 활동은 팀빌딩 주제에 관한 교육훈련 세션을 시작하기 위한 하나의 훌륭한 방법이다. 학습 가치를 높이기 위해, 각 팀에 한 명의 관찰자를 할당한다. 그 관찰자는 다음과 같은 피드백을 준다.

- 향상된 목표들(과업을 완수하는 것 이외에)이 무엇이었는지
- 팀 구성원들이 팀의 노력에 기여했던 혹은 방해했던 방법들
- 허용될 수 있는 혹은 허용될 수 없는 행동들에 대하여 수립된 기준
- 리더십: 누가 가졌었고, 누가 그것을 취했는지, 그리고 누구에게 주어졌는지

9 다시 만나게 하기

개요

멀티세션 학습과정에서, 한동안 서로 떨어져 있다가 다시 만난 참여자들에게 별도의 시간을 줘서 다시 회합할 수 있게 하는 것은 종종 도움이 된다.

절차

1 다시 학습과정으로 돌아온 학습자들을 환영한다. 오늘 세션을 진행하기 전에 참여자들로 하여금 서로 다시 만나도록 약간의 시간을 들이는 것이 가치가 있을 수 있음을 설명한다.

2 참여자들에게 다음 중 하나 이상의 질문을 제시한다.

- 지난 세션에 대하여 기억나는 것이 있나요? 무엇이 가장 기억에 남나요?
- 우리의 지난 세션에 자극 받아 무언가를 읽고, 생각해 보고, 행동으로 옮긴 적이 있나요?
- 마지막 세션과 이번 세션 사이에 겪은 흥미로운 경험은 무엇인가요?
- 오늘 세션에 완전히 집중할 수 없게 만드는 것은 무엇인가요?
- 오늘 기분은 어떤가요? (재미있는 대답은 '비유'를 사용하는 것이다.)

3 소그룹 토론이나 '다음 발표자 지명하기'와 같은 방법들을 이용함으로써 대답을 이끌어 낸다(200가지 팁 중 '참여를 유도하기 위한 10가지 방법' 참조).

4 현 세션의 주제로 자연스럽게 이어지게 한다.

응용하기

1 질문을 하는 대신에 지난 세션에 대해 리뷰하게 하라.

2 이전 세션에서 다루어졌던 질문이나 개념 또는 정보 가운데 두 가지를 제시하라. 참여자들이 어떤 것을 리뷰해 보기를 원하는지 투표하게 한다.

적용 사례

멀티세션으로 이루어진 고객서비스 학습과정을 수강하는 그룹에게 다시 모였을 때, 다음의 질문에 답변하도록 한다.

- 우리가 지난번 만난 이래로 당신이 관찰해 본 좋은 혹은 나쁜 고객서비스의 사례는 무엇입니까?
- 어떤 유형의 고객이 가장 까다롭습니까?
- 좋은 고객서비스의 가치에 대해 당신은 현재 어떻게 느끼나요?

10 기본 규칙 정하기

개요

이것은 참여자들 스스로가 자신의 행동에 대한 규칙을 만들 수 있게 하는 투표 방법이다. 학습자들이 이 과정에 직접 참여하면, 그들이 정한 규칙을 더 잘 지키려는 경향을 보인다.

절차

1 '면접관'의 역할을 맡을 소수의 지원자를 뽑는다(지원자는 그룹의 크기에 따라 상대적으로 결정한다.).

2 면접관들로 하여금 10~15분 동안 시간이 허락하는 내에서 가능한 한 많은 사람들을 만나도록 한다. 면접관들이 참여자들에게 다음과 같은 질문을 하도록 한다.

"어떠한 행동이 수업에 도움이 되고, 또 도움이 되지 않을까요?" (먼저 참여자들에게 대답을 유도할 수 있는 예시 답안을 제공한다.)

3 할당된 시간이 다 되면, 면접관에게 자신들이 알아낸 것을 그룹에게 보고하도록

한다(만약 원한다면, 결과를 플립 차트나 화이트보드에 나열하도록 한다.).

4 보통은, 단지 참여자들에게서 수집된 의견을 듣는 것만으로도 그 집단이 바라는 행동의 기본 규칙을 정하기에 충분하다. 하지만 알아낸 것을 분석하고 겹치는 부분을 찾아낸 다음, 그 목록을 통합하는 것도 가능하다.

응용하기

1 몇 가지 가능한 기본 규칙 목록을 제공하라. 참여자들이 그 목록에서 세 가지를 선택하도록 하고 그 결과를 표로 만든다. 다음의 것들이 당신의 목록에 적합한 규칙들일 것이다.

- 서로의 기밀을 존중하라.
- 소그룹이나 팀으로 활동할 때에는 모든 사람이 참여한다.
- 수업 시작 시간을 준수하라.
- 다른 사람이 말을 끝마칠 수 있게 방해하지 마라.
- 다른 사람을 바보로 만드는 말이나 비열한 플레이를 하지 마라.
- 자신의 의견을 말하라.
- 말을 할 땐, 간결하고 명확하게 하라.
- 성차별적 용어를 쓰지 마라.
- 수업을 미리 준비하라.
- 매 강의 때마다 같은 자리에 앉지 마라.
- 서로의 의견 차이를 인정하라.
- 모든 이에게 발언권을 주어라.
- 다른 이의 아이디어를 비판하기 전에 그것을 토대로 삼아라.

2 전체그룹으로 하여금 참여를 위한 기본 규칙들에 대해 브레인스토밍을 하도록 하라. 그러고 나서 최종 목록을 만들기 위해 '다수 투표제(multi voting)'를 이용

하라. 이 절차는 목록의 항목들을 반으로 줄이기 위한 방법이다. 각각의 참여자는 자신이 원하는 모든 항목에 투표를 한다. 전체 항목 가운데 가장 높은 표를 받은 절반의 항목들이 목록에 남게 된다(이 절차는 원하는 만큼 반복될 수 있다. 투표할 때마다 항목들이 반으로 줄어든다.).

적용 사례

프로젝트 팀들을 위한 몇 주간의 교육훈련 프로그램에서 퍼실리테이터는 각 팀에게 기본 규칙들을 만들도록 한다. 각 프로젝트 팀들은 효과적인 작업환경을 구축하기 위해 다음과 같은 규칙들을 만든다.

- 구성원들은 모든 교육훈련과 외부의 팀 프로젝트 미팅에도 참석해야 한다.
- 두 번 이상 외부 미팅을 놓친 참여자는 프로젝트 팀에서 퇴출된다.
- 각 프로젝트 팀들은 퍼실리테이터에게 격주로 경과 보고를 한다.
- 리뷰 세션에 각 팀들은 서로에게 피드백을 제공한다.
- 각 팀 프로젝트의 요약문들은 마지막 프레젠테이션 한 주 전에 퍼실리테이터와 다른 그룹 구성원들에게 제공된다.

현장평가 전략

다음에 나오는 전략들은 팀빌딩 전략과 같이 사용하거나 혹은 자체적으로 사용 가능하다. 이 방법들은 당신이 참여자에 대해 알 수 있도록 돕는 동시에 참여자들이 교육훈련 세션의 초반부터 참여하도록 설계되었다. 이 전략에서 얻은 정보들은 당신에게 유용할 뿐만 아니라 참여자들에게도 흥미로울 것이다.

몇몇의 전략들은 참여자에 관한 특정한 것을 평가할 수 있도록 하며, 또 다른 전략들은 그들에 관한 전반적인 그림을 파악할 수 있도록 한다. 현장평가 전략은, 특히 당신이 첫 세션 이전에 그룹을 평가할 기회를 갖지 못했을 때 더욱 가치가 있다. 이러한 전략들은 교육훈련에 앞서 당신이 행했던 평가들을 확증하는 데에도 이용될 수 있다.

11 교육훈련 첫 설문조사

개요

설문조사는 멀티세션으로 이루어진 교육훈련 프로그램의 초반에, 이후의 세션에 유용한 정보를 수집하기 위하여 사용될 수 있다. 종종 설문조사로부터 수집된 데이터는 다음 세션에 앞서, 혹은 초반에 (요약된 형태로) 참여자들에게 피드백될 수 있다. 이렇게 함으로써 참여자 모두는 수집된 정보에 대해 알 수 있게 된다. 설문조사를 통해 얻어진 정보는 교육훈련 일정 및 계획을 기획하고 마무리하는 데 유용하다.

절차

1 참여자들로부터 어떤 종류의 유용한 정보를 얻을 수 있는지 결정한다. 다음과 같은 범주를 고려할 수 있다.

- 참여자 인구통계자료 (얼마나 오래 여기에서 근무하고 있습니까?)
- 직무분석 (당신의 업무는 무엇입니까?)
- 사전경험 (이전에 '과정개선팀'에서 근무한 적이 있습니까?)
- 교육훈련에 대한 기대 (당신은 많은 연습시간을 원합니까?)
- 교육훈련에 대한 태도 (당신은 이 교육훈련이 당신의 경력에 가치가 있을 것이라고 생각합니까?)
- 교육훈련 주제에 대한 의견 (새로운 주제가 필요하다고 생각합니까?)
- 이용 가능한 자원들 (당신은 회사 인트라넷에 접근할 수 있습니까?)
- 제안들 (이 교육훈련 프로그램 일정에서 무엇을 해 보았으면 합니까?)

2 실제 설문을 개발한다. 빠르고 쉽게 설문조사를 완결할 수 있는 다양한 설문조사 기법들을 이용한다.

[평가척도]

- 나는 고객의 주문을 확인하는 새로운 방법이 필요하다고 생각한다.

매우 동의함(　) 동의함(　) 모르겠음(　) 반대함(　) 매우 반대함(　)

[랭킹 혹은 우선순위화]

- 각 항목의 중요성에 대하여 순위를 매기시오. 가장 높은 순위로 숫자 1을 사용하시오.

____동료들에 대한 명확한 기대를 설정한다.
____동료들과의 갈등을 해결한다.
____동료들 사이에 팀 정신을 구축한다.

[체크리스트]

- 당신은 이 교육훈련 프로그램에 대해 어떻게 느낍니까? (생각하는 모든 단어(혹은 구)에 동그라미를 치시오.)

기다리며 지켜본다	비관적이다	야심적이다
흥미롭다	너무 길다	이미 행해졌어야 했다
필요하지 않다	보통이다	정확히 필요하다
구체적이지 않다		

[문장완성]

- 아래의 문장을 완성하시오.

교육훈련에 대해 내가 가장 우려하는 것은 ~

[짧은 대답]

- 콜센터에서의 당신의 이전 경험을 서술하시오.

3 동료들에게 개발한 설문조사를 보여 주고 그 내용과 명확성, 그리고 사용자 편의성에 대해 피드백을 받는다. 수정사항이 있으면 수정한다.

4 참여자들의 요구를 만족시키는 최상의 교육훈련을 제공하기 위하여 이 설문조사가 필요함을 알리고, 설문조사를 실시한다.

응용하기

만약 그룹이 작다면, 참여자들을 개별적으로 인터뷰하라.

적용 사례

일주일짜리 제약회사 신입사원 대상 프로그램의 첫째 날, 다음의 설문조사가 신입사원들을 대상으로 실시되었다.

1 당신은 신약 연구 및 개발을 위한 동물실험 과정에 얼마나 익숙합니까?

1 = 전혀 모른다

2 = 거의 모른다

3 = 기본적인 것만 안다

4 = 매우 잘 안다

2 이전에 동물실험실에서 해 보았던 일은 무엇입니까? (중복응답 가능)

1 = 먹이 주기와 털 손질

2 = 주사

3 = 관찰

3 당신이 동물실험에 대해 가지고 있는 질문거리는 무엇입니까?

a.

b.

4 아래 문장을 완성하시오.

이 주의 마지막까지 나는 ______________________ 을(를) 희망합니다.

12 초반부 고 어라운드

개요

이 전략은 교육훈련 프로그램에 대한 하나의 워밍업으로, 참여자들이 교육훈련 세션에 가져오는 생각과 감정을 간단하게 포착하는 방법이다. 이 과정은 소통을 위한 통로를 열어 주고, 참여자들의 기대와 우려를 수면 위로 드러나게 해 준다. 또한 이 전략은 모든 사람들의 참여를 보장해 주는 하나의 장치가 될 수 있다.

절차

1 당신은 그룹들을 '돌며(going-around)' 교육훈련 세션에 참여하는 것에 대한 그들의 생각과 감정을 알고 싶다고 말한다. '문장 완성' 방법은 고 어라운드를 실행하는 데 있어서 참여자들로 하여금 자신의 생각을 간략하고 명료하게 표현할 수 있도록 하기 때문에 유용하다고 설명한다.

2 강의실의 한쪽 끝부터 시작하거나 참여자들이 자발적으로 말하고 싶어 할 때 문장을 완성하도록 한다. 말할 순서가 되었지만 패스하고 싶다면 "패스"라고 말할 수 있다. 또한 어떤 사람의 말이 자신들의 감정을 잘 표현하고 있다면 다른 참여자들도 그 말을 반복할 수 있다. 만약 그룹이 크다면 여러 샘플링 기법이나 기준(안경 낀 사람 등등) 등을 이용하여 그룹을 나눌 수 있다.

3 교육훈련 일정에 대한 참여자들의 생각과 감정을 드러내게 하기 위하여 다음 중 하나를 이용할 수 있다.

- 나는 이 교육훈련 프로그램이 ~하길 희망한다.
- 이 클래스의 마지막에, ~
- 우리가 ~하는 것은 나에게 중요하다.
- 간단히, ~에 대한 나의 의견은 ~
- 나는 이 교육훈련 프로그램이 ~해서 온다.

4 보다 개인적인 수준에서 의견을 이끌어 내고 싶다면 다음 중 하나를 이용할 수 있다.

- 최근에 (혹은 우리가 마지막으로 만났던 이후로) 나에게 일어난 일은 ~
- 최근에 내가 접한 좋은/나쁜 뉴스는 ~
- 오늘 내 느낌은~
- 나는 ~을 고맙게 생각한다.
- 나는 ~을 기대한다.

5 참여자들이 속한 조직 혹은 그룹에 대한 감정을 파악하기 위해서는 다음 중 하나를 사용할 수 있다.

- 내가 실망한 한 가지는 ~
- 나는 단지 ~을 원한다.
- 나는 너에게 ~을 말하고 싶다.
- 나는 ~을 선호한다.
- 나는 ~해서 기쁘다.

응용하기

참여자들에게 '오늘의 클래스'에 대해 생각할 때 떠오르는 단어나 구문을 말해 보도록 하라. 몇 가지 예시로는 "거기에 있었고, 그것을 끝마쳤다.", 흥미로웠다, 긴장됐다, 재미있었다, 이미 오래전에 행해졌어야 했다 등이 있다. 이 자유연상들을 기록해라. 침묵의 시간들을 허락하고 시간이 되는 대로 계속한다. 그리고 다음과 같은 질문을 하며 목록을 진행시킨다. "이것은 우리가 교육훈련 프로그램의 전망에 관하여 가지고 있는 생각에 대해 무엇을 말해 주는가?"

적용 사례

인사고과 수행에 관한 교육훈련 프로그램의 초반에, 참여자들에게 다음의 세 가지 '문장 완성' 항목들에 대해 대답해 보도록 한다.

1 인사고과 결과를 받았을 때의 나의 경험은 ~

2 나는 우리가 ~을 배울 것이라고 생각한다.

3 이 교육훈련의 마지막에, 나는 ~을 희망한다.

13 진단 조사

개요

이 활동은 그 자리에서 바로 교육훈련 참여자들을 파악할 수 있는 흥미로운 방법이다. 또한 동시에 참여자들이 교육훈련 초반부터 서로를 알아 가면서 협력할 수 있도록 유도하는 방법이기도 하다.

절차

1 참여자들을 파악하는 데 도움을 줄 수 있는 질문 3~4개 정도를 생각해 본다. 다음과 같은 질문들이 포함될 수 있다.

- 학습주제에 대한 참여자들의 지식
- 학습주제에 대한 참여자들의 태도
- 학습주제에 관련된 참여자들의 경험
- 참여자들이 가지고 있는 기술
- 참여자들 직업의 성격
- 참여자들의 배경
- 교육훈련 프로그램에 대한 참여자들의 요구 혹은 기대

구체적인 대답을 얻을 수 있도록 질문을 만드는데, 개방형 질문들은 피한다.

2 (당신이 만든 질문의 수에 따라) 참여자들을 3명 내지 4명으로 구성된 소그룹으로 나눈다. 각각의 참여자들에게 준비된 질문들 가운데 하나씩을 분배한다. 각 그룹의 구성원에게 다른 구성원들을 인터뷰하도록 해서 각자에게 주어진 질문에 대한 대답을 얻도록 한다.

3 같은 질문을 할당받은 참여자들을 소그룹으로 모이게 한다. 예를 들면, 18명의 참여자들이 3명씩 그룹으로 묶였다면, 그들 중 6명은 같은 질문을 받았을 것이다.

4 각각의 소그룹에게 '질문에 대한 대답'을 모으고 요약하도록 요청한다. 그리고 나서 각각의 소그룹 구성원들에게 그들이 알게 된 것에 대해 전체그룹에게 보고하도록 하라.

응용하기

1 참여자들로 하여금 그들 자신만의 질문을 만들어 보도록 하라.

2 참여자들을 둘씩 짝짓게 하고, 그들에게 모든 질문의 목록을 제공하라. 그리고 그것을 가지고 서로를 인터뷰하도록 하라. 마지막에는 전체그룹의 의견을 조사할 수 있다(이 응용하기는 큰 그룹을 다룰 때 적절하다.).

적용 사례

위의 절차를 활용하여 업무관리 워크숍을 진행하는 교수자는 다음의 세 가지 질문을 이용한다.

- 관리자로서 맞닥뜨리는 흔한 '문제 행동들'은 무엇입니까?
- 문제가 있는 직원을 대할 때 어떤 기분이 듭니까?
- 과거에 당신은 직원을 훈계하기 위해 어떤 행동들을 취하였습니까?

14 바로 파악하기

개요

이 전략은 참여자들을 파악할 수 있는 즐겁고 위협적이지 않은 기법이다. 당신은 이 방법을 이용하여 참여자의 성장배경이나 경험, 태도, 기대 및 관심사를 '즉각적으로' 파악할 수 있다.

절차

1 각 참여자를 위한 '응답 카드' 세트를 만든다. 이 카드들은 객관식 질문에 대한 답변 A, B, C와 참이냐 거짓이냐를 묻는 질문의 답변 T, F, 그리고 순위를 매기기 위한 숫자 1부터 5까지가 포함되어 있다.

2 참여자들이 자신이 가지고 있는 카드를 이용하여 대답할 수 있는 일련의 진술문(질문)을 만든다. 다음은 그 예시다.

- 내가 이 학습과정을 수강하는 이유는?

  A. 상사가 수강하라고 해서(의무교육이어서)

  B. 이 주제에 정말로 관심이 있어서

  C. 일을 안 하고 쉬는 날이어서

- 나는 이 학습과정이 나에게 어려울 것 같아 걱정이 된다.
  진실(T) 혹은 거짓(F)?

- 나는 이 학습과정이 미래에 내게 유용할 것이라고 믿는다.

1	2	3	4	5
전혀 그렇지 않다				매우 그렇다

3 첫 번째 진술문을 읽어 주고, 참여자들에게 자신이 선택한 답변 카드를 들어 대답하도록 한다.

4 대답을 즉시 파악하고, 몇몇의 참여자들에게 왜 그러한 답변을 했는지에 대해 이유를 발표하도록 한다.

5 다음 질문들을 이어 나간다.

응용하기

1 카드를 사용하는 대신에, 참여자들에게 자신이 선택한 답이 나올 때 일어서도록 하라.

2 손을 들어 자신의 의견을 표시하는 것을 허용하라. 참여자의 흥미를 높이기 위하여 어떤 것에 강하게 동의하면 두 손을 들어 올리도록 하라.

적용 사례

권한위임 기술에 관한 워크숍에는 다음과 같은 질문이 사용될 수 있다.

- 나는 거의 권한을 위임하지 않는다.

1	2	3	4	5
전혀 그렇지 않다				매우 그렇다

- 권한위임은 직원들이 업무를 수행할 수 있도록 권한, 책임, 책무를 부여하는 과정이다. 진실 혹은 거짓?

- 나는 권한을 보다 더 위임하고 싶다. 그러나
  A. 나의 직원이 충분한 능력이 있는지 확신할 수 없다.
  B. 나의 직원이 더 많은 책임을 맡기 원하는지 확신할 수 없다.
  C. 내 자신이 그 일을 더 잘 수행할 수 있다고 확신한다.

15 대표적인 표본

개요

때때로 교육훈련 그룹이 매우 커서, 누가 그 안에 있는지를 빨리 알 수 없을 때가 있다. 이 전략은 전체그룹의 대표적인 표본이 되는 사람을 뽑아 낼 수 있도록 하고, 공개적으로 그 참여자들을 인터뷰함으로써 그들에 대해 알 수 있게 한다.

절차

1 당신은 그룹 내의 모든 참여자들에 대해 알길 원하지만, 그러기 위해서는 시간이 너무 많이 필요하게 될 것이라고 설명한다.

2 따라서 이를 위한 가장 빠른 방법은 그룹의 어떤 다양성을 대표하는 작은 표본들을 만드는 것이라고 설명한다.

3 다양한 참여자들을 확인할 수 있는 몇 가지 방법을 언급한다. '클래스를 대표하는 표본'의 첫 구성원이 될 지원자를 모집한다. 지원자가 손을 들면, 그 지원자에 대해 알아보기 위해 그리고 그가 가지고 있는 기대, 기술, 직업 경력, 배경, 견해, 선호와 같은 것들을 파악하기 위해 몇 가지 질문을 한다.

4 첫 지원자의 답변을 듣고 나서는, 첫 지원자와는 (어떤 측면에서) 다른 두 번째 지원자를 모집한다.

5 계속해서 지금까지의 지원자와는 다른 특징을 가진 다음 지원자를 뽑는다(지원자의 수는 당신이 정할 수 있다.).

응용하기

1 테이블과 의자를 패널 토의에 적합하도록 정렬하라. 인터뷰한 '수업을 대표하는 표본'을 패널로서 초대하라. 패널이 구성되면, 다른 참여자들로 하여금 패널에게 추가적인 질문을 하도록 하라.

2 멀티세션 학습과정에서, 당신은 몇몇 참여자들을 강의 장소 밖으로 초대해서 그들을 알아 가도록 하라. 가능하다면, 모든 사람을 만날 수 있도록 만남을 순환하라.

적용 사례

인적자원부서의 대표자는 전체 직원들에게 새로운 복지제도에 대해 설명하려고 한다. 그는 청중에 대해 알아보기 위해, 특정 기준에 맞는 4명의 직원들에게 다음과 같은 질문을 하며 세션을 시작한다.

- 이전 제도를 대체하는 것에 대하여 당신이 가장 크게 우려하는 것은 무엇입니까?
- 이전 제도에서 좋았던 점과 싫었던 점은 무엇입니까?
- 복지제도에서 당신에게 가장 중요한 부분은 무엇입니까?

첫 번째 직원은 직장생활 5년 이상의 여성이다. 두 번째 직원은 대가족의 남성이며, 세 번째 직원은 직장 생활 1년이 되지 않은 새내기다. 마지막 직원은 이전의 세 명의 대표자와는 다른 관점을 가졌다고 생각되는 사람이다.

16 수업 걱정거리

개요

참여자들은 보통 그들이 첫 번째로 참여하는 수업에 대하여 몇 가지 걱정거리를 가지고 있다. 만약 그것이 액티브한 교육훈련이라면 더욱 그렇다. 이 활동은 안심할 수 있는 방식으로 이러한 걱정거리를 터놓고 표현하며 토론하게 한다.

절차

1 당신은 참여자들에게 "나는 여러분들이 교육훈련에 대한 어떤 걱정거리들을 가지고 있으리라 생각합니다."라고 말한다. 이 걱정거리들은 다음의 항목들을 포함하고 있을 수 있다.

- 과업이 얼마나 어려울지, 혹은 시간이 얼마나 소요될지
- 어떻게 자유롭고 편안하게 참여할지
- 어떻게 참여자들이 작은 학습그룹으로서 활동할지
- 교수자가 얼마나 시간적 여유가 있을지
- 읽기 자료들에 어떻게 접근할지
- 수업시간표가 어떻게 되는지

2 화이트보드나 플립 차트에 이 걱정거리들을 나열한다. 다른 걱정거리도 추가한다.

3 전체그룹이 3개 내지 4개의 가장 걱정되는 문제를 뽑을 수 있도록 투표 방법을 선택한다.

4 3개 내지 4개의 소그룹으로 나눈다. 각 소그룹에게 선정된 걱정거리 중 하나에 대해 그것을 구체화하도록 요구한다.

5 각 소그룹들은 전체그룹을 위해 그 토론 결과를 요약하고 정리한다. 다른 그룹들의 반응을 듣는다.

응용하기

1 각 소그룹에게 참여자들이나 혹은 교수자가 그 걱정을 덜어 주기 위해 할 수 있는 해결책들에 대해 생각해 보도록 하라.

2 그 활동을 소그룹 보고로 끝내지 말고, 패널이나 피쉬볼 토론으로 만들어 내라 (200가지 팁 중 '참여를 유도하기 위한 10가지 방법' 참조).

적용 사례

업무 혁신에 관한 과정을 담당하는 교수자는 참여자들에게 다음의 질문에 대해 대답하게 함으로써 그 팀의 걱정거리를 파악하고자 하였다. 팀이 투표를 한 후, 다음과 같은 걱정들이 최고 걱정거리들로 선정되었다.

- 경영진은 팀의 결정사항들을 이행할 것인가?
- 각 팀 구성원에게 기대되는 것은 무엇인가?
- 심한 반대가 있는 쟁점에 대해 팀이 어떻게 대처할 것인가?
- 팀이 얼마나 자주 만날 것인가?

즉각적인 학습참여 전략

학습과정 초반부터 참여자들을 액티브하게 만드는 또 다른 방법은 이 섹션에서 제시하는 전략을 사용하는 것이다. 이 전략들은 학습자를 즉시 학습주제에 몰입시키기 위하여 그들의 관심을 끌고 호기심을 일으키며 생각을 자극하기 위해 고안되었다. 결국, 참여자들의 머리가 '켜져' 있지 않다면 학습과정이 그들에게 무슨 소용이겠는가? 교수자는 참여자들이 학습과정에 몰입하고 정신적으로 준비가 되기도 전에 너무 일찍 무언가를 가르치는 실수를 저지른다. 다음에 제시된 전략 중 하나를 이용하면 그러한 경향을 고칠 수 있을 것이다.

17 액티브한 지식 공유

개요

이 전략은 참여자들을 즉시 교육훈련의 주제로 이끌 수 있는 좋은 방법이다. 당신은 이 방법을 참여자의 지식 수준을 평가하고 팀빌딩을 구축하는 데 이용할 수도 있다. 이 전략은 어떤 그룹이나 어떤 주제에도 효과가 있다.

절차

1 학습과정의 주제와 관련이 있는 질문 목록을 제공한다. 그 질문들은 호기심을 불러일으킬 수 있어야 한다. 아무도 답변하고 싶어 하지 않는 질문은 피한다. 또한 다양한 난이도의 질문을 사용해야 한다(답에 대한 터무니없는 추측이 필요한 질문도 포함될 수 있다.). 당신은 다음에 제시된 일부 범주 혹은 모두를 포함시킬 수 있다.

- 용어의 정의(예, "식스 시그마(six sigma)가 의미하는 것은 무엇인가?")
- 사람 확인(예, "소설 『사람의 아들』을 쓴 작가는 누구인가?")
- 특정 상황에서 취해야만 하는 행동에 대한 질문(예, "당신은 이 조직에서 겪은 성희롱에 대해 어떻게 불만을 제기하시겠습니까?")
- 사실, 개념, 절차 혹은 정책에 관한 객관식 질문(예, "팀 플레이어가 되는 것에 부적합한 것은? (a) 인내, (b) 협동, (c) 신뢰 공유, (d) 지속적인 재미")
- 빈칸 채우기[예, "이 회사에서 가장 중요한 새로운 이니셔티브(initiative)는 ~."]

2 참여자들에게 자신이 할 수 있는 만큼만 질문에 답변하도록 한다.

3 참여자들로 하여금 강의실을 돌아다니게 해서 자신에게 없는 답을 가진 다른 사람을 찾도록 한다. 참여자들에게 서로 도울 수 있게 격려한다(혹은 소그룹 내에서 서로 답변을 공유하도록 한다.).

4 다시 전체그룹으로 모이게 하고 답변들을 리뷰한다. 참여자들 중 누구도 알지 못했던 답변들을 알려 준다.

응용하기

1 각 참여자들에게 색인 카드 한 장씩을 나누어 주어라. 그리고 학습과정의 주제에 관하여 정확하다고 확신하는 한 가지 정보를 카드에 적게 하라. 참여자들로 하여금 강의실을 돌아다니며 카드에 적은 것을 공유하도록 하라. 그들에게 다른 참여자들에게서 나온 새로운 정보를 적게 하라. 그리고 전체그룹 토론을 통해 모은 정보를 검토하게 하라.

2 사실에 근거한 것보다 의견 중심의 질문을 사용하라. 혹은 사실과 의견이 혼합된 질문을 사용하라.

적용 사례

시간관리 강사는 다음의 질문들로 시작한다.

1 시간관리에 관한 권위자가 아닌 사람은?

- Alan Lakein

- Alec Mackenzie
- W. Edwards Deming

2 오늘 팀장이 지적한 가장 큰 시간낭비 사례는?

- 전화로 인한 방해
- 비생산적인 미팅
- 다른 사람에게 시킬 수 있는 일을 하는 것

3 학습자료 안에 포함된 시간관리 팁에 관한 사례 제시하기

4 '파레토(Pareto)의 원리'가 무엇인가?

5 천 명의 사업가들을 대상으로 한 연구는 그들 중 (　　)%가 집으로 일거리를 가지고 간다고 보고한다.

6 왜 '스위스 치즈(Swiss cheese)' 방법이 꾸물거림을 피하기 위한 방법인가?

7 시간관리에 관한 조언으로 가장 많이 언급되는 것 중의 하나는 새로운 메모들을 ~ 처리하는 것이다.

18 3인조 토론

개요

이것은 참여자들로 하여금 쟁점에 대해 동료들과 함께 깊이 있게 토론할 수 있도록 하는 방법이다. 이 방법은 교육훈련의 주제에 쉽게 집중할 수 있게 만든다.

절차

1 학습과정의 내용에 대하여 참여자들이 토론을 시작할 수 있도록 도움을 주는 다양한 질문을 개발한다.

2 참여자들을 3인조 그룹들로 나눈다. 각각의 3인조 그룹이 서로를 잘 볼 수 있도록 강의실 내에 적절히 자리를 배치한다(3인조 그룹들의 이상적 배치는 원형 혹은 정사각형이다.).

3 각 3인조 그룹이 토론할 수 있도록 첫 질문(각 3인조 그룹에게 동일한 질문)을 부여한다. 가장 덜 위협적인 질문으로 시작하고, 세 명이 돌아가며 그 질문에 답변한다.

4 적당한 시간의 토론이 끝난 후, 각 3인조 그룹 구성원에게 0, 1, 2의 숫자를 배정한다. 숫자 1을 가진 참여자는 시계 방향으로 바로 옆에 있는 3인조 그룹으로 로

테이션하게 하고, 숫사 2를 가진 참여자는 시계 방향으로 다음 다음의 3인조 그룹으로 로테이션 시킨다. 숫자 0을 가진 참여자는 그 자리에 남게 한다. 이들은 고정적인 구성원이 되며, 로테이션하고 있는 참여자들이 그들을 쉽게 찾을 수 있도록 손을 높이 들고 있게 한다. 각 로테이션의 결과로 새로운 3인조가 형성된다.

5 새로운 질문으로 새로운 정보교환을 시작한다. 진행하면서 점차 질문의 난이도와 민감도를 높인다.

6 당신은 당신이 제시할 질문과 배정된 토론 시간만큼 3인조 그룹을 로테이션 시킬 수 있다. 매번 같은 로테이션 절차를 이용한다. 예를 들면, 세 번의 로테이션으로 각 참여자들은 6명의 다른 참여자를 깊이 있게 만날 수 있다.

응용하기

1 각 질문 라운드마다, 새로운 3인조 그룹으로 로테이션하기 전에 참여자들의 응답을 간단히 리뷰하는 시간을 갖도록 하라.

2 3인조 대신 2인조 혹은 4인조를 사용하라.

적용 사례

교수자는 경영자 교육 프로그램에서 다음과 같은 질문을 이용하여 3인조 토론을 수행한다.

- 1라운드: 당신은 직장에서 매니저로부터 어떻게 코치를 받았나요? 효과적인 방법과 비효과적인 방법들은 무엇이었나요?
- 2라운드: 코칭 역할을 수행할 때의 사례를 제시해 보세요.
- 3라운드: 이 워크숍으로부터 무엇을 배우길 원합니까?

19 당신의 포스트로 움직여라!

개요

이 전략은 학습과정 초반에 신체적인 움직임을 필요로 하는 기법으로, 교육훈련 주제에 대해 참여자들의 초기 흥미를 유발할 수 있다.

절차

1 강의실 벽에 포스트(post, 게시문)를 붙인다. 당신은 양자택일을 위한 두 개의 포스트 혹은 더 많은 옵션을 주기 위한 여러 개의 포스트를 게시할 수 있다.

2 이 포스트들은 다음과 같은 다양한 선호를 나타낸다.

- 참여자들의 관심 주제
- 학습과정 내용에 대한 질문
- 동일한 문제에 대한 해결책
- 가치
- 개인적인 성격이나 스타일
- 한 분야의 저자나 잘 알려진 사람들
- 인용구, 속담, 혹은 시

3 참여자들에게 자신의 선호에 따라 원하는 포스트로 가도록 한다.

4 각 포스트에 모인 사람들에게 왜 그것을 선택했는지에 대해 토론을 해 보도록 한다. 이후 각 그룹의 대표에게 그 이유를 요약하도록 한다.

응용하기

1 서로 다른 선호를 가진 참여자들을 짝짓게 하고, 그들에게 자신들의 의견을 비교하도록 하라. 혹은 각각의 선호 그룹의 대표자들로 토론 배심원단을 만들어라.

2 각 선호 그룹에게 발표를 준비해 보도록 하거나, 광고를 만들거나, 혹은 그들의 선호를 지지하는 촌극을 준비하도록 요청하라.

적용 사례

어느 한 교수자는 코칭에 대한 강의 초반에 이 활동을 사용한다.

1 그 교수자는 청각과 시각, 그리고 운동감각적 학습 스타일의 정의와 특성을 알려 주는 유인물을 제공한다.

2 강의실 내에 그 세 가지 학습 스타일에 대한 포스트를 게시한다.

3 참여자들에게 자신의 학습 스타일을 가장 잘 나타내 주는 포스트로 이동하라고 한다.

4 교수자는 참여자들이 왜 자신을 그러한 스타일을 가진 학습자로 보는지에 대해 소그룹으로 토론하게 한다. 만약 소그룹들의 규모가 너무 크다면 적절히 나누도록 한다.

5 다음으로, 교수자는 소그룹들에게 코치가 그러한 스타일을 가진 개인들의 학습을 극대화하기 위하여 무엇을 할 수 있는지에 대해서 토론하도록 한다(만약 당신이 '효과적으로 의사소통하기'와 같이 구체적인 학습주제를 고른다면 그 토론은 더 효과적일 것이다.).

6 교수자는 각 범주의 대표자들로 패널을 구성하여 그들의 학습요구에 대해 토론하도록 한다.

7 교수자는 코칭 효과성을 위한 학습 스타일의 시사점에 대한 토론으로 그 활동을 마무리한다.

20 학습 분위기 밝게 하기

개요

이 방법은 참여자들이 학습주제에 대하여 창의적인 유머를 사용하도록 함으로써, 비공식적이고 비위협적인 학습환경을 신속히 만들 수 있게 하는 기법이다. 이 전략은 동시에 학습자들로 하여금 생각하게 만든다.

절차

1 참여자들에게 본격적으로 학습주제를 다루기 전에 즐거운 오프닝 활동을 함께 해 보자고 말한다.

2 참여자들을 소그룹으로 나누고, 그들에게 학습과정에 관한 중요한 주제, 개념 혹은 쟁점을 의도적으로 패러디해 보도록 하는 과제를 부여한다.

3 다음과 같은 것들이 사례다.

- 조직 설계: 상상할 수 있는 가장 압제적이거나 실행 불가능한 조직의 윤곽을 기술하라.
- 프레젠테이션 기술: 하나의 비즈니스 프레젠테이션을 위한 가장 비효과적인 방법들의 목록을 개발하라.

- 팀빌딩: 비생산적인 그룹이나 팀을 보여 주는 촌극을 만들어라.
- 공동의 문법: 가능한 많은 문법적 오류가 있는 문장을 만들어라.

4 각 소그룹에게 그들의 '창조물'을 발표하도록 하고, 그 결과에 대해 칭찬한다.

5 "이 활동을 통해서 우리의 주제에 관해 어떤 것을 배웠습니까?"라고 질문한다.

응용하기

1 교수자 자신이 그 주제를 패러디해서 이용할 수 있다.

2 교육훈련 주제에 관한 객관식 예비시험을 만들어라. 각 문제의 선택지를 유머스럽게 변형시켜라. 참가들에게 답일 리 없는 선택지를 골라 보도록 한다.

적용 사례

창의적인 문제해결에 관한 워크숍에서 참여자들에게 브레인스토밍을 억누르는 방법에 대해 브레인스토밍해 보도록 한다. 나온 사례들을 살펴보면 다음과 같다.

- 당신에게 의미가 없는 모든 아이디어들을 비평하라.
- 당신이 동의하지 않는 아이디어를 제시한 사람과 논쟁하라.
- 다른 사람의 아이디어에 대해 무시조로 질문하라.
- "우리는 이미 그걸 해 봤다."라고 응답하라.
- 아이디어의 현실성에 대해 이의를 제기하라.
- 아이디어를 가지고 농담을 하라.

21 관점 교환

개요

이 활동은 참여자들을 학습주제에 즉각적으로 참여하도록 자극하는 데 이용될 수 있다. 또한 참여자들이 주의 깊게 듣고 다양한 관점에서 사고하도록 격려할 수도 있다.

절차

1 각 참여자들에게 이름표를 나누어 준다. 자신의 이름을 쓴 후 그것을 착용하도록 한다.

2 참여자들에게 자신을 소개하게 하고 짝을 이루도록 한다. 서로의 짝에게 교육훈련 주제와 관련된 쟁점에 대해 흥미를 유발시키는 질문 또는 진술문에 대해 서로의 응답을 교환하도록 한다.

- 질문 사례: "장애인 노동자를 위한 숙박시설에 어떤 구역이 있어야 하는가?"
- 진술문 사례: "고객은 언제나 옳다."

3 주어진 시간이 흐른 후, 참여자들에게 자신의 파트너와 이름표를 교환하게 하고, 또 다른 참여자들을 만나게 한다. 자신을 소개하는 대신에, 각자의 이전 파트너가 가지고 있는 견해(각자가 현재 착용하고 있는 이름표 주인)에 대해 공유하도록 한다.

4 이어서 서로의 이름표를 교환하도록 하고, 다시 다른 참여자를 찾아 이야기를 하도록 한다. 오직 착용하고 있는 이름표 주인의 견해에 대해서만 이야기를 나누도록 한다.

5 이 과정은 거의 모든 참여자가 서로의 의견을 교환할 때까지 지속한다. 그다음, 각 참여자에게 자신의 이름표를 되찾으라고 말한다.

응용하기

1 자극적인 질문이나 진술문에 대한 관점보다는 각 참여자의 배경 정보를 공유하도록 함으로써 사교적인 아이스브레이킹 활동으로 이 방법을 사용하라.

2 이름표 교환 방법 대신에, 참여자들에게 계속 새로운 사람을 만나게 하고, 당신이 제시한 질문이나 진술문에 대하여 서로의 견해를 주어진 시간 내에 교환하도록 하라.

적용 사례

채용면접에 관한 교육훈련 세션을 위해 참여자들에게 다음과 같은 내용에 대해 의견을 교환하도록 한다.

- 당신은 여성 지원자가 아이가 있는지를 알아내는 것이 중요하다고 생각합니까?
- 당신은 후보자가 그 자신에 대해 정직한지 아닌지를 어떻게 가려낼 수 있습니까?
- 법으로 금지된 질문들을 피하는 것이 어렵습니까?
- 면접관은 면접하는 동안 노트 필기를 해야만 합니까?

22 진실 혹은 거짓

개요

이 협력 활동은 참여자들을 학습주제에 즉각적으로 참여하도록 자극한다. 이는 또한 팀빌딩, 지식 공유, 즉각적 학습을 촉진시킨다.

절차

1 학습주제와 관련된 진술문 목록을 작성하는데, 반은 진실로 반은 거짓으로 작성한다. 각 진술문을 각 장의 색인 카드에 분리해 기입한다. 색인 카드는 참여자들의 수만큼 준비한다.

2 카드를 한 장씩 참여자들에게 나누어 준다. 참여자들에게 그 진술문이 진실인지 거짓인지 결정하는 것이 "미션"이라고 말한다. 그 과제를 수행하기 위해 어떤 방법을 사용해도 좋다고 설명한다.

3 결정을 마치면, 각자의 카드를 읽게 하고, 그 진술이 진실인지 거짓인지에 대해 그룹의 의견을 모은다. 소수의 의견도 존중한다.

4 각 카드에 대해 피드백을 주고, 그 과제에 관하여 그룹이 함께 작업한 방식들에 대해 특히 언급한다.

5 이 과제를 수행하면서 나온 긍정적인 팀 기술이 액티브한 학습을 위해 교육훈련 과정 내내 필요할 것임을 알려 준다.

응용하기

1 만약 참여자의 수가 많은 경우에는, 진실/거짓 카드의 세트를 다양하게 만들고, 소그룹들에게 분류하도록 하라.

2 활동을 시작하기 전에, '관찰자'의 역할을 맡을 몇 명의 지원자를 모집하라. 관찰자의 역할은 팀워크의 질에 대해 피드백을 하는 것이다.

3 사실적인 진술문 대신에 의견에 관한 목록을 만들고 각 카드에 옮겨 적어라. 각 카드를 참여자에게 나누어 주고, 각 의견에 대해 참여자들의 반응이 모두 합치될 수 있도록 해 달라고 요청하라. 소수 의견도 존중하도록 요청한다.

적용 사례

'직장에서의 약물 남용'에 관한 세션을 위해 교수자는 참여자들이 그 주제에 대해 무엇을 알고 있는지를 파악하고자 한다. 그는 다음과 같은 진술문을 준비했다.

- 진실 진술문
  - —직장에서 발생하는 약 50%의 문제 행동은 약물 남용 때문이다.
  - —알코올 및 마약 남용은 장애로 여겨진다.
  - —지속적인 코카인 흡입으로 나타나는 영향 가운데 하나는 두려움의 상실이다.
  - —주기적인 마리화나 흡연은 눈과 손의 협응 능력을 떨어드릴 수 있다.
  - —알코올이나 마약을 전혀 하지 않는 사람도 약물 남용과 유사한 행동을 보

일 수 있다.

• 거짓 진술문

—알코올은 마약이 아니다.

—알코올은 흥분제의 일종이다.

—관리자가 직원의 알코올 및 마약 사용에 대해 어느 정도 진단할 수 있어야 하는 것은 중요한 문제다.

—회사는 약물 남용 직원을 도울 법적인 책임이 없다.

—직장에서의 약물 사용은 감소되고 있는 문제다.

23 행맨*

개요

행맨(Hangman)은 많은 정보를 포함하고 있는 교육훈련 프로그램을 소개하기 위한 재미있는 방법이다. 이 방법은 게임 활동 후에 세부적으로 학습내용들을 자세히 알려 주는 데 필요한 강의 시간을 대폭 줄여 주고, 또한 토론과 높은 관심을 불러일으킨다. 참여자들이 그 답들을 모두 알 수 없을 것이라고 걱정하지 마라. 이 게임은 답을 학습하는 데 참여자들의 관심을 증대시킬 것이다.

절차

1 당신이 소개하고자 하는 학습주제에 대한 게임 질문 목록을 개발한다.

2 참여자들을 두 팀으로 나눈다.

3 각 팀에게 교수대 그림을 그려 준다. 만약 전지 두 장을 가지고 있다면 각각에 하나씩 그려 주고, 그렇지 않다면 한 장의 전지에 나란히 두 개의 교수대를 그려 놓는다. 교수대는 다음과 같이 생겼다.

---

* 역자 주: 상대편이 생각한 단어를 한 글자씩 맞춰 가는 놀이로, 틀릴 때마다 미리 그려 놓은 사형대의 밧줄 끝에 목, 몸통, 팔, 다리를 그려 가는 게임(참조: 다음영어사전).

4 패배한 팀이 보게 될 완전한 형태의 행맨(교수형 사형수-원과 막대선만으로 구성된 인체 모양)을 전지에 그린다. 일반적으로 게임에서 지기 위해서는 11포인트가 필요하도록 머리, 몸, 두 팔, 두 다리, 두 눈, 입 그리고 두 귀를 가진 행맨을 그리는 것이 가장 좋다.

5 그룹에 게임의 규칙을 설명한다.

- 각 팀으로부터 한 명의 플레이어를 선정한다(이 플레이어들은 질문에 대답하기 위해 강의실 앞으로 나온다.). 각 플레이어에게 벨과 같은 신호를 줄 수 있는 도구를 나누어 준다. 질문이 제시되기 전에, 각 플레이어는 질문을 해결하는 데 도움을 줄 만한 친구 한 명을 청중으로부터 선택한다(모든 참여자들이 선택될 기회를 가질 수 있도록, 각 플레이어는 매번 서로 다른 참여자들을 선택해야 한다.). 나머지 팀 구성원은 질문에 대한 답을 도와줄 수 없다.
- 당신은 벨 소리를 들을 때까지 질문을 계속 읽을 것이라고 말한다. 벨 소리가 울리면 질문 읽기를 멈춘다.
- 벨 소리를 먼저 울린 플레이어는 그 질문에 대한 답을 본인이 할 수도 있고, 도움을 위해 친구를 불러낼 수도 있으며, 아니면 다른 팀으로 그 질문을 넘길 수도 있다.
- 만약 그 팀이 틀린 답을 말하면, 퍼실리테이터는 그 팀의 교수대에 신체 일부분을 그려 넣는다. 게임의 목적은 다른 팀의 교수형 사형대에 먼저 완전한 사람의 모습이 그려지도록 하는 것이다.

6 전체에게 게임에 관한 지시사항을 설명해 준 다음, 처음 두 플레이어를 불러낸다. 그들에게 벨을 울릴 수 있는 동등한 기회를 부여한다. 질문을 읽으며 벨이 울리는 것을 기다린다.

7 각 질문 후에 답과 관련한 짧은 토론을 갖는 것은 매우 중요하다.

응용하기

'행맨'보다 KBS의 '1대 100' 혹은 미국 텔레비전의 '제퍼디(Jeopardy) 퀴즈 쇼'나 '백만장자가 되고 싶은 사람은?'과 같은 다른 포맷의 게임을 이용하라. 아니면, 200가지 팁 중 '교수자들이 흔히 이용하는 10가지 게임'에 포함되어 있는 아이디어에서 자신만의 것을 만들어라.

적용 사례

고용법에 관한 교육훈련 세션에서는 행맨 게임을 위해 다음과 같은 질문을 사용한다.

1 면접관은 반드시 외국인 지원자들에게 그들이 대한민국에서 취업을 하기 위한 적법한 자격을 갖추었는지를 물어보아야 하는가? (예)

2 경찰관이나 소방관, 혹은 이와 유사한 직종의 사람들과 같이, 좋은 신체적 외형을 갖추어야 하는 직업에서 일정 이상의 몸무게와 키를 요구하는 것은 법적으로 바람직한가? (아니요)

주어진 각 질문에 대한 정답을 제시한 후, 교수자는 참여자들에게 더 많은 정보를 제공하기 위해 충분한 정보와 더불어 토론의 기회를 가져야 한다.

24 학습과정에 대한 헌신 다짐

개요

이 기법은 참여자들로 하여금 액티브한 학습을 위하여 자신의 책임을 생각해 보고 받아들이도록 하는 방법을 제공해 준다.

절차

1 아래 계약서의 사본을 만든다.

나는 이 학습과정에서 내가 ________(학습과정 주제)에 대해 학습하게 될 것을 안다. 이 학습과정의 목적은

- ____________________
- ____________________
- ____________________
- ____________________

나는 위의 목적들을 달성하기 위해 헌신적인 노력을 할 것이며, 다음 사항들을 준수할 것이다.

- 액티브한 참여를 통해 이들 목적이 달성될 수 있도록 노력한다.

- 나의 학습에 대해 책임감을 가지며 다른 누군가가 나에게 동기부여하도록 기다리지 않는다.
- 다른 이의 이야기를 경청하고 건설적인 답변을 제시함으로써 그가 최상의 학습을 할 수 있도록 돕는다.
- 이 학습과정에서 배운 것에 대하여 생각하고, 리뷰하며, 적용할 것이다.

________________ 서명　　　　________________ 날짜

2 당신은 학습과정을 효과적인 학습경험으로 만들기 위해 최선을 다하겠다는 다짐을 참여자들과 함께 공유한다. 참여자들에게 학습목적을 제시한다(당신은 그들이 이것을 달성할 수 있도록 돕는다.).

3 참여자들에게 계약서 사본을 나누어 주고 읽어 보도록 한다. 그룹의 노력이나 액티브한 학습 없이는 목적 달성을 보장할 수 없음을 설명한다. 참여자들 스스로가 계약서에 서명한다는 것은 그 계약을 반드시 지키도록 노력해야 한다는 것을 의미한다고 설명한다.

4 토론과 성찰을 위한 시간을 갖는다. 계약서에 서명을 하든지 하지 않든지 참여자들에게 서명의 자유를 준다.

응용하기

1 이 세션에 대한 당신의 책임을 나타내는 진술문을 참여자들에게 제공하라. 다음의 일부를 고려하라.

- 참여자들이 말하는 것을 적극적으로 들어라.

- 참여자들의 시도를 지지하라.
- 교수 방법을 다양화하라.
- 정시에 시작하고 끝내라.
- 읽기 쉬운 유인물 혹은 다른 교수자료를 제공하라.
- 참여자들의 제안을 열린 마음으로 받아들여라.
- 시각적인 보조 교수자료를 제공하라.

2 참여자들에게 교수자로서 당신의 행동에 대한 그들의 기대를 진술하도록 하라.

적용 사례

스트레스 관리에 관한 과정에서 계약서의 내용은 다음의 사항을 포함한다.

- 일주일에 세 번 20분 동안 운동할 것
- 매일 최소한 10분의 조용한 시간을 가질 것
- 매일 긴장이완요법을 실천할 것
- 건강한 식사 계획을 따를 것

교육훈련을 Active하게 만드는 101가지 방법

정보, 기술, 태도를 액티브하게 가르치는 전략

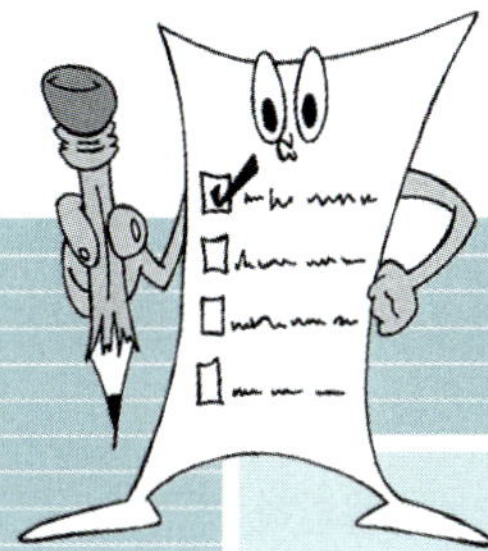

액티브한 강의

이제부터 소개할 전략들은 개념이나 정보에 대해 강의하거나 프레젠테이션할 때와 같이 전체그룹을 대상으로 하는 수업을 향상시키기 위해 고안되었다(여기에 제시되는 많은 아이디어들은 유사한 목표를 가진 온라인 학습에도 이용될 수 있다.). 강의는 참여자들의 이해를 극대화시키기 위하여, 어려운 개념이나 아이디어를 가르치기 위한 다양하고 새로운 방법들을 활용함으로써 액티브하게 만들어질 수 있다.

어떤 강의를 액티브하게 만들려고 한다면 당신이 먼저 '두뇌–친화적'으로 되어야 한다. 강의의 주요한 단점은 참여자들을 '배우게' 하기보다는 '듣게'만 한다는 것이다. 만약 학습자들을 강의에 적극 참여시키려는 어떤 노력들을 취하지 않는다면, 학습자들은 강의 내용을 **프로세싱**해서 자기의 것으로 받아들이기보다는 단순히 **소화**만 시킬 것이다. 여기에서 제시하는 전략들이 어떻게 참여자들로 하여금 당신의 강의를 자신의 것으로 만드는지 주목하라.

25 관심 끌기

개요

강의를 시작할 때, 주제에 바로 뛰어들기보다는 그 주제에 관하여 참여자들의 관심을 유발하는 것이 필수적이다. 그렇게 함으로써 당신은 참여자들이 잡념을 떨쳐버리고, 주의를 환기하며, 강의 내용에 집중하는 것을 도울 수 있다. 이러한 목적을 달성하기 위한 몇 가지 기법들이 있다.

절차

1 강의에서 다룰 학습주제를 참여자들에게 알려 준다. 세부사항들이 있다면 이 중 몇 가지만 알려 준다.

2 다음과 같은 아이디어를 이용하여 극적으로 주제를 소개할 수 있다.

- 강의와 관련된 도발적인 사진, 만화, 차트 혹은 인용구를 보여 준다(예를 들면, 영향력 행사기술(influencing skill)에 관한 프레젠테이션을 진행하기 위해 참여자들에게 다음과 같은 속담을 보여 준다. "권력은 10년밖에 못 가지만, 영향력은 100년 간다."). 참여자들을 그 자극들에 반응하도록 유도한다.
- 즉시 청중을 그 주제로 끌어들일 수 있는 간단한 게임이나 활동을 이용한다(예를 들면, 참여자들에게 팔을 접도록 한다. 그다음, 그와는 반대로 팔을 뒤집어 보도록 한다. 그들이 그 변화에 느끼는 불편함을 조직변화를 거부하는 현상과 극적으로 비교한다.).

• 당신의 프레젠테이션을 극적으로 시작할 수 있는 실제 혹은 허구의 이야기를 꺼낸다.
• 짧지만 당신의 프레젠테이션을 잘 들어야만 풀 수 있는 흥미로운 문제로 시작한다(예를 들면, 직장인보상보험에 관한 정보를 소개하기 위한 방법으로, 한 직장인이 퇴근 후 직장에서 집으로 돌아오는 도중 차 사고를 당했다면 과연 이 보험의 보장을 받을 수 있을지에 대해 질문한다.).

3 이러한 극적인 도입으로부터 프레젠테이션의 핵심으로 넘어간다. 강의 도중 앞서 이용했던 극적인 도입 장치들을 참고한다.

적용 사례

교수자는 참여자들이 자신이 어떤 난관에 봉착한 것은 이를 해결해 줄 수 있는 자원의 부족 때문이라고 생각하는 것에 대해 막 강의를 하려고 한다. 교수자는 강의를 시작하기 전에 참여자들에게 각각 6개의 이쑤시개를 나누어 주고 그것으로 4개의 삼각형을 만들어 보도록 요구한다. 좌절감을 주는 몇 분의 시간이 흐른 후, 참여자들은 충분한 이쑤시개를 제공받지 못했기 때문에 그것으로는 4개의 삼각형을 만들 수 없다고 불평한다. 이때 교수자는 그들이 이미 충분한 자원을 가지고 있음을 보여 준다. 그 해결책은 6개의 이쑤시개로 3차원의 피라미드를 만드는 것에 있다. 그렇게 함으로써, 세 개의 서 있는 삼각형과 바닥의 기초 삼각형을 만든다. 연습 후에 교수자는 조직에서의 창의적인 문제해결의 중요성에 대하여 강의를 시작한다.

26 탐구정신

개요

이 방법은 참여자들에게 당신이 강의하려는 주제 또는 질문에 대하여 생각해 보게 함으로써 그들의 호기심을 자극하는 간단한 기법이다. 만약 참여자들이 처음부터 전체 강의수업에 참여한다면, 미리 노출된 학습주제에 관한 지식을 계속 유지할 가능성이 높다.

절차

1 전체그룹을 대상으로 토론하고자 하는 주제에 관하여 호기심을 자극할 만한 흥미로운 질문을 제시한다. 참여자 중 아무도 그 답을 알지 못할 것 같은 질문을 제시해야 한다. 당신은 아래에 제시된 주제 중 하나를 다룰 수 있다.

- 직업 관련 정보(예, "은행 창구 직원이 눈치 챌지 모르는 숨기려 해도 숨길 수 없는 위조지폐의 표시들은 무엇입니까?")
- 전문 이론 및 연구(예, "전문가들에 따르면, 팀들이 높은 수행 수준을 보이는 데 얼마만큼의 시간이 걸린다고 합니까?")
- 용어와 정의[예, "PERT(프로그램 평가 및 리뷰 기법)가 무엇을 의미합니까?"]
- 구체적이거나 기술적인 전문지식(예, "왜 대출자가 7/32 모기지를 선택할까요?")

2 추측을 해 보도록 조장한다. "대충 짐작해 보세요." 또는 "한번 시도해 보세요."와 같은 말을 사용한다.

3 즉시 피드백을 하지 않는다. 모든 추측들을 받아들이고, '정답'에 관하여 호기심을 유발한다.

4 그 질문에 대한 해답을 제시하는 강의를 한다. 참여자들이 평소보다 더 주의를 기울이는 것을 발견하게 될 것이다.

응용하기

1 학습자들을 짝을 짓게 하고 함께 질문에 대해 추측해 보도록 하라.

2 학습자들에게 질문 대신에 무엇을 가르치려고 하는지와 그들이 왜 이를 흥미롭게 여기게 될 것인지에 대하여 말하라. 영화의 예고편과 같은 방식으로 이러한 도입을 흥미롭게 만들도록 노력하라.

적용 사례

경영관리에 관한 강의에서, 교수자는 매년 전문가 위원회의 심사를 거쳐 뛰어난 품질시스템을 구축한 회사를 선정하여 말콤 볼드리지 상(Malcolm Baldrige Award)을 수여한다고 말한다. 과거 제록스, 아미스 러버, 그리고 이스트먼 케미컬과 같은 회사들도 이 상을 수여한 바 있다고 말한다. 교수자는 "말콤 볼드리지 상을 수여하기 위하여 특정 회사를 선정할 때 이용하는 평가 범주들이 무엇이라고 생각합니까?"라고 묻는다. 참여자들의 추측들을 기록하고, 모두 완료되면 실제 범주 목록들과 비교한다.

- 리더십: 고객 중심 및 명확하고 가시적인 품질가치를 만들고 유지하는 데 있어서의 고위경영진의 리더십과 개입을 조사하라.

- 정보와 분석: 품질의 우수성을 도모하고 경쟁력 있는 수행을 향상시키기 위한 범위, 타당성, 관리, 그리고 자료와 정보의 이용을 조사하라.
- 전략적 품질 계획: 회사의 기획 과정 및 모든 핵심 품질 요건들이 전반적인 사업 기획에 통합되는 방법을 조사하라.
- 인적자원 개발과 관리: 회사의 품질과 성과 목표를 추구하기 위해 어떻게 회사가 노동력의 잠재력을 개발하고 인식하고 있는지에 관한 주요 요소들을 조사하라.
- 프로세스 질 관리: 더 높은 품질과 회사 성과(특히, 디자인과 프로세스 질 관리를 포함하는 프로세스 관리의 핵심 요소들)를 추구하기 위해 회사가 이용하는 체계적인 과정들을 조사하라.
- 품질 및 운영결과: 회사의 품질 수준과 품질 개선 동향, 회사의 운영성과, 그리고 공급업체의 품질을 조사하라.
- 고객 관점 및 만족: 회사의 고객과의 관계, 고객의 요구에 관한 지식 그리고 시장의 경쟁력을 좌우하는 핵심 품질 요소들을 조사하라.

27 비유를 통한 티칭

개요

새로운 자료나 도전적인 개념들을 이해하도록 도와주는 방법 중 하나는 참여자들에게 친근한 것과 그렇지 않은 것 사이를 연결시키도록 도와줄 하나 혹은 그 이상의 비유를 제공하는 것이다. 여기에 비유를 통해 가르치기 위한 몇 가지 지침들을 제시한다.

절차

1 당신이 강의하려는 자료들 중 참여자들이 이해하기 어려울 것 같아 보이는 자료를 확인해 본다. 아니면, 그것은 참여자들이 오랫동안 기억하기를 바라는 요점들일 수도 있다.

2 기억이나 이해를 위한 연결고리로서 참여자들에게 도움이 될지도 모르는 친숙한 어떤 것과의 비유에 대해 생각해 본다. 다음과 같은 비유의 종류들을 고려해 본다.

- 친숙한 물체(예, 효과적인 매니저는 온도조절장치와 같다. 그들은 항상 직원들의 온도를 모니터링하고 필요할 때는 조절하기도 한다.)
- 유명한 용어[예, '불필요한 반복(redundancy)'이라는 개념을 이해하기 위해 '이미 다 해 보았어요(been there, done that).'라는 표현을 생각한다.]

- 일반적인 경험(예, 큰 규모의 팀에서의 의사소통은 사람 사이의 교통 혼잡과 같다. 너무 많은 사람들이 어디엔가 도착하려고 애쓰지만 모두 같은 길 위에서 꼼짝달싹 못한다.)
- 일상적 행동(예, 참여자들에게 교육훈련 수업의 주요 요점들에 대해 복습해 보도록 하는 것은 컴퓨터 프로그램에 있어서의 저장 요구와 같다. 만약 참여자들이 그것을 하지 않는다면, 학습은 영원히 일어나지 않을 것이다.)
- 신체적 활동(예, 거시 경제학의 한계비용의 개념을 이해하기 위해, '어떤 사람이 할 수 있는 이상으로 팔굽혀펴기를 한 다음에 힘이 완전히 고갈되면 어떤 일이 일어날지'에 대해 생각해 보라.)
- 유명인(예, 이순신 장군은 '변혁적 리더십' 스타일을 지녔다.)
- 노래, 책 혹은 영화 제목[예, 크리티컬 패스 분석법(critical path analysis)은 책 『다빈치코드』에서 일어나는 것과 다르지 않은 과정이다. 당신은 당신의 목표를 달성하기 위한 핵심적인 단계들을 찾아야만 한다.]
- 동물[예, 때때로 '조직정렬(organizational alignment)'을 달성하기 위해서는 비용이 든다. 당신은 결국 모두를 동일한 펭귄들처럼 보이는 사람들로 만들어 버리고, 거기에는 아무도 공작이 되도록 격려되지 않는다.]
- 기관(예, '카오스 이론'을 이해하기 위한 가장 좋은 방법은 주식 시장을 보는 것이다. 어떤 전문가들은 그들이 그것을 이해할 수 있을 것이라고 생각하지만, 그것의 복잡성은 모든 이를 곤란하게 한다.)

적용 사례

컴퓨터 배우기는 아직 전문가가 아닌 사람들의 머리를 넘어서는 온갖 기술적인 용어들로 가득 차 있다. 컴퓨터 강사는 다음의 비유들을 이용할 수 있다.

1 하드웨어 vs 소프트웨어: 컴퓨터 하드웨어는 당신이 보고 만질 수 있는 보드 게임의 조각과 같다. 소프트웨어는 게임을 위한 지시사항과 같다.

2 메모리와 스토리지: 컴퓨터 메모리는 우리의 기억과 같다. 이것은 임시 작업 공간이며 몇 개의 전화번호를 기억하는 것에 비교된다. 당신은 한 번에 단지 제한된 정보만을 다룰 수 있다. 반대로 스토리지는 영구적인 것이고, 만약 당신이 그것을 어디에 저장했는지를 알 수 있다면 기억으로 되찾아 올 수 있다.

3 부적절한 셧다운: 각 프로그램을 닫고 적절한 셧다운 절차 없이 컴퓨터를 끄는 것은 페인트공이 아직 3층에 서 있을 때 사다리를 제거하는 것과 같다. 페인트공은 지상으로 추락하게 되고 다시 회복하는 데 어려움을 겪는다. 마찬가지로 컴퓨터를 재부팅시키려고 할 때 프로그램들과 메모리에 큰 충격이 간다.

4 메뉴: 컴퓨터 프로그램의 메뉴들은 식당의 메뉴와 꼭 같다. 메뉴를 펼쳐 보이는 것은 레스토랑의 메뉴 안에서 특정 페이지를 여는 것과 같다. 우리는 오직 그 기능과 관련된 선택들을 보게 된다. 만약 프로그램 메뉴의 옵션들이 옅고 어두운 회색빛으로 되어 있다면, 레스토랑 메뉴에 있는 항목들처럼 그날 저녁에는 시킬 수 없지만 나중에는 가능할 수 있는 옵션들을 의미한다.

28 리스닝 팀

개요

이 활동은 강의시간 동안 참여자들이 집중하고 방심하지 않도록 도와주는 방법이다. 리스닝(listening) 팀은 강의 내용을 명확하게 하는 데 책임이 있는 소그룹들이다.

절차

1 참여자들을 4개 팀으로 나누고 각 팀에게 다음과 같은 과제들을 내준다.

팀	역할	과제
1	질문자	강의 후 강의 자료에 대해 적어도 두 개의 질문을 한다.
2	찬성자	강의 후 팀이 동의한(혹은 유용하다고 생각하는) 점을 말하고, 그 이유를 설명한다.
3	반대자	강의 후 팀이 동의하지 않은(혹은 유용하지 않다고 생각하는) 점을 말하고, 그 이유를 설명한다.
4	예시 제공자	강의 후 강의 자료에 대한 구체적인 예시나 적용들을 설명한다.

2 강의 후 각 팀에게 과제를 수행할 시간을 얼마간 준다.

3 질문, 동의, 기타 등을 하도록 각 팀을 부른다.

응용하기

1 리스닝 팀을 따로 만들지 말고 이 기법을 단순화하라. 대신에 강의 마지막에 강의에 대한 질문과 피드백을 해 주도록 미리 공지한다. 강의를 마치면, 질문, 동의하는 점, 반대하는 점, 기타 등을 이야기하도록 요구한다.

2 위의 4가지 팀 역할보다 더 다양한 역할들을 만들어라. 예를 들면, 강의를 요약한다거나, 강의에 대한 참여자들의 이해를 테스트할 퀴즈 질문들을 만들도록 요청한다.

3 강의에서 답변하게 될 질문들을 미리 제시하라. 대답들을 경청하도록 참여자들을 자극하라. 강의 후 가장 많은 질문에 답할 수 있는 팀이 이긴다.

적용 사례

성희롱에 관한 강의에 교수자는 다음의 지침을 포함하는 기본적인 법률적 정보를 포함시킨다.

- 보상을 바라면서 괴롭히기: 채용에 대한 대가로 성적 호의를 요구하는 것은 명백히 불법이다.
- 달갑지 않은 행위: 그 행위가 달갑지 않았다는 것을 보여 주는 것은 중요하다. 허락된, 허락되지는 않았지만 괜찮은, 불쾌하지만 용인된, 그리고 단호하게 거절된 성적 구애들 사이에는 차이점이 있다.
- 단 한 번의 사건: 그 행위가 아주 극단적이지 않았다면, 단 한 번의 불쾌한 성적 행위나 언행은 일반적으로 성희롱으로 고려되지 않는다. 대개, 더 심한 괴롭힘일수록 그 행위가 덜 반복적이라는 것을 보여 줄 필요가 있다.
- 비우호적인 환경: 터치하는 것은 성희롱의 정의를 충족시키는 데 요구되지 않

는다. 야유, 곁눈질, 외설적 발언, 노골적인 낙서 또는 성적으로 노골적인 사진과 같은 것들은 만약 그것이 외설적이고 불쾌한 환경의 원인이 된다면 성희롱의 유형이 될 수 있다.

- 이전의 로맨틱한 관계: 두 동료가 한때 로맨틱한 관계였다는 사실이 한 사람이 다른 사람을 성적으로 괴롭히는 것을 불가능하게 하지는 않는다.
- 보통의 분별 있는 여성: 불쾌함에 대한 합리적인 기준을 설정하고자 할 때, 남자의 감정이 아닌 여자의 감정이 고려되는 것이 적절하다. 법원은 여성들이 불쾌하게 느끼는 것을 남성들은 그렇게 느끼지 않을 수도 있다는 것을 인식하기 시작했다. 지침은 '보통의 분별 있는 여성'에게 불쾌한 행위가 기준이 되어야 한다는 것을 부각시키는 것으로 시작하고 있다.

다음은 각 팀들이 제시할 수 있는 질문 및 논평이다.

질문자	"'보상(quid pro quo)'은 문자 그대로 무엇을 의미합니까?"
찬성자	"우리는 음란한 사진과 농담이 성적 괴롭힘의 형태라는 것에 동의한다. 매일 그런 사진을 보아야 하는 것은 불쾌하고, 그런 음란한 농담에 당황하지 않기도 어렵다."
반대자	"우리는 그 기준이 여성에 의해 정해져야 한다고 생각하지 않는다. 무엇보다도, 만약 그들이 평등하기를 원한다면, 그것을 받아들일 수 있어야 한다."
예시 제공자	"우리는 '이전의 로맨틱한 관계'에 관한 예시를 가지고 있다. 서로는 사랑했지만, 그들이 헤어졌을 때, 그 남자는 계속해서 성적 괴롭힘이라 불릴 수 있는 수준으로 그 여자를 쫓아다녔다. 우리는 그녀가 고소를 했었어야 한다고 생각한다."

29 가이드된 노트 필기

개요

강의할 때 인기 있는 방법 중 하나는 참여자가 쉽게 노트 필기를 할 수 있도록 서식을 제공하는 것이다. 이미 완성된 유인물을 제공하는 것보다 이러한 서식을 제공하는 것은 참여자들로 하여금 수업에 더 몰입하게 만든다. 참여자들은 최소한 듣는 것 이상으로 무언가를 한다. 노트 필기를 하게 하는 다양한 방법들이 있는데, 가장 간단한 방법은 빈칸을 채우도록 하는 것이다.

절차

1 강의의 주요 핵심을 요약한 유인물을 준비한다.

2 하지만 완벽한 유인물을 제공하는 것 대신에 빈칸을 남겨 둔다. 이에 관한 방법들을 소개하면 다음과 같다.

- 일련의 용어들과 그것들의 정의를 제시하는데, 용어를 빈칸으로 남겨 두거나 아니면 그것의 정의를 빈칸으로 남겨 둔다.

> 포괄적인 전략적 틀을 가지고 운영되는 직원 개발활동:
> ______________________________
>
> 성희롱:
> ______________________________

• 하나 혹은 그 이상을 빈칸으로 남겨 둔다.

팀 퍼실리테이터의 역할

- ______________________
- ______________________
- ______________________
- ______________________

• 짧은 단락에서 키워드를 제거한다.

피터 드러커(Peter Drucker)는 『이노베이터의 조건』에서 교육기관은 좋은 교육기관과 나쁜 교육기관이 아닌 ( )하는 교육기관과 ( )하지 못하는 교육기관으로 구분된다고 하였다.

3 유인물을 참여자들에게 배포한다. 참여자들이 강의를 액티브하게 경청할 수 있도록 유인물에 빈칸을 만들어 두었다는 것을 설명하고, 그 빈칸을 채우기 위해 액티브한 경청 기술들을 이용하도록 제안한다.

응용하기

1 강의의 소주제들을 열거하는 워크시트를 제공하라. 노트 필기를 할 수 있는 넉넉한 공간을 남겨 둔다. 이는 다음과 같은 모양이 될 것이다.

리더십 스타일의 5가지 유형

- 전략형:

- 인적자원형:

- 전문가형:

- 관리형:

- 혁신형:

선택사항: 강의 후에 앞서 나누어 주었던 것과 같은 유인물을 나누어 준다. 참여자들에게 노트 필기한 것을 보지 않고 빈칸을 다시 채워 보도록 한다.

2 강의를 시작하기 전에, 참여자들에게 빈 종이를 꺼내어 4개의 세로 칸으로 나누도록 하라. 각 칸 위에 책(중요한 사실을 표시함), 전구('새로운 아이디어'를 표시함), 물음표(질문거리를 표시함), 그리고 원과 막대선만으로 구성된 달리는 인체 모양('행동 계획'을 표시함)을 그려 놓도록 한다. 강의 중 때때로 멈추고 세로 칸들 중 하나에 단어나 문장을 적어 넣어 보도록 한다.

적용 사례

커크패트릭(Kirkpatrick)의 교육훈련 프로그램 평가모델에 관한 강의에서 교수자는 참여자들에게 다음과 같은 유인물을 나누어 준다.

커크패트릭의 교육훈련 프로그램 평가 단계

- 1단계 반응:
- 2단계 학습:
- 3단계 행동:
- 4단계 결과:

30 빙고

개요

만약 게임을 강의에 접목시킬 수 있다면, 참여자들을 덜 지루하게 하면서 강의에 집중하게 할 수 있다. 빙고 게임을 하는 동안 핵심 요점들이 논의된다.

절차

1 강의 내용을 9개의 핵심 요점에 중점을 두고 준비한다.

2 이들 핵심 요점을 포함하는 3 × 3의 빙고 카드를 만든다. 빈칸에 서로 다른 핵심 요점들을 배치한다. 만약 핵심 요점이 9개 미만이면, 나머지 빈칸은 비워 둔다.

3 동일한 핵심 요점들을 이용하여 추가적인 빙고 카드를 만들되, 핵심 요점들이 서로 다른 칸들에 위치하도록 한다(핵심 요점들이 서로 비슷한 자리에 배치되지 않도록 한다.).

4 빙고 카드를 참여자들에게 나누어 준다. 또한 참여자들에게 색깔이 있는 9개의 동그라미 스티커를 나누어 준 후, 강의가 진행됨에 따라 그때마다 다루어지고 있는 핵심 요점에 스티커를 붙이도록 한다(※ 주의: 빈칸에는 스티커를 붙이지 않는다.).

5 참여자들이 가로, 세로 혹은 대각선으로 세 개의 점들을 한 줄로 모았을 때, "빙고"라고 외치도록 한다.

6 강의를 마치면, 참여자들에게 그들이 할 수 있는 한 많은 빙고를 획득하도록 허용한다.

응용하기

1 핵심 요점이 아닌, 강의에서 언급된 핵심 용어나 이름을 빙고 카드를 만드는 데 이용하라. 용어 혹은 이름이 처음 언급되었을 때, 참여자들은 적절한 상자에 스티커를 붙일 수 있다.

2 2×2 빙고 카드를 만들어라. 강의 중에 언급한 핵심 요점, 핵심 용어 혹은 이름을 이용한다. 하나의 빙고 카드에는 이들 가운데 오직 4개만을 이용한다. 각 카드에 서로 다른 정보를 포함시킴으로써 유사한 카드를 만들지 않도록 한다.

3 강의에서 답변이 된 몇 개의 질문을 개발하라. 그 질문들에 대한 답변들로 빙고 카드를 만들어라. 강의 중 간간히 멈춘 후 당신이 이미 다루었던 정보와 어울리는 질문만을 묻는다. 참여자들에게 자신들이 선택한 답들에 스티커를 붙이도록 한다. 이어서 정확한 답을 알려 준다. 만약 참여자가 틀린 답을 선택하였다면, 빙고 게임이 계속되기 전에 붙인 스티커를 제거해야 한다.

적용 사례

효율적인 시간관리에 관한 강의에서 교수자는 다음의 핵심 요점들을 다룬다.

- 아이디어나 생각들을 기록해 둘 디지털 매체(스마트폰 등)나 3×5 카드 또는

용수철 노트를 들고 다녀라.

- 아이디어를 찾기 위해 책이나 기사를 대강 훑어보라. 흥미 있는 기사를 뜯어내거나 사진을 찍어 두고 나중에 사용하기 위해 적절하게 쌓아 두어라.
- 아이디어나 생각들을 녹음하기 위해 녹음기(또는 휴대폰)를 가지고 다녀라. 특히, 이것은 운전할 때 유용하다.
- '읽어 보아야 할 것(to read)' 파일을 만든 후, 당신이 여행할 때나 혹은 약속 시간을 기다려야 할 때 활용하라.
- 과업을 완수하기 위해 당신 자신과 약속하고 달력에 그 시간을 표시하라.
- 한 달에 한 번 3시간 동안은 사소한 일을 모아서 처리하라.
- 전화통화를 그룹화하라. 매일 특정 시간에 한꺼번에 모든 통화를 하도록 하라.
- 전화를 걸기 전에 말하고자 하는 목록을 만들어라. 그러면 중요한 내용을 놓치지 않고 시간낭비를 피할 수 있다.
- 시간을 확보하도록 돕는 새로운 기법을 찾아내도록 하라.

빙고 카드 표본

'읽어 보아야 할 것' 파일 휴대하기	사소한 일들을 처리하기 위한 3시간 확보하기	기사나 사진 스크랩하기
디지털 매체 혹은 3×5 카드 휴대하기	자기 자신과 약속하기	전화로 이야기할 핵심 사항 목록화하기
전화 통화 그룹화하기	녹음기 휴대하기	시간 확보를 위한 새 기법 찾기

31 가이드된 티칭

개요

이 기법에서는 교수자가 참여자들이 가지고 있는 지식을 이용하거나 혹은 그들이 가지고 있는 가정 또는 결론을 얻기 위해 하나 또는 그 이상의 질문을 하며, 참여자들의 응답을 범주별로 분류한다. 가이드된 티칭 방법은 잇달아 계속되는 강의로부터의 좋은 휴식이 되며, 교수자로 하여금 교육 요점들을 제시하기 전에 참여자들이 이미 알고 있고 이해하고 있는 것이 무엇인가를 파악하게 해 준다. 이 방법은 추상적 개념을 가르칠 때 특히 유용하다.

절차

1 참여자들의 생각과 기존 지식을 이용하는 하나 혹은 일련의 질문들을 던진다. "어떤 사람이 얼마나 똑똑한지를 어떻게 알 수 있나요?"와 같이 답이 여러 개 나올 수 있는 질문을 활용한다.

2 참여자들을 짝 혹은 소그룹들로 나눈 후 시간을 주어 그 대답에 대해 생각해 보도록 한다.

3 전체그룹으로 다시 모이고 참여자들의 생각을 기록한다. 가능하다면, 그 대답들을 당신이 가르치려고 하는 서로 다른 범주나 개념들에 상응하는 별개의 목록으로 분류한다. 위의 질문을 예로 들면, 운동감각적 지능이라는 범주 아래 '엔진

을 재조립하는 능력'과 같은 아이디어를 포함시킬 수 있다.

4 학습과정의 주요 개념들을 제시한다. 참여자들에게 그들의 응답이 그 주요 개념들과 얼마나 연관되는지를 생각해 보도록 한다. 교육내용에 추가할 참여자들의 아이디어들을 언급한다.

응용하기

1 참여자의 응답들을 별개의 목록으로 분류하지 마라. 대신에, 하나의 연속적인 목록으로 만들고, 당신이 제시할 개념과 그 아이디어들을 비교하기 전에 참여자들로 하여금 그것을 범주화하도록 하라.

2 범주들을 사전에 만들어 놓지 말고 수업을 시작하라. 참여자들에게 당신과 함께 그 아이디어들을 유용한 범주로 분류해 보자고 한다.

적용 사례

효과적인 미팅에 관한 강의에서 교수자는 '비효과적인 미팅'이라는 제목이 달린 플립 차트를 게시한다. 참여자들은 비효과적인 미팅에서의 자신들의 경험을 상기해 보고, 둘씩 짝지어 그 경험에 대해 토론한다. 참여자들이 그들의 경험을 전체그룹과 공유하는 동안, 교수자는 그것을 플립 차트에 기록한다. 참여자들의 경험은 다음과 같다.

[비효과적인 미팅]

- 누구도 준비되지 않았다.
- 늦게 시작했다.

- 마치는 시간이 정해지지 않았다.
- 주제에서 벗어났다.
- 의제가 없다.
- 한 사람만이 지배했다.
- 소수만이 참여했다.
- 아무도 말을 꺼내지 않았다.
- 어느 과제도 주워지지 않았다.

그러고 나서 교수자는 비효과적인 미팅들은 세 시점에서의 실패로부터 초래되었음을 지적한다.

- 미팅 전
- 미팅 동안
- 미팅 후

참여자들로부터 나온 비효과적인 미팅에 관한 사항들을 가장 적절한 범주에 들어가도록 배치한다. 예를 들면, '누구도 준비되지 않았다'는 '미팅 전' 문제다. 그러고 나서 교수자는 얼마나 효과적인 미팅인가 하는 것은 결국 세 시점에 얼마나 주의를 기울였는가의 결과임을 지적한다.

32 실연하기

개요

때때로 강의나 시각적인 자료가 분명하고, 명확하더라도 일부 개념이나 절차는 이해되지 않을 수 있다. 이를 위한 방법 중의 하나는 참여자들에게 그 개념들을 실제로 행동해 보게 하거나, 아니면 당신이 설명하고자 하는 그 절차들을 연습해 보도록 하는 것이다.

절차

1 행동으로 표현될 수 있는 하나의 개념(혹은 연관 개념 세트) 또는 절차를 선택한다. 다음에는 사례들이 제시되어 있다.

- 주문입력시스템
- 프로젝트 관리 기획 도구
- 피드백 루프(loop)
- 스프레드시트
- 제조 과정
- 세일즈/커뮤니케이션 과정
- 제품의 특색과 이점

2 다음에 제시한 방법 중 하나를 선택해 실제로 실연하도록 한다.

- 몇몇 참여자를 강의실 앞으로 나오게 하고, 각각에게 개념 또는 절차의 특정 측면을 신체적으로 표현해 보도록 한다.
- 하나의 절차나 개념의 각 파트 이름이 적혀 있는 큰 카드들을 준비한다. 몇몇 참여자들에게 그 카드를 나누어 준다. 참여자들에게 그 절차의 순서가 올바르게 배열될 수 있도록 그 카드들과 함께 정렬해 보도록 한다.
- 절차나 개념을 역할놀이로 표현해 보도록 한다.
- 여러 사람들이 필요한 어떤 절차에 대하여 지원자들을 모집해서 그것을 시연해 보도록 한다.
- 프로세스나 절차에 대한 모델을 만든다.
- 참여자들에게 프로세스나 시스템의 구성요소들을 신체적으로 다루어 보도록 한다.
- 부가적인 아이디어나 사례들은 데이브 마이어(Dave Meier)의 『The Accelerated Learning Handbook』을 참고한다.

3 참여자들이 만든 학습 드라마에 대해 토론한다.

응용하기

1 개념이나 절차를 시연하는 사람들을 촬영하고 그것을 참여자들에게 보여 주어라.

2 교수자의 안내 없이 참여자들이 개념이나 절차를 실연하는 방법을 찾아보도록 하라.

적용 사례

팀빌딩 교수자는 참여자들이 팀워크에 대한 몇 가지 요점을 이해하도록 돕기 위해 다음의 '팀 머신(The Team Machine)'이라는 활동을 이용한다.

[팀 머신]

참여자들에게 다음과 같이 말한다.

- 오른손을 들어 박수 치듯이 움직여 보세요. 한 손으로만 치는 박수 소리를 들어 보세요.
- 이번엔 왼손을 들어 두 손을 이용해 박수를 쳐 보세요. 만일 당신의 일이 박수 치는 것과 같다면, 당신은 이용 가능한 모든 자원을 활용하려고 하지 않겠습니까?
- 이것은 개인적 차원에서 어떻게 인간 시스템이 작동하는가를 보여 주는 사례입니다. 각 개인에게는 신체의 여러 부분이 있고 이 부분들은 하나의 과제를 수행하기 위해 공동 작업을 수행합니다.
- 다른 종류의 시스템도 있습니다. 6개의 실린더가 있는 차(각 기관의 작동이 시의 적절하고 동시적인)를 상상해 봅시다. 각각의 실린더는 시스템이 작동하도록 차례대로 폭발합니다.
- 이 차가 오직 5개의 실린더로만 움직인다고 생각해 보세요. 차의 힘은 어떻게 될까요? 플러그 전선을 아무렇게나 꽂았다면 또 어떻게 될까요?
- 조직의 팀들은 바로 개인이나 자동차와 같습니다. 어떤 계획이 세워졌을 때, 팀은 그들이 가지고 있는 모든 자원을 활용할 때 최고의 성과를 낼 수 있습니다.
- 실험을 해 봅시다. 내가 여기 서서 몸동작을 하며 내 목소리로 소리를 내는 것을 지켜보세요. 우리가 잘 동기화된 인간 기계를 만든다고 가정해 봅시다(첫 번째 참여자를 선택한다.).
- 여기로 나와 주세요(강의실의 비어 있는 넓은 공간을 가리킨다.).
- 이제 당신의 목소리로 독특한 소리를 내보세요. 그리고 한 손을 앞으로 내밀고 몸으로 움직임을 만들어 보세요. 좋아요(나머지 참여자들에도 한 사람씩 나

오게 해서 원으로 정렬되게 한다.).

각 구성원들에게 다음과 같이 말한다.

- 다른 소리와 다른 움직임을 만들어 내보세요. 그리고 한 손을 이용해 당신 앞의 사람과 연결해 보세요.

원이 만들어지면 다음과 같이 말한다.

- 흥미로운 소리와 움직임을 계속해 보세요. 어떻게 그것들을 교대로 하는지, 어떻게 위아래로 또는 좌우로 움직이는지, 혹은 소리와 움직임이 커지고 작아지는지에 주의를 기울여 보세요.
- 여기 우리가 생각해 볼 것이 몇 가지 있어요.
- 우리 모두가 자신의 소리와 움직임으로 기여하는 하나의 패턴 속으로 어떻게든 우리 자신들을 짜 맞추도록 노력했습니까?
  - 총합은 부분들 이상입니까?
  - 우리는 동시화되어 있나요?
  - 여기에는 개인적 수준보다는 좀 더 크고 좀 더 복잡한 그룹 시스템이 있습니까?
- 이제 우리는 함께 작업할 시스템을 가지고 있어요. 이것이 효과적인 팀의 전형적인 특징입니다.

33 팀 퀴즈

개요

이 기법은 강의나 프레젠테이션을 통해 학습하는 것에 대해 참여자들의 책임을 즐겁고 비위협적으로 증가시키는 방법이다.

절차

1 세 부분으로 나누어 발표할 수 있는 하나의 주제를 선택한다.

2 참여자들을 세 개의 팀으로 나눈다.

3 세션의 구성 방식을 설명하고 프레젠테이션을 시작한다. 10분 내외로 제한한다.

4 A팀에게 그 강의의 첫 번째 부분과 관련된 단답형 퀴즈를 준비하게 한다. 퀴즈를 준비하는 데 5분 이상 걸려서는 안 된다. B팀과 C팀은 그들의 노트를 리뷰하는 데 이 시간을 사용한다.

5 A팀은 B팀의 구성원에게 질문을 한다. 만약 B팀이 대답하지 못한다면, C팀은 동일한 그 질문에 대답할 기회가 주어진다.

6 A팀은 다음 질문을 C팀의 구성원에게 하고, 그 과정을 반복한다. A팀은 그 퀴즈가 완료될 때까지 질문을 계속한다.

7 퀴즈가 끝나면, 강의의 두 번째 부분을 계속한다. B팀을 퀴즈 출제자로 지명한다.

8 B팀이 끝나면, 강의의 세 번째 부분을 계속한다. C팀을 퀴즈 출제자로 지명한다.

응용하기

1 각 팀이 퀴즈 출제자가 되었을 때 이용할 수 있도록 사전에 준비된 퀴즈 질문들을 나누어 주어라.

2 하나의 지속되는 강의를 하라. 참여자를 두 팀으로 나누어라. 강의 마지막에 두 팀이 서로에게 퀴즈를 내도록 하라.

적용 사례

커뮤니케이션 기술에 관한 워크숍에서 교수자는 다음과 같이 두 부분으로 나뉘는 강의와 관련하여 각 파트에 대한 질문들을 준비하도록 그룹을 두 개의 팀으로 나눈다.

A팀은 '메시지 보내기'에 관하여 다음과 같은 질문들을 개발한다.

- 'I' 메시지의 사례는 어떤 게 있습니까?
- 우리가 보내는 메시지들 속에서 비언어적 커뮤니케이션은 얼마나 큰 영향력을 갖나요?

- "당신은 이 과제를 완수해야만 합니다."라는 말을 어떻게 좀 더 요령 있는 방법으로 말할 수 있을까요?

B팀은 '메시지 받기'에 관하여 다음과 같은 질문들을 개발한다.

- 당신이 들은 것을 확인하기 위해서 "당신이 말하고 있는 것이 ~가 맞습니까?"라는 표현 말고 다른 방법으로는 어떻게 말할 수 있을까요?
- 사람이 말하는 것보다 듣는 것을 몇 배나 더 빨리 할 수 있을까요?
- '인식 검사'란 무엇입니까?

토론 촉진하기

교수자들은 토론을 촉진하기 위해 열심히 노력하지만, '참여자들이 서로 누가 먼저 이야기를 시작할 것인가'와 같은 불편한 침묵과 너무 자주 마주치게 된다. 사실 토론을 시작하는 것은 강의를 시작하는 것과 다르지 않다. 당신이 먼저 관심을 유발시키면 된다!

하지만 단순히 흥미만 유발시키는 것으로 끝이 아니다. 거기에는 고려해야 할 게 많다. 예를 들면, 진술된 토론 주제나 질문이 얼마나 명쾌하게 제시되었는가, 당신은 참여자들에게 무언가를 먼저 읽게 하거나, 전체그룹 토론 전에 주제에 대해 다른 사람과 미리 토론하게 함으로써 토론을 준비할 시간을 주고자 하는가, 당신이 활용하기를 원하는 참여 형식은 무엇인가 등등(200가지 팁 중 '참여를 유도하기 위한 10가지 방법' 참조).

여기에서 제시하는 전략들은 토론을 확실하게 활성화시킨다. 몇몇 전략들은 열띠지만 관리가 가능한 토론을 이끌어 낸다. 이 전략들은 모든 참여자가 토론에 참여할 수 있도록 고안되었다.

34 액티브한 논쟁

개요

이 기법은, 특히 참여자들에게 그들 자신의 의견과 반대되는 입장을 대변해 보도록 할 때, 사고와 반성을 촉진할 수 있는 귀중한 방법이 된다. 이 전략은 논쟁 당사자들만이 아니라, 모든 참여자들을 액티브하게 참여시킨다.

절차

1 학습주제와 관련해 논쟁거리가 될 만한 쟁점에 대해 한 가지 입장을 대변하는 진술문을 개발한다. 예를 들면, '오늘날 너무 많은 신약 개발이 이루어지고 있다.'

2 그룹을 두 개의 논쟁 팀으로 나눈다. 찬성 팀과 반대 팀을 임의로 나눈다.

3 그다음, 각 논쟁 팀을 두 개 내지 네 개의 소그룹으로 나눈다. 예를 들어, 전체그룹이 24명이라면, 4명씩 세 개의 찬성과 세 개의 반대 소그룹을 만들 수 있다. 각 소그룹에게 각자의 입장에 맞는 논쟁을 준비하도록 한다. 토론 마지막에는 각 소그룹에서 대변인을 선정하도록 한다.

4 각 팀의 대변인들을 위한 2~4개의 의자를(각 입장을 위해 만들어진 소그룹 숫자에 맞추어) 서로 마주 보게 두 줄로 정렬시킨다. 나머지 참여자들은 그들의 대변인

뒤에 배치시킨다. 이를 그림으로 표현하면 다음과 같다.

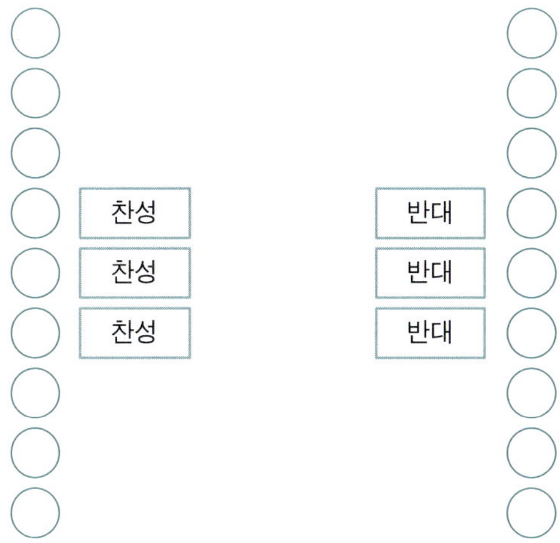

대변인들로 하여금 그들의 견해를 제시하게 함으로써 논쟁을 시작하게 한다. 이 과정을 '모두 진술'이라고 부른다.

5 모두 진술을 들은 후에는 논쟁을 멈추게 하고 다시 원래의 소그룹으로 모여 상대편의 모두 진술에 어떻게 대응할지에 대해 전술을 짜도록 한다. 다시 대변인을 선출하되, 가급적이면 새로운 사람으로 한다.

6 논쟁을 재개한다. 이번에는 대변인들로 하여금 상대방의 견해에 대해 '반론'을 제기하도록 한다. 논쟁이 지속되는 동안(꼭 양쪽에서 번갈아 가며 제기하도록 함), 다른 참여자들은 그들의 대변인에게 새로운 아이디어나 혹은 반박이 적힌 쪽지를 전달하도록 권장한다. 또한 그들의 대변인을 옹호하기 위해 환호하거나 박수를 치도록 권고한다.

7 적절한 때가 되었을 때 논쟁을 멈추게 한다. 승자를 선언하는 대신에 전체그룹을 원 모양으로 다시 모이게 한다. 옆 사람은 반드시 상대팀에 섰던 사람을 앉힘으로써 그룹을 통합시킨다. 참여자들이 논쟁 경험으로부터 배운 것에 대해 이

야기해 보도록 전체 토론을 시작한다. 그리고 양편에서 제기된 의견 중 가장 좋았던 것을 확인해 보도록 한다.

응용하기

1 하나 혹은 그 이상의 빈 의자를 대변인 줄에 추가하라. 참여자들이 토론에 참여하기를 원하면 언제나 이 빈 의자에 앉을 수 있도록 하라.

2 모두 진술과 함께 바로 논쟁을 시작하라. 일반적인 논쟁 방식으로 하되, 자주 대변인을 교체하라.

3 두 개 대신 세 개의 그룹을 만들라(찬성, 반대, 중립). 찬성 그룹은 반대 그룹과 토론하게 하라. 중립 그룹에는 반대 그룹과 찬성 그룹의 견해에 자신들의 의견을 더하도록 요청하라.

적용 사례

경영윤리에 대한 강의에서 교수자는 화이트보드에 "업무 시간에 개인적인 목적으로 회사 전화를 사용하는 것은 비윤리적이다."라고 쓴다.

참여자들을 두 팀으로 나누어, 한 팀은 찬성이, 다른 팀은 반대가 되게 한다. 모두 진술을 논의하도록 하기 위해 각 팀을 소그룹으로 나눈다. 각 소그룹의 대변인은 간단한 모두 발언을 할 기회를 갖는다.

찬성하는 쪽의 오프닝 발언은 다음의 것들을 포함한다.

- 모든 사람이 그렇게 한다.
- 사람들은 하루 종일 직장에 있기 때문에, 사적인 용무를 볼 수 있는 몇 가지

통로를 가지고 있어야 한다.

- 크게 보면 회사가 그리 많은 비용을 부담하는 것도 아니다.

반대하는 쪽의 주장은 다음의 것들을 포함한다.

- 직원들의 사적인 전화 때문에 회사는 돈을 소비한다.
- 직원들의 사적인 전화로 생산성이 낮아진다.
- 이런 일이 비윤리적이지 않다면, 회사는 사적인 전화에 대해 관련 정책을 수립하지 않았을 것이다.

모두 발언이 끝난 후에, 소그룹은 다시 모여 반론을 논의한다. 그러고 나서 논쟁은 새로운 대변인들과 함께 다시 시작한다.

35 타운 미팅

개요

이 토론 형식은 대규모에 좀 더 적합하다. 타운 미팅(town meeting)과 비슷한 분위기를 만듦으로써 모든 사람이 토론에 참여할 수 있게 된다.

절차

1 학습과 관련된 흥미로운 주제나 사례문제를 선정한다. 배경 정보나 다양한 관점의 개요를 제공하면서, 그 주제나 문제를 가능한 한 객관적으로 간단히 제시한다. 원한다면, 그 주제나 문제를 더 상세히 다룬 문서를 제공할 수도 있다.

2 그 주제에 대한 참여자들의 견해를 알고 싶다고 이야기한다. 당신이 각 참여자들을 부르는 것 대신에 '다음 사람 지명하기' 방식을 따를 것이라는 점을 설명한다. 누군가 자신의 이야기가 끝나면 주변을 둘러보고, 이야기를 하고 싶어 하는 다른 사람을 지명하도록 한다.

3 가능한 한 많은 사람들이 타운 미팅에 참여할 수 있도록 하기 위해 참여자들에게 자신의 의견을 간단히 제시하도록 요구한다. 원한다면 각 발표자의 발표 시간에 대해 시간제한을 둘 수 있다. 이미 말했던 사람보다는 말을 하지 않았던 사람을 지명하도록 한다.

4 적절한 시점까지 토론을 지속한다.

응용하기

1 회의를 논쟁 토론이 되도록 조직하라. 참여자들을 자신의 견해에 따라 방의 각각 한쪽 편 또는 다른 쪽 편에 앉도록 하라. '다음 사람 지명하기'의 방식을 따르며, 다음 발표자는 반대편에 속해 있는 사람이어야 한다. 만약 논쟁을 듣고서 참여자들이 자신의 견해를 바꾸면 상대편으로 자리를 옮기도록 한다.

2 패널 토론과 함께 타운 미팅을 시작하라. 패널리스트들이 자신의 견해를 밝히고 난 후, 청중 중에서 다음 발표자를 부르도록 하라.

적용 사례

최상위 관리자를 위한 교육훈련 연수에서 교수자는 직원의 동기유발을 위한 세 가지의 서로 다른 방법에 대하여 짧은 강의를 한다. 교수자는 각 방법을 잘 예시하는 소품들을 이용하여 그에 대해 설명한다.

첫 번째 방법은 채찍으로 나타나고, 두 번째는 긴 막대기에 달린 당근, 세 번째는 살아 있는 꽃이 핀 식물이다.

교수자는 지원자들에게 이 세 가지 방법이 무엇을 뜻하는지를 설명하게 한다. 참여자들은 다음과 같은 설명을 제시한다.

- 채찍은 채벌의 위협과 두려움을 나타낸다.
- 막대기에 달린 당근은 약속과 인센티브를 나타낸다.
- 꽃이 핀 식물은 종업원이 성장 발전할 수 있는 환경을 제시한다.

교수자는 몇 사람을 지명해 각 방법의 메시지와 은유, 그리고 각 방법의 효과성에 관한 사례와 의견을 제시하게 함으로써 토론을 시작한다. 의견을 피력하고 싶은 사람은 손을 들고, 발표자는 중복되지 않은 사람을 지명한다. 이러한 과정은 이 세 가지 관점이 적절히 다루어질 때까지 계속된다.

36 3단계 피쉬볼 토론

개요

피쉬볼 토론이란 하나의 그룹을 이중의 원으로 만들고 안쪽 원에는 토론 그룹을, 바깥쪽 원에는 경청 그룹을 배치하여 진행하는 토론 형식이다.

절차

1 토론을 위해 학습주제와 관련된 3개의 주제를 생각해 낸다. 3개의 주제가 모두 서로 연관된다면 좋겠지만 꼭 그럴 필요는 없다. 준비된 질문들을 어떤 순서로 토론할지 결정한다.

2 두 개의 동심원으로 의자를 배치한다. 토론 참여자를 1, 2, 3 순번으로 세면서 1그룹, 2그룹, 3그룹으로 만든다. 1그룹이 안쪽 토론 원에 앉고, 2, 3그룹은 바깥쪽 경청 원에 앉는다. 토론을 위해 첫 번째 질문을 제시한다. 10분 정도로 시간을 제한한다. 원한다면 한 명의 참여자를 토론 퍼실리테이터로 지명한다.

3 그다음, 1그룹과 2그룹을 바꿔 앉게 한다. 원한다면, 2그룹 구성원들에게 첫 번째 토론에 대한 간단한 논평을 하게 하고, 두 번째 토론주제를 이어 간다.

4 세 번째 그룹도 이와 같은 방식으로 토론하게 한다.

5 세 가지 주제에 대한 토론이 모두 끝나면 전체그룹으로 다시 모이게 한다. 토론 참여자들에게 전체 토론에 대한 자신들의 의견을 묻는다.

응용하기

1 만약 의자들로 원의 형태를 만들기가 어렵다면, 대신 패널 토론을 반복하라. 1/3이 각 토론의 질문을 위해 패널이 된다. 패널은 다른 참여자들과 마주하고 앞에 앉는다. 만약 U자 모양의 배치나 회의 탁자가 있다면 테이블의 한쪽에 패널을 배치하라.

2 세 가지 질문보다는 한 가지 질문만을 이용하라. 앞 그룹의 토론에 응답하도록 다음 그룹을 초대하라.

적용 사례

고객서비스에 관한 세션에서는 다음의 세 가지 질문들을 다룬다.

1 소비자로서 당신이 가진 가장 좋은 경험은 무엇입니까?

2 우리의 고객들은 무엇을 원하고 기대합니까?

3 소비자의 요구와 기대를 만족시켜 주기 위해 고객서비스 대표가 이용해야 하는 구체적인 전략과 행동들은 무엇입니까?

참여자를 1, 2, 3 순번으로 세면서 세 그룹으로 나누고, 1그룹을 안쪽 원에, 2, 3그룹은 바깥 원에 앉게 한다. 1그룹은 소비자로서의 자신의 경험에 대해 공유하도록 한다. 예를 들면, 다음과 같은 긍정적인 경험을 이야기한다.

- 친절한 서비스
- 특별한 노력
- 실수에 대한 만족스러운 처리
- 즉각적인 문제해결

1그룹이 토론을 끝낸 후, 2그룹이 안쪽 원에 있는 1그룹과 자리를 바꾸도록 한다. 이 그룹은 고객의 기대에 대해 토론하고, 그 고객들은 다음과 같은 것들을 원한다고 결론짓는다.

- 책무성
- 신뢰
- 정확성
- 친절함
- 쾌적한 환경
- 공감
- 능력
- 공정함

3그룹은 2그룹과 자리를 바꾸고, 고객의 기대를 충족시켜 주거나 넘어설 수 있는 다음과 같은 행동들을 제시한다.

- 각 소비자의 이름 사용하기
- 재빠른 응대
- 오류 없는 응답 보내기
- 미소로 답하기
- 어떻게 도울지 물어보기

전체그룹으로 재소집하여 참여자들이 바람직한 행동을 통해 고객들의 기대를 충족시키는 데 있어 그들이 얼마나 잘하고 있다고 생각하는지를 토론해 보도록 한다.

37 패널 확대하기

개요

이 활동은 참여자들에게 쟁점을 확인하고, 설명하며, 명확하게 할 수 있는 기회를 부여함으로써 토론과 액티브한 참여를 조장하는 훌륭한 방법이다.

절차

1 참여자들의 흥미를 끌 수 있는 주제를 선정한다. 참여자들로 하여금 그들의 관점에서 그 쟁점에 대해 토론해 볼 수 있도록 한다. 토론을 위해 최대 5개까지의 질문을 찾아본다.

2 패널 토론 위원으로 참여하도록 4~6명의 사람을 선정한다. 이들을 강의실 앞에 반원 모양으로 앉게 한다.

3 나머지 참여자들에게 말발굽 모양으로 패널 토론 그룹의 세 면에 위치하도록 한다.

4 도발적인 모두 질문으로 시작한다. 토론 그룹이 토론을 하는 동안, 청중들은 토론 내용을 메모하면서 자신의 질문이나 의견을 준비하도록 한다.

5 정해진 토론 시간의 끝에는 전체그룹을 몇 개의 소그룹으로 나누고 나머지 질문들에 대한 토론을 계속하도록 한다.

응용하기

1 소그룹 토론으로 먼저 시작하고 이어 패널 토론으로 마무리하라.

2 참여자들에게 토론을 위한 질문을 만들어 보도록 하라.

적용 사례

변화관리에 관한 세션에서 교수자는 사람들이 천성적으로 변화에 저항하지만 변화는 불가피하다는 것을 설명함으로써 주제를 소개한다. 변화에 대응하기 위해 우리는 그것을 이해해야 한다. 교수자는 패널 토론 위원으로 5명의 지원자를 모집하고 그들을 반원 모양으로 앉게 한다. 나머지 참여자들은 말발굽 모양으로 그들 주위에 앉는다. 이어서 교수자는 패널 토론 위원들에게 다음의 문제를 제시한다.

- 당신과(혹은) 당신의 직원은 어떤 종류의 변화를 경험하고 있습니까?

15분간 그 질문에 대한 패널 토론을 들은 후, 교수자는 참여자를 소그룹으로 나누고 다음 질문들을 토론하게 한다.

- 당신과 다른 직원에게 끼친 변화의 영향은 무엇입니까?
- 왜 사람들은 변화에 저항합니까?
- 변화의 긍정적 측면은 무엇입니까?
- 변화의 부정적 측면은 무엇입니까?

각 소그룹 토론에서 논의한 가장 흥미로운 부분을 공유하기 위해 전체그룹으로 다시 모이게 한다.

38 의견 – 반대의견

개요

이 활동은 복잡한 쟁점에 대해 토론을 촉진시키고, 깊이 있는 이해를 얻게 할 수 있는 훌륭한 방법이다. 이는 논쟁과 유사하지만 덜 형식적이고 더욱 빠르게 진행된다.

절차

1 둘 또는 그 이상의 측면을 가지는 쟁점을 선정한다.

2 참여자들을 토론 쟁점이 가지고 있는 여러 측면의 수에 맞게 소그룹으로 나누고, 각 그룹 구성원들에게 자신이 지지하는 입장의 논의를 준비하도록 한다. 소그룹 구성원들을 짝 또는 더 작은 소집단들로 나누어 활동하도록 권장한다.

3 전체그룹으로 다시 모이게 한다. 그러나 같은 소그룹 구성원들끼리 같이 앉게 하고 소그룹들 사이에는 공간을 두도록 한다.

4 누구든지 토론을 시작할 수 있다는 것을 설명해 준다. 한 참여자가 자신의 입장을 이야기하면, 다른 소그룹의 참여자가 반론을 펼칠 수 있도록 기회를 준다. 모든 입장의 이야기가 논의될 수 있게 토론을 지속한다.

5 서로 다른 입장에 대한 비교를 제시함으로써 결론을 짓는다. 후속 반응이나 토

론을 허용한다.

응용하기

1 전체그룹 토론 대신에, 서로 다른 견해를 가진 소그룹의 참여자들을 서로 짝지어 논쟁하게 하라. 이 방법은 모든 참여자들을 동시에 논쟁에 참여할 수 있게 하기 위하여 일제히 행해질 수 있다.

2 서로 반대되는 의견을 가진 소그룹들을 서로 마주 보도록 일렬로 세워라. 한 사람이 자신의 의견을 표명한 후 어떤 특정 물체(공이나 이와 비슷한 물체)를 반대편 그룹의 사람에게 던지도록 한다. 그 물체를 받은 사람은 먼저 사람의 의견에 대해 반박해야만 한다.

적용 사례

팀 개발에 관한 세션에서 교수자는 참여자들을 두 개의 소그룹으로 나눈다. A그룹에게는 찬성 입장을, B그룹에게는 반대 입장을 부여한다. 각 그룹에게 다음의 진술문에 대해 자신에게 부여된 입장을 지지하기 위한 의견을 생각해 내도록 요청한다.

- 우리 조직은 팀제에 지나치게 너무 많은 비중을 두고 있다.

그룹 간 의견교환은 다음과 같다.

- A그룹 의견: "우리는 팀 미팅에 너무 많을 시간을 허비하고 있어요."
- B그룹 반대의견: "미팅을 좀 더 효과적으로 운영하는 법을 배우는 데는 시간이 좀 걸립니다."
- A그룹 의견: "이것은 직원들에게 권한을 부여하는 하나의 훌륭한 기회가 됩니다."
- B그룹 반대의견: "우리는 매니저가 해야 하는 일을 수행하고 있습니다."

39 소리 내어 읽기

개요

한 가지 놀라운 사실은, 소리 내어 책을 읽는 것은 참여자들이 정신적으로 집중하고, 질문을 제기하며, 토론에 적극적으로 참여하는 것을 도울 수 있다는 것이다. 이 전략은 성경공부와 매우 유사하다. 소리 내어 읽는 것은 주의력 집중 및 응집력 있는 그룹의 구성에 효과가 있다.

절차

1 소리 내어 읽기에 충분히 흥미가 있는 교재를 고른다. 500단어 미만으로 된 것을 선택한다.

2 제기될 핵심 요점이나 쟁점을 강조하면서 참여자들에게 그 교재를 소개한다.

3 교재를 단락 혹은 다른 방법으로 분할한다. 각 부분들을 소리 내어 읽을 지원자를 모집한다.

4 읽어 나가는 도중에 어떤 요지를 강조하거나, 질문을 제기하거나, 혹은 사례를 들기 위해서 적절한 때에 멈춘다. 만약 어떤 부분에서 참여자가 흥미를 보인다면 간단한 토론을 허락한다. 그러고 나서 읽기를 계속 진행한다.

응용하기

1 만약 교재의 내용을 더 잘 전달할 수 있거나, 참여자들의 읽기 솜씨가 염려된다면 교재를 교수자 자신이 읽어라.

2 참여자들을 짝으로 구성하라. 서로에게 교재를 읽어 주게 하고, 읽던 중 토론이나 설명이 필요하다고 생각되면 알아서 글 읽기를 멈추고 토론이나 설명을 하게 해라.

적용 사례

조직 커뮤니케이션에 관한 수업에서 교수자는 다음의 유인물을 나누어 준다. 참여자들이 교대로 한 구절씩 읽어 갈 때, 교수자는 핵심 요점들에 대해 언급하고 그들의 개인적 경험으로부터의 반응과 사례를 탐색한다.

대화 분위기

우리가 언론의 자유를 지지하고자 할 때, '모든 사람은 자신의 견해를 가질 권리가 있다.'라는 표현을 사용한다. 하지만 팀과 조직의 상황에서 이러한 권리에는 사회적 제한이 따른다.

토론은 너무나 자주, '나의 생각 vs 너의 생각'에 대한 논쟁이 되어 버린다. 사람들은 다른 사람들이 자신을 지지해 주기를 바라면서, 본인에게는 소중한 자신의 입장을 옹호한다. 그 분위기는 매우 정치화된다.

대조적으로, 대화 분위기가 조성되어 있을 때에는 서로 경청하며, 서로의 아이디어들에 반응하고 그것을 기반으로 하며, 그리고 진정으로 의견의 차이를 구하고 인정한다.

대화의 목적은 아이디어들을 감소시키는 것이 아니라 그것들을 확장시키는 데 있다. 아래에 대화 분위기를 조성하는 데 도움을 줄 수 있는 방법들을 제시한다.

- 다른 이들이 말하는 것을 명확히 하기 위해 질문을 하라. 다른 이들에게 당신의 아이디어를 명확히 해 보도록 요청하라.
- 당신의 아이디어 뒤에 뭐가 있는지 공유하라. 당신의 가정과 목표를 드러내라. 다른 이들도 그렇게 해 보도록 권유하라.
- 당신의 아이디어에 대해 다른 이들의 피드백을 구하라.
- 다른 이들의 아이디어에 대해 건설적인 피드백을 주어라.
- 다른 이들의 아이디어를 토대로 제안을 하라.
- 당신의 제안에 다른 이들의 아이디어도 포함하라.
- 그룹 안에서 나온 아이디어들 가운데 공통점을 찾아라.
- 이미 나온 아이디어보다는 부가적으로 새로운 아이디어를 생각해 보도록 격려하라.

40 카드 교환

개요

이 활동은 중간 규모에서부터 큰 규모까지의 그룹으로 하여금 다루고자 하는 학습주제에 관하여 자신들의 아이디어와 견해를 공유할 수 있도록 돕는 영리한 전략이다.

절차

1 과정 시작 전에, 참여자들과 연관된 중요한 쟁점이나 직무 관련 문제에 대하여 당신이 몇몇 진술문을 써 놓은 여러 장의 색인 카드를 준비한다. 예를 들면, 성난 고객 다루기, 인사고과의 가치, 개선이 필요한 프로세스, 최고의 소프트웨어, 온라인상의 사이버 팀에서 헌신 구축하기, 혹은 비용 줄이기 등. 대략 참여자들이 모두 한두 장씩 받고도 남을 만큼의 카드를 준비한다.

2 각 참여자들에게 두 장의 빈 색인 카드를 나누어 주고, 거기에 당신이 선택한 주제에 관한 짧은 자신의 의견을 써 넣도록 한다. 솔직하게 써 넣도록 격려하며, 익명성이 보장될 것이라고 말한다.

3 카드를 수집한 뒤, 당신이 준비한 카드들과 함께 잘 뒤섞는다. 그리고 무작위로 각 참여자들에게 세 장씩 나누어 준다. 카드를 살펴보도록 한 후, 선호하는 순서대로 배열하도록 한다. 그러고 나서 자기가 원하는 답이 쓰인 만족할 만한 세 장

의 카드를 모으기 위하여, 카드를 교환하면서 강의실을 돌아다니도록 한다. 5분 이 지나면 활동 시간이 끝났음을 알린다(만약 일부 참여자들이 현재 가지고 있는 카드에 대해 불평을 한다면, "곧 안도하게 될 것입니다."라고 말한다.).

4 참여자들을 세 명씩 묶은 후 하나의 그룹으로서 그들이 선호하는 세 장의 카드를 고르게 한다. 원하지 않는 나머지 카드들은 모두 한데 모아 둔다. 모든 소그룹들은 그들이 가지고 있는 것보다 더 좋은 카드를 찾아내기 위해 그 버려진 카드들을 뒤져 볼 수 있다. 10분 경과 후 시간이 끝났음을 알린다.

5 각 그룹들에게 자신이 고른 진술문에 대하여 간략하게 보고하도록 한다(각 3인조 소그룹에게 전지를 나누어 주어 자신들이 선택한 진술문을 드러내도록 할 수도 있다.).

6 전체그룹에게 소그룹으로부터 나온 의견을 통해 관점의 공통성과 다양성에 관하여 생각해 보도록 한다.

응용하기

1 카드를 치워라. 참여자들에게 두 명 혹은 세 명으로 구성된 소그룹을 만들게 하고, 그 주제에 관하여 소그룹 내에서 자신들의 생각을 논의하게 하라. 전체그룹으로 재소집하고, 참여자들에게 이러한 교환을 통해 자신들의 견해가 어떻게 분명하게 되었고, 확증되었으며, 그리고 도전을 받았는지를 물어라.

2 참여자들을 소그룹으로 나누어라. 그들에게 직무 관련 문제 혹은 쟁점을 다루기 위한 제안 목록을 작성해 보도록 하라. 각 그룹에게 발표자를 지명하도록 하고, 모든 발표자는 그 쟁점이나 문제를 다루기 위한 제안들을 공유하는 패널 토론의 토론자가 되도록 하라.

적용 사례

'사업 성과를 추진하고 추적하기 위한 측정 이용하기'에 관한 세션에서 6명의 참여자들에게 두 장의 빈 색인 카드를 나누어 주고, 회사에서 측정 활동들이 어떻게 설계되고 실행되어야 하는지에 대하여 자신의 견해를 적어 넣도록 한다. 참여자들의 카드를 수집한 후에 다음과 같은 6개의 미리 준비된 카드들과 함께 합친다.

1 잘못을 찾는 데 이용된다.

2 어떤 데이터를 모아야 할 것인가에 대하여 사람들의 정보 투입이 요구되지 않는다.

3 그 과정이 객관적이다.

4 현재 이용하고 있는 측정은 사업 성과와 매우 관련이 깊다.

5 설문의 문장 표현이 엉성하다.

6 비밀성이 존중된다.

각 참여자는 18개의 카드 가운데 세 장의 카드를 받고, 위에서 언급된 카드 교환 절차를 거친다. 이 과정의 끝에는 열띤 토론이 이어진다. 회사에서 측정을 이용하기 위하여 몇 가지의 개선사항이 개발된다.

질문 이끌어 내기

질문은 교수자들이 많이 하는 그 무엇이다. 좋은 질문은 참여자들을 수업에 몰입하게 만들기 때문에 정말 유익하다. 한편, 많은 교수자들은 참여자로부터 좋은 질문을 이끌어 내는 데 미숙하다. 이는 '질문하기'가 액티브한 학습의 출발점이라는 점에서 좋지 않은 일이다.

그러나 참여자로부터 질문을 이끌어 내기 위해, "질문이 있나요?"와 같은 물음에 의존하지 말아야 한다. 강의실에 정적이 흐르게 되는 것이 다반사이기 때문이다. 질문이 없다는 것으로부터, 당신은 참여자들이 강의에 관심이 없었다거나 혹은 모두가 강의내용을 완벽하게 이해한 것으로 결론을 내릴지도 모른다. 불행하게도, 종종 참여자들이 질문을 할 준비가 되어 있지 않은 것이 사실이다. 혹은 만약 그들이 질문거리를 가지고 있다 하더라도, 그들은 질문을 하는 것이 그들의 호기심보다는 멍청함을 드러내는 일이 아닐까 하는 걱정을 한다.

다음에 제시되는 전략들은 이러한 역학관계를 변화시키는 데 도움을 줄 것이다. 참여자들은 학습내용에 대해 생각할 수 있는 기회를 갖게 되고, 또 더 알고 싶은 것이나 모르는 것에 대해 질문하는 것이 창피한 일이 아니라는 것을 알게 되기 때문에, 질문을 더 잘 준비하게 될 것이다.

41 질문으로 시작하는 학습

개요

학습자가 수동적인 태도로 있을 때보다 액티브한 태도로 있을 때, 새로운 것을 학습하는 과정이 더욱 효과적이다. 액티브한 학습 태도를 만드는 한 가지 방법은, 당신이 설명하기 이전에 참여자들이 스스로 주제를 탐구해 보도록 자극하는 것이다. 이 간단한 전략은 학습의 비결인 질문하는 것을 북돋는다.

절차

1 당신이 선택한 학습자료 유인물을 학습자들에게 나눠 준다. 학습자료 유인물 선택에 있어서의 핵심은 참여자들로부터 질문을 얼마나 이끌어 낼 수 있느냐 하는 것이다. 유인물은 개괄적인 수준의 정보를 제공하지만 너무 많은 정보를 담지 않는 것이 좋다. 어떤 지식을 설명하는 흥미로운 차트나 다이어그램과 같은 시각자료는 하나의 좋은 선택이다. 다양한 해석이 가능한 텍스트도 또 다른 좋은 선택이다. 이것들의 목표는 호기심을 유발하는 것이다.

2 학습자료 유인물을 파트너와 함께 공부하게 한다. 참여자들에게 그 유인물을 가능한 한 많이 이해해 보도록 하고, 이해가 안 되는 부분에는 물음표를 그려 놓도록 한다. 참여자들에게 그들이 원하는 만큼의 많은 물음표를 그려 놓도록 한다. 만약 시간이 허락된다면, 두 짝 그룹들로 4인 한 조를 구성하여 각각의 짝이

서로를 도와줄 수 있도록 시간을 준다.

3 전체그룹으로 다시 모이게 하고 참여자들의 질문에 답을 한다. 본질적으로, 이 세션은 미리 준비된 계획보다는 그룹이 하는 질문들에 의해 진행된다. 혹은 원한다면, 먼저 모든 질문을 들은 후에, 그 질문에 최대한 성실하게 대답해 주면서 미리 준비된 계획을 진행한다.

응용하기

1 참여자들이 혼자서는 유인물을 완전히 이해하는 것이 힘들어 보인다면, 학습에 도움을 줄 수 있는 추가적인 정보를 제공하라. 그다음 스터디 그룹으로 진행하라.

2 파트너와 함께 하는 것보다는 개인 혼자서 해 보도록 하라.

적용 사례

교수자는 신약개발 과정을 나타내는 차트를 나누어 준다. 교수자는 참여자들에게 학습 파트너와 함께 그것을 공부해 보도록 하고, 잘 모르는 부분에는 물음표를 그려 놓도록 한다.

이어지는 토론에서, 참여자들은 다음의 질문을 한다.

- NDA란 무엇입니까?
- 임상연구 세 단계 사이의 차이점은 무엇입니까?
- NDA 검열 사이에 'Lab 기간'을 위한 구간은 왜 있습니까?
- 환자 처방 이후, 부작용 보고의 책임은 누구에게 있습니까?

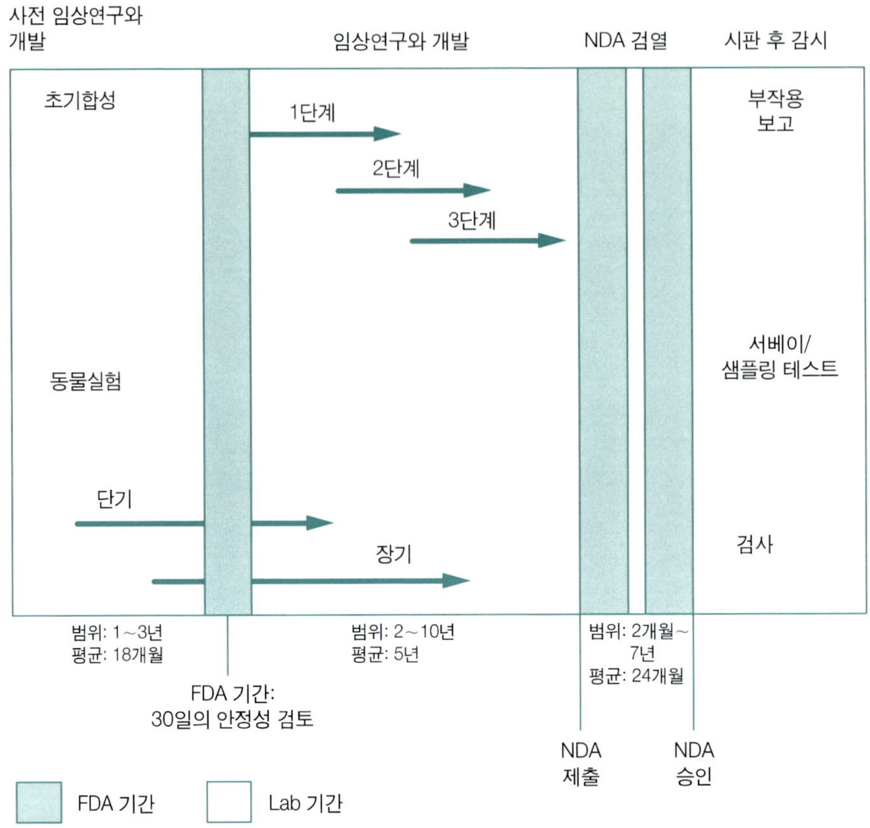
사전 임상연구와
개발
임상연구와 개발
NDA 검열
시판 후 감시
초기합성
1단계
2단계
3단계
부작용
보고
서베이/
샘플링 테스트
동물실험
단기
장기
검사
범위: 1~3년
평균: 18개월
범위: 2~10년
평균: 5년
범위: 2개월~
7년
평균: 24개월
FDA 기간:
30일의 안정성 검토
NDA
제출
NDA
승인
FDA 기간
Lab 기간

42 질문 카드

개요

이 기법은 참여자들끼리 질문을 하도록 유도하는 비위협적인 방법이다. 이것은 응답 카드를 활용한다(200가지 팁 중 '응답 카드를 이용하는 10가지 상황' 참조). 이 전략은 특정 주제를 다루는 교육훈련 세션의 처음, 중간 혹은 끝 어디서나 사용할 수 있다.

절차

1 각 참여자들에게 빈 색인 카드를 나누어 준다.

2 교육훈련 주제에 관하여 어떤 질문이든지 거기에 적어 보도록 한다(이름은 적지 않는다.).

3 카드를 그룹의 시계 방향으로 돌리도록 요청한다. 카드가 다음 사람에게 전달되면 카드를 전달받은 사람은 그것을 읽어 보고 자신도 그 내용에 관심이 있으면 카드에 체크 표시를 한다.

4 한 참여자의 카드가 그 자신에게 돌아왔을 때에는 모든 참여자가 그 카드를 검토한 상태가 될 것이다. 이때 가장 많은 투표(체크)를 받은 질문들을 확인한다. 그 질문들에 대한 대답은 다음과 같다. (a) 즉시, 그러나 간결하게 대답한다.

(b) 좀 더 적절한 때를 기다려 그때 답하기 위해 미룬다. (c) 수업을 통해서는 그 질문을 다룰 수 없음을 알린다(가능하다면, 개인적으로 대답하겠다고 약속한다.).

5 가장 많은 투표를 받지 못한 질문이라도, 몇 명의 참여자들에게 자신의 질문을 공유하도록 요청한다.

6 뒤에 참고하기 위해 카드를 모은다.

응용하기

1 만약 그룹이 너무 커서 카드를 모든 참여자들에게 돌리기에는 시간이 부족하다면, 그 그룹을 소그룹들로 쪼개고 동일한 지시사항을 따르도록 하라. 또는 카드를 돌리지 않고 그냥 모아서 그중 일부 질문에만 답변하라.

2 카드를 모으고 섞은 후 각 참여자들에게 한 장씩 돌려라(자신이 작성한 카드를 가져서는 안 된다.). 참여자들에게 자신이 받은 카드를 읽도록 요청하고 다음의 둘 중 한 가지를 선택하게 하라. (a) 자신이 그에 대한 대답을 하거나, 아니면 (b) 당신에게 대답을 해 주도록 요청한다.

3 색인 카드를 이용하는 것 대신에, 화이트보드나 벽에 붙인 플립 차트에 질문을 게시하도록 요청하라.

적용 사례

다음은 HIV/AIDS 교육에 관한 워크숍에서 나오는 질문들이다.

- 세계에서 대략 얼마나 많은 사람이 HIV에 양성반응을 보이는가?
- HIV가 전이되는 가장 흔한 경로는 무엇인가?
- HIV에 걸리기 쉬운 특정 민족 집단이 있는가?
- 성행위를 하지 않는 아이들이 어떻게 HIV에 걸리는가?
- AIDS에 대한 가장 좋은 의학적 치료 방법은 무엇인가?
- 콘돔이 HIV 전이를 막는 데 얼마나 효과적인가?

43 사전에 준비된 질의응답

개요

이 기법은 사전에 선정된 참여자들에게 수업 중 질문을 하게 하고, 그 질문에 답을 해 줌으로써 정보를 전달할 수 있는 방법이다. 사실상 잘 준비된 수업을 하는 것이지만, 다른 참여자들에게는 단지 질의응답 시간으로만 보인다.

절차

1 수업을 이끌 세 개에서 여섯 개의 질문을 준비하고, 그것들을 논리적 순서에 맞게 정리한다.

2 하나의 색인 카드에, 각 질문과 어떤 신호를 받게 되면 그 질문을 하도록 요청하는 큐 신호를 적어 놓는다. 당신이 이용할 수 있는 큐 신호는 다음과 같다.

- 코를 긁기
- 안경 벗기
- 손가락으로 딱딱 소리 내기
- 하품하기

3 수업에 앞서, 질문을 할 참여자를 포섭한다. 각 사람에게 질문 카드를 하나씩 주

고, 큐 신호에 대해서도 설명한다. 선정된 참여자들에게는 절대로 자신이 미리 심어진 질문자인 것이 노출되지 않도록 주의를 준다.

4 주제에 대해 알려 주고 첫 번째 큐 신호를 보냄으로써 질의/응답 세션을 시작한다. 첫 번째 포섭된 사람을 부르고, 그가 하는 질문에 대답한다. 이어서 계속 다른 참여자가 질문을 하도록 큐 신호를 보내고, 각각의 질문에 대답한다.

5 이제 미리 선정되지 않은 참여자에게서도 질문을 받도록 한다. 틀림없이 여러 참여자가 손을 드는 것을 보게 될 것이다.

응용하기

1 질문에 대한 답을 미리 플립 차트나 빔 프로젝터 혹은 교수자료로 준비해 놓고, 극적으로 각 질문에 대한 답을 보여 주어라.

2 가장 비호의적이거나 흥미 없어 하는 참여자에게 미리 준비한 질문을 제공하라.

적용 사례

리더십 교육훈련 세션에서 교수자는 효과적인 리더의 특성에 대해 간략히 이야기를 한 다음, 이어 질의응답 시간을 갖는다. 이전 휴식 시간을 이용해 교수자는 4명의 참여자들에게 다음의 질문을 담고 있는 색인 카드를 나누어 주었다.

- 리더와 매니저와의 차이는 무엇입니까?
- 리더십이 왜 그렇게 중요한 겁니까?
- 누군가를 리더로 만들기 위해 어떻게 가르칠 수 있습니까?
- 누군가가 효과적이기 위해서는 그런 모든 특성을 가지고 있어야만 합니까?

다음은 지시 카드의 한 사례다.

이 카드를 누구에게도 보이지 마시오

휴식 시간이 끝나면, 나는 효과적인 리더의 특성에 대해 이야기를 할 것이고, 질문이 있는지를 물어볼 것입니다. 내가 코를 긁거든 손을 들고 다음의 질문을 해 주기 바랍니다.

리더와 매니저와의 차이는 무엇입니까?

이 카드의 질문을 그대로 읽지 말고, 기억해 두거나, 당신이 말하듯이 질문을 해 주세요.

44 역할을 바꿔 하는 질문

개요

당신이 강의가 끝날 때쯤뿐만 아니라, 강의를 하는 동안에도 참여자들의 질문을 유도하기 위해 그들에게 질문이 있는지를 물어보면, 미지근한 분위기만 연출될 수 있다. 이 방법은 역할을 바꿔서 당신이 질문을 하고 참여자는 대답을 하는 방법이다.

절차

1 당신은 자신을 참여자라 가정하고, 학습내용과 관련된 질문거리들을 개발한다. 질문은 다음과 같은 일을 하기 위해 개발한다.

- 어렵거나 복잡한 학습내용을 명확히 하기 위해(예, "소비자 환불을 처리하는 과정을 다시 설명해 주시겠습니까?")
- 학습내용을 다른 정보와 비교하기 위해(예, "이 방법은 D부서가 제시한 것과 어떻게 다릅니까?")
- 강의 내용 중의 특정 관점들에 대해 달리 접근해 보기 위해(예, "왜 그 과정을 수정하는 것이 필요한가요?" "많은 혼란을 야기하지는 않을까요?")
- 논의되는 아이디어들에 대한 사례를 요구하기 위해(예, "교육적 편지를 어떻게 쓰는지 사례를 들어 주시겠습니까?")
- 학습내용의 적용을 위해(예, "이 조직에서 나는 어떻게 이 아이디어를 이용할 수 있을까요?")

2 질문 시간이 시작되면, 당신은 참여자가 되고 참여자들은 당신이 됨을 알려 준다. 그러고 나서 당신은 질문을 한다.

3 액티브하게 질의응답이 오가게 하고 유머러스하며, 그 밖에 참여자들의 주저함을 극복하고 당신에게 대답 공세를 퍼부을 수 있는 것이라면 어떤 것이든지 실행한다.

4 이 방법을 몇 번 하면, 참여자들은 기민해지고 질문하는 것이 재빨라지게 된다.

응용하기

1 질의응답 시간 시작에 이 방법을 사용하는 것 대신에, 질문하는 것에 대해 관심이 없어졌을 때 이 방법을 사용하라.

2 기자회견으로 전환하라. 당신 스스로가 "KBS(혹은 다른 방송사) 전주성입니다."라고 소개하고, 학습내용에 대해 조사하고, 공격하며, 혹은 무시하는 질문들로 참여자들을 압박하라.

적용 사례

매니저 대상의 효과적인 회의진행에 관한 과정에서 교수자는 참여자의 역할을 가정하고 다음의 질문을 그들에게 한다.

- 내가 왜 의제를 가지고 있어야 하지요? 의제가 있으면 회의를 공식적이고 딱딱하게 만들지 않나요?
- 핵심 인사가 아직 참석하지 않았는데, 나는 어떻게 회의를 정시에 시작할 수

있을까요?

- 나는 어떻게 더 많은 참여를 독려할 수 있을까요?
- 논의를 독점하려는 사람에 대해 나는 어떻게 할까요?
- '게이트키핑(gatekeeping)'이 무엇을 의미하는지를 설명해 주실 수 있나요?

팀 학습

액티브한 학습을 촉진시키는 가장 좋은 방법 중의 하나는 소규모 팀에게 과제를 부여해 이를 수행해 보도록 하는 것이다. 때때로 참여자들은 이 방법을 통해 당신이 강의실 앞에서 강의를 할 때만큼 학습을 할 수 있다. 동료의 지원과 다양한 견해, 지식 그리고 기술 또한 팀 학습을 액티브한 교육훈련의 가치 있는 부분으로 만드는 데 도움을 준다.

그러나 팀 학습은 종종 작은 문제들을 매우 많이 가지고 있다. 거기에는 실제의 학습 대신에 불공평한 참여, 빈약한 커뮤니케이션, 그리고 혼란이 있을 수 있다. 혹은 참여자들은 '무대 위의 현인'에게 너무나도 익숙해진 나머지 그들 스스로의 노력을 통해 팀 학습을 할 수 있는 기술과 동기를 가지고 있지 않을 수도 있다. 다음에 제시되는 전략들은 팀 학습의 이점을 극대화하고 문제들을 최소화하기 위해 계획되었다.

45 정보 검색

개요

이 방법은 오픈 북으로 진행되는 시험에 비유될 수 있다. 팀들은 주어진 질문에 답을 찾기 위해 정보(강의에서 다루어진)를 검색한다. 이 방법은 특히 무미건조한 학습내용에 활기를 띠게 도와준다.

절차

1 참여자들이 학습자료를 이용해 답을 찾을 수 있을 만한 여러 개의 질문들을 개발해 낸다. 학습자료는 다음의 것들이 될 수 있다.

- 인터넷으로 접근할 수 있는 정보
- 유인물
- 문서
- 교재
- 참고 자료
- 공예품
- 장비

2 주제에 관한 질문들을 나누어 준다.

3 참여자들을 소그룹으로 나누고 질문에 대한 해답을 찾아보도록 한다. 이때 선의의 경쟁을 유발하면 학습자들의 참여를 더욱 북돋아 줄 수 있다.

4 전체그룹으로 재소집하고 답들을 검토한다. 학습을 더욱 확장하기 위해 답들에 대해 부연설명을 한다.

응용하기

1 참여자가 해당 자료에서 직접 답을 찾게 하기보다는 해당 자료로부터 답을 추론할 수 있도록 질문을 만들어라.

2 참여자들에게 질문에 대한 답을 찾도록 하기보다는 풀어야 할 사례문제를 제시하거나 또는 자원 정보에 포함된 중요한 용어들을 나타내는 항목들 혹은 (막 섞여 있거나 혹은 그렇지 않은) 낱말들을 관련이 있는 것끼리 연결시키도록 하는 것과 같은 다른 종류의 과제를 부여하라.

적용 사례

손해사정사 양성과정 참여자들에게 어느 한 의사로부터 다음의 소견서가 전달되었다.

김동욱 씨는 지난 1월 20일 안전벨트를 맨 상태로 자동차 사고를 당했는데, 이때 요추골 L4와 L5에 골절 상해를 입었다. 의식을 잃지는 않았다. 김동욱 씨는 등에 극심한 통증을 호소했고, 담당의사는 1월 20일에 정형외과 검사를 의뢰하였다.

그때의 검사에서 김동욱 씨는 요추 부위에 중간 정도 극심한 척추 인접 부위 경련과 더불어 요추 부위의 통증을 호소하였다. 양쪽 힙은 모두 완전히 움직일 수 있었으며, 하지의 신경 손상은 없었다. 뻗은 다리를 위로 올리는 것은 양방향에 45도 정도로만 가능하였다. X레이는 10~15% 정도의 앞쪽 압박이 척추후방전위증이나 척추전방전위증 없이 요추골 L4와 L5에 골절을 일으켰음을 보여 주었다. 김동욱 씨에게는 침대 휴식과 부러진 뼈의 견인, 따뜻한 욕조 목욕, 점진적인 보행, 그리고 물리치료 등이 처방되었다. 우리는 김동욱 씨가 퇴원할 때까지 주의 깊게 관찰하였다.

김동욱 씨는 2월 12일에 사무실로 복귀했다. 관절 운동 범위는 0~45도로, 진통 보행 시 약간 구부정했고, 다리 펴고 뻗기의 경우는 오금줄의 당김과 함께 양방향으로 60정도 가능하였다. 하지의 신경 손상은 없었다.

하부경추의 굴곡과 신전을 포함한 요천척추 필름은 척추전후방전위증 혹은 골절 위치에서의 불안정성이 없음을 보여 주었다.

나는 앞으로 몇 달 동안에 골절이 서서히 붙을 것이라고 예상하면서, 김동욱 씨가 3월 1일에 업무로 완전 복귀하고, 또 후속 검사를 위해 3주 후에 내원할 것을 추천하였다.

다음의 지침이 위 편지와 함께 동봉되었다.

당신의 팀이 이용할 수 있는 자원 자료를 활용하여 첨부된 외과의사의 소견서에 대한 아래의 질문에 답을 하시오. 가능한 한 구체적으로 기술하시오.

- 어떤 부위에 부상을 입었습니까? 검사의 결과는 어떻습니까?
- 어떤 종류의 골절상을 입었습니까? 이에 대해 기술해 보세요.
- 척추전방전위증은 무엇입니까? 척추전후방전위증은 무엇입니까?
- 이 소견서가 신경 손상을 언급한 이유는 무엇입니까?

46 스터디 그룹

개요

이 방법은 참여자들에게 교수자 없이도 학습자료를 공부하는 데 책임감을 부여하며 그룹으로서 그 학습내용을 명확하게 하도록 하는 전략이다. 따라서 학습과제는 스터디 그룹 활동이 효과적이며 자율적으로 관리될 수 있도록 구체적이어야 한다.

절차

1 참여자들에게 강의자료, 짧은 텍스트, 혹은 흥미로운 차트나 다이어그램 등을 포함하는 간단하면서도 잘 구성된 유인물을 나누어 주고, 이를 조용히 리뷰해 보도록 한다. 스터디 그룹 활동은 학습자료가 참여자들에게 어느 정도 도전적이거나 폭넓은 해석 가능성이 열려 있을 때 가장 효과적이다.

2 소그룹을 구성하고 스터디 활동을 수행할 조용한 장소를 제공한다.

3 참여자들의 학습을 안내할 명확한 지시사항을 제공하고, 학습자료를 주의 깊게 설명한다. 다음과 같은 것들을 지시사항에 포함한다.

- 학습내용을 명확히 하라.
- 정보 혹은 아이디어에 대한 사례나 삽화 혹은 적용을 만들어라.

- 혼동되는 요점이나 혹은 동의하지 않는 요점을 확인하라.
- 텍스트 내용을 반박하라. 반대의견을 개발하라.
- 학습자료를 얼마나 잘 이해하는지 평가하라.

4 소그룹 구성원들에게 퍼실리테이터, 시간관리자, 서기 혹은 그룹의 대변인 같은 역할들을 할당한다(200가지 팁 중 '그룹 리더 선정과 기타 역할 배분을 위한 10가지 대안' 참조).

5 전체그룹으로 재소집하고, 다음 중 하나 혹은 그 이상을 수행하도록 한다.

- 함께 학습자료 리뷰하기
- 참여자들에게 퀴즈 내기
- 질문 받기
- 참여자들에게 자신이 얼마나 학습자료를 잘 이해하고 있는지 평가해 보도록 요청하기
- 참여자들에게 풀어 보도록 적용 연습 제공하기

응용하기

1 소그룹으로 나누지 않고 전체 구성원을 스터디 그룹으로 만들어라. 학습자료를 소리 내어 읽어라. 참여자들의 질문에 대답할 때 또는 당신이 참여자들에게 질문을 하거나 혹은 내용을 자세히 설명해야 할 때는 읽는 것을 멈춰라.

2 만약 그룹이 충분히 크다면, 4개에서 6개 정도의 소그룹을 만들어라. 그리고 스터디 그룹끼리 짝을 짓게 해서 학습노트를 비교하거나 서로의 학습을 돕도록 하라.

적용 사례

프로젝트 관리에 관한 교육에서 교수자는 '무엇이 프로젝트 관리를 성공적으로 만드는가?'라는 질문을 다룬다.

교수자는 다음의 유인물을 제공하고 학습자료를 함께 공부할 소그룹을 만들어 보도록 요청한다. 각 소그룹에게 학습내용을 명확히 하고, 사례를 만들고, 학습자료에 대해 자신들이 얼마나 잘 이해했는지를 평가하도록 하였다. 아울러 헷갈리는 것들도 찾아보도록 하였다.

무엇이 프로젝트 관리를 성공적으로 만드는가?

1. 성공적인 프로젝트 관리는 명확한 목표와 일정을 세우고 그것에 대한 충분한 의사소통이 이루어졌을 때 나온다. 목표는 다음의 SMART 준거들을 충족시켜야 한다.

   - Specific(구체성): 달성하고자 하는 것을 정확히 표현하기 위해 목표를 작성하라.
   - Measurable(측정 가능성): 결과물을 확인하라.
   - Agreed-On(동의): 프로젝트에 관련된 모든 사람들의 동의를 이끄는 합의추구 프로세스를 이용하라.
   - Realistic(현실성): 프로젝트를 성공적으로 완수할 수 있는 적절한 자원을 반드시 확보하라.
   - Time-Bound(시간제한): 데드라인과 목표완료 시기를 설정하라.

   이 항목에 대해 논의해 보세요.
   사례를 들어 보세요.
   당신은 얼마나 이 아이디어를 잘 이해하고 있습니까?

1	2	3	4	5
(매우 못함)				(매우 잘함)

2. 성공하는 프로젝트 관리자는 앞을 내다보고 행동한다. 그들은 끊임없이 평가한다. 무엇이 잘못될 가능성이 있는지, 어떻게 그리고 언제 내가 알게 될지, 이것에 관해 내가 무엇을 해야 할지, 그것을 어떻게 처리할 것인지 등등.

이 항목에 대해 논의해 보세요.
사례를 들어 보세요.
당신은 얼마나 이 아이디어를 잘 이해하고 있습니까?

1 2 3 4 5
(매우 못함) (매우 잘함)

3. 성공적인 프로젝트들은 성공적인 프로젝트 팀들의 결과다. 성공적인 프로젝트 팀의 몇 가지 특성은 '역할들이 명확히 정의되어 있다.' '갈등은 공개적이고 신속하게 해결된다.' '각 팀 구성원의 공헌은 가치 있게 여겨진다.' '의사소통은 빈번하고 열려 있다.' '팀 구성원들 간의 상호의존성이 높다.' 등이다.

이 항목에 대해 논의해 보세요.
사례를 들어 보세요.
당신은 얼마나 이 아이디어를 잘 이해하고 있습니까?

1 2 3 4 5
(매우 못함) (매우 잘함)

47 카드 분류

개요

이 기법은 개념, 특성 분류, 혹은 제품에 관한 지식을 가르치거나 정보를 리뷰하는 데 이용될 수 있는 액티브한 팀 기반 전략이다. 신체적 움직임을 통한 활동은 지쳐 있는 그룹을 활기 있게 하는 데 도움을 줄 수 있다.

절차

1 각 참여자들에게 하나 혹은 그 이상의 범주에 부합하는 정보나 사례를 담고 있는 색인 카드를 나누어 준다. 다음은 몇 가지 범주 사례들이다.

- 팀의 '과업' 행위 vs 팀의 '유지관리' 행위
- 조직 내 다양한 부서의 기능
- 성취, 제휴, 권력의 필요성을 잘 나타내는 행위
- 서로 다른 질병의 증상들
- 직업 이력서의 다양한 파트에 꼭 들어맞는 정보들

2 참여자들에게 강의실을 돌아다니게 하고, 자신과 같은 범주의 카드를 가진 사람을 찾아보도록 한다(사전에 범주를 알려 줄 수도 있고, 참여자들이 그 범주를 스스로 발견해 보도록 할 수도 있다.).

3 같은 범주의 카드를 가지고 있는 참여자들에게 자신의 범주를 그룹의 나머지 사람들에게 소개하도록 한다.

4 각 범주가 제시될 때, 당신이 중요하다고 생각하는 것을 강조한다.

응용하기

1 각 그룹에게 자신의 범주에 대하여 발표하도록 요청하라.

2 활동을 시작할 때 팀을 구성하라. 각 팀에게 완전한 카드 세트를 나누어 주어라. 범주들이 쉽게 드러나지 않도록 그 카드들을 충분히 섞도록 하라. 각 팀에게 그 카드들을 분류하도록 하라. 각 팀은 정확히 분류한 범주의 수에 따라 점수를 얻는다.

적용 사례

팀 개발에 관한 교육훈련 프로그램 참여자들을 4개의 그룹으로 나눈다. 각 그룹에 4개의 주제(탐색기, 준비기, 형성기, 실행기 등)가 붙여진 카드를 제공한다. 그리고 팀에서 발생할 수 있는 사건들이 적힌 16장의 카드도 제공한다. 각 그룹의 과업은 16장의 카드들을 팀 개발의 각 단계에 해당하는 4개씩의 묶음으로 분류하는 것이다. 다음은 올바른 분류다.

[탐색기]

- 구성원들은 팀 구성원으로 받아들여질지 걱정한다.
- 목표들은 명확하지 않다.
- 구성원들은 머뭇거리며 대화를 나눈다.

- 팀의 리더는 자비롭고 유능해 보인다.

[준비기]

- 목표가 분명해지기 시작한다.
- 참여가 증가한다.
- 가치에 대한 갈등이 드러난다.
- 소그룹 및 연합체가 형성된다.

[형성기]

- 갈등이 계속 발생한다.
- 응집력과 신뢰가 증대된다.
- 구성원들의 만족도가 증가한다.
- 리더는 보다 자문하는 역할을 맡는다.

[실행기]

- 리더는 최대의 임파워먼트(empowerment, 권한위임)를 부여한다.
- 팀은 열린 의사소통 구조를 갖는다.
- 팀은 혁신을 장려한다.
- 소그룹들은 중요한 과업을 수행한다.

48 학습 토너먼트

개요

이 기법은 스터디 그룹과 팀 경쟁을 결합한 것으로, 매우 다양한 사실과 개념, 심지어는 기술에 관한 학습을 촉진하는 데 이용될 수 있다.

절차

1 참여자들을 2~8명 사이의 구성원들로 구성된 팀으로 나눈다. 각 팀의 인원수는 같게 한다(만약 이렇게 되지 않으면, 각 팀의 점수를 평균 내야 한다.).

2 팀들에게 강의노트, 짧은 텍스트, 혹은 흥미로운 차트나 다이어그램과 같은 학습자료를 제공한다.

3 학습자료의 이해도를 테스트할 몇 개의 질문거리를 개발한다. 객관식, 빈칸 채우기, 참/거짓, 용어 정의와 같은 자기 채점이 편한 포맷이면 좋다.

4 참여자들에게 그 질문의 일부를 제시한다. 이것이 제1라운드 학습 토너먼트임을 알린다. 각 참여자들은 반드시 개인적으로 그 질문들에 대답해야 한다.

5 각 참여자들이 문제 풀기를 마치면 답을 제공하고, 맞은 개수를 세어 보도록 한다.

그다음 각 팀의 점수를 계산하기 위하여 팀 구성원 모두의 점수를 합치고, 각 팀의 점수를 발표한다.

6 각 팀에게 제2라운드 학습 토너먼트를 위해 학습하도록 요청한다. 이어 제2라운드 학습 토너먼트로서 보다 많은 문제를 제시하고 각자 답하게 한다. 마찬가지로 팀 점수를 구하고, 이를 1라운드 점수와 합한다.

7 이와 같이 원하는 만큼의 라운드를 돌릴 수 있지만, 각 라운드 중간에 학습할 수 있는 시간을 반드시 주도록 한다.

응용하기

1 오답에 대해 참여자들에게 −2 혹은 −3과 같이 벌점을 부여하라. 만일 빈칸으로 놔둔 문제라면 0점으로 처리하라.

2 일련의 기술을 수행하는 것을 학습 토너먼트로 진행하라.

3 한 팀은 질문을 준비하고 다른 팀은 이에 대한 답을 하는 역할을 라운드마다 돌아가며 맡도록 하라.

적용 사례

인적자원관리(HRM)에 관한 과정에서 교수자는 미국 장애인법에 대한 정보를 각 팀에게 제공하고 이를 학습하도록 한다. 제1라운드 학습 토너먼트에서 모든 참여자들은 다음과 같은 진실 혹은 거짓 응답 형식의 테스트를 치른다. 다음은 다섯 가지 질문들이다.

- 2층 이상의 모든 새로운 빌딩은 반드시 엘리베이터를 설치해야 한다.
- 종업원 75명 이하의 조직은 법률준수로부터 면제된다.
- 어떤 직무를 위한 신체적 요구사항은 직무설명서에 제시될 수 있다.
- 새롭게 장애를 가진 종업원의 재교육훈련비용은 고용주가 모두 책임져야 한다.
- '합리적인 숙박시설'이라는 용어는 정부의 규제에 의해 명확히 규정지어진다.

교수자가 정답을 알려 주면, 참여자들은 팀 점수를 계산하기 위해 개인 점수를 합산한다. 제1라운드가 끝나면, 각 팀은 제2라운드 토너먼트를 준비하기 위해 더 많은 정보를 학습한다.

49 두 명의 힘

개요

이 활동은 협력학습을 증진시키고, '백지장도 맞들면 낫다'라는 시너지 효과의 중요성과 이점을 강화하기 위해 이용된다.

절차

1 빔 프로젝터나 화이트보드, 플립 차트 등에 학습주제에 관련된 질문들을 나열한다.

2 참여자들에게 개인적으로 그 질문들에 대한 대답을 생각해 보도록 한다.

3 모든 참여자들이 자신의 대답에 대해 생각하기를 마치면, 짝으로 그룹을 만들어 그 대답을 서로 공유하도록 한다.

4 짝 그룹에게 각자의 대답들을 발전시키면서, 각 문제에 대한 새로운 답을 만들어 보도록 한다.

5 모든 짝들이 새로운 답을 써 내면 다른 팀들과 그것을 비교하도록 한다.

응용하기

1 전체그룹으로 하여금 각 문제에 대한 최고의 답변을 선택하도록 하라.

2 시간 절약을 위해 모두에게 같은 질문을 답하게 하는 것보다는 각 짝에게 특정 질문을 배정하라.

적용 사례

소매점 매니저를 대상으로 하는 수업에서 교수자는 다음의 질문들을 화이트보드에 적어 놓는다.

- 당신의 가게에서 물건을 찾고 있는 고객을 돕기 위해 당신이 할 수 있는 일은 무엇입니까?
- 상품의 포장에 표시되어 있는 것 이상의 정보를 제공하기 위하여 당신은 무엇을 할 수 있습니까?
- 당신 가게에서의 쇼핑이 고객들에게 더 재미있는 경험이 될 수 있도록 하기 위해 당신이 할 수 있는 일은 무엇입니까?

참여자들은 각 질문들에 대해 자신의 대답을 생각해 보고 짝과 서로의 것을 비교해 본다. 그리고 협력하여 공동의 새로운 답을 만들어 본다.

50 팀 조사연구

개요

팀으로 정보를 모으고, 아이디어를 얻고, 문제를 풀도록 소그룹을 동원하는 많은 방법이 있다. 이것은 모든 교육훈련 프로그램에 액티브한 학습이 가능하도록 하는 훌륭한 전략이다.

절차

1 참여자들을 2~6명으로 구성된 팀들로 조직한다.

2 다음의 팀 조사연구 방법 중 하나 혹은 그 이상의 방법들을 활용한다.

- 팀들에게 특정 장소에서 찾을 수 있는 정보를 줌으로써 '물건 찾기 게임(scavenger hunt)' 형식의 활동을 만들어라.
- 팀들에게 당신이 준 질문 세트에 대한 답변을 얻도록 하기 위해 인터뷰할 사람들의 목록을 제공하라.
- 참여자들에게 다른 사람들을 지켜보며 관찰할 수 있는 기회를 제공하라.
- 팀들에게 해결해야 하는 문제 세트를 부여하고 참고 자료를 제공하라.
- 팀들에게 자신들 스스로 수행할 수 있는 하나 혹은 그 이상의 학습활동이나 게임을 제공하라.

3 팀들에게 자신이 경험한 것과 발견한 것을 발표하도록 한다. 패널 토론이나, 서로 다른 그룹의 구성원들을 섞어 작은 토론 그룹으로 만드는 것을 고려한다.

적용 사례

한 고객서비스 프로그램에서 참여자들은 몇 개의 사업장이 있는 지역으로 이동한다. 참여자들은 둘씩 짝을 지어 최소한 다섯 개의 사업장을 방문하고, 각 사업장의 고객서비스(또는 부족한 점)를 관찰해야 한다. 참여자들은 사업장을 방문하는 동안에 자신들의 관찰에 대하여 파트너와 지속적으로 토론을 하고, 고객서비스가 부족한 사업장의 고객서비스를 개선하기 위해 무엇을 할 수 있는지 브레인스토밍을 하도록 요청되었다. 팀 조사연구 활동에서 돌아온 후에, 참여자들은 올바른 고객케어에 대한 자신들의 원칙을 개발하는 과제를 부여 받았다. 전체그룹으로서 참여자들은 고객들을 상대하는 자신들의 업무에 이러한 원칙을 적용하기 위한 구체적인 방법에 대해 토론한다.

동료 교수법

아리스토텔레스는 "가르치는 것은 이해의 최고 형태다."라고 말한 바 있다. 최근 전문가들도 이에 동의한다. 전문가들은 학습자가 학습내용을 다른 사람에게 가르칠 수 있을 때에야 비로소 그것을 완전히 이해했다고 믿는다. 동료 교수법은 참여자들에게 어떤 것을 잘 배울 수 있는 기회를 제공하는 동시에 서로를 위한 학습자원이 될 수 있는 기회도 준다.

다음에 제시되는 전략들은 교육훈련의 맥락에서 동료 교수법을 수반하는 실제적인 방법들이다. 또한 필요하다면, 이 방법들은 교수자로 하여금 참여자가 수행한 교수(teaching)를 보충하도록 한다.

51 그룹 대 그룹 교환

개요

이 전략에서는 각 소그룹들에게 서로 다른 과제가 주어진다. 각 소그룹들은 자신들이 학습한 것을 나머지 그룹에게 '가르친다'. 이 활동은 서로 다른 생각, 입장, 개념 혹은 접근법이 있는 주제에 대하여 관점의 활발한 교환을 촉진한다.

절차

1 관점의 교환(논쟁과는 다름)을 촉진하는 주제를 선정한다. 다음은 이에 관한 사례들이다.

- 판매를 잘하기 위한 두 가지 접근법들
- 직원의 업무성과를 향상시키는 다른 방법들
- 프로젝트 관리 방법

2 참여자들을 주제에 따른 입장만큼이나 많은 소그룹으로 나눈다. 대부분의 경우, 이 활동을 위해서는 2~4개의 소그룹이 적당하다. 각 소그룹에게 선정된 주제에 대한 적절한 배경지식을 제공한다. 각 소그룹에게 할당된 주제의 관점에 대해 발표를 준비하도록 30분을 준다. 예를 들면, 주제가 이러닝이라면, 한 그룹은 동시적인 이러닝 전략을 발표할 수도 있고, 다른 그룹은 비동시적인 이러닝 전략을 발표할 수도 있다.

3 발표 준비가 완료되면, 각 소그룹별로 발표자를 선정한다. 각 발표자는 다른 그룹으로 가서 발표를 한다.

4 간략한 발표 후에, 참여자들이 발표자에게 질문을 하거나 자신들의 견해를 말해 보도록 한다. 발표자가 속한 그룹의 다른 구성원들도 대답할 수 있게 한다.

5 각 소그룹들이 모두 자신의 관점을 표현하고 청중의 질문이나 의견에 대답할 때까지 남은 발표를 계속한다. 그러고 나서 교환된 관점들을 비교하고 대조한다.

응용하기

1 발표 준비를 위해 시간을 충분히 주어라. 자신들의 발표 전에 그 주제에 대해 다양한 조사를 수행하게 하라.

2 각 소그룹들의 발표를 위해 패널이나 피쉬볼 토론 형식을 이용하라.

적용 사례

갈등관리에 대한 수업에서 교수자는 참여자들을 다음에 나오는 3가지 갈등관리 스타일에 따라 3개의 소그룹으로 나눈다.

- 협력적: 윈-윈 해결책을 찾는다. 즉, 협력적 노력으로 문제에 접근한다.
- 경쟁적: 갈등을 이기고 지는 대결 상황으로 본다. 즉, 다른 입장을 공격하고 어떻게든 이기고자 한다.
- 회피적: 갈등이 존재하지 않는다고 여기거나, 이것을 무시하면 결국엔 사라질 것이라고 생각한다. 즉, 어떠한 종류의 대립도 불편하게 생각한다.

각 소그룹은 할당된 스타일의 특성을 연구하고 나머지 그룹들에게 발표를 한다. 이어서 전체그룹은 세 가지 스타일에 대해 토의한다.

52 직소 학습

개요

직소(jigsaw) 학습은 51번 전략 '그룹 대 그룹 교환'과 비슷한 방식이지만, 모든 참여자들이 무언가를 가르친다는 것이 한 가지 중요한 차이점이다. 이 방법은 학습내용을 여러 부분으로 나눌 수 있고, 부분 부분이 순차적으로 가르쳐야 할 필요가 없는 병렬적인 내용인 경우 이용할 수 있는 흥미로운 대안이다.

절차

1 여러 부분으로 나뉠 수 있는 학습자료를 선택한다. 하나의 부분은 한 문장만큼 짧거나, 여러 페이지 정도의 긴 분량일 수 있다(만약 학습자료가 길다면 참여자들에게 수업 전에 읽어 오도록 한다.). 적절한 학습자료의 사례는 다음과 같다.

- 여러 개의 요점들이 있는 유인물(예, 200가지 팁 중 '그룹 구성을 위한 10가지 전략' 참조)
- 여러 부분들로 나뉘어 있거나 혹은 소제목들을 가진 교재
- 정의에 관한 목록
- 잡지 길이의 기사들이나 혹은 짧은 글들

2 학습할 부분 및 학습자의 수를 헤아린다. 공정한 방식으로 각 소그룹들에게 서로 다른 과제를 부여한다. 예를 들면, 12명의 학습자가 있고, 학습자료는 세 부

분으로 나뉠 수 있다고 가정하면, 학습자들을 4인조 스터디 그룹으로 나눈 후 각 그룹에게 한 부분씩 할당한다. 그리고 각 그룹에게 자신들에게 할당된 학습 자료를 읽고, 토의하며, 학습하도록 요청한다(만약 원한다면, 먼저 2인 1조로 구성된 짝 그룹을 만들고 뒤에 두 짝 그룹을 합쳐 4인조 그룹으로 만들 수도 있다.).

3 학습시간이 끝나면, 이번엔 '협력학습' 소그룹 형태로 만든다. 각 소그룹들은 모든 스터디 그룹의 대표자를 포함한다. 앞의 예시에서, 각 4인조 스터디 그룹의 구성원들에게 각각 1, 2, 3, 4의 숫자를 부여한다. 같은 숫자를 가진 참여자들끼리 모아 '협력학습' 소그룹을 구성한다. 그 결과 4개의 3인조 그룹이 만들어진다. 각 3인조 그룹은 서로 다른 부분을 학습한 학습자들로 구성된다. 이것을 다이어그램으로 나타내면 다음과 같다.

[전체그룹 구성]

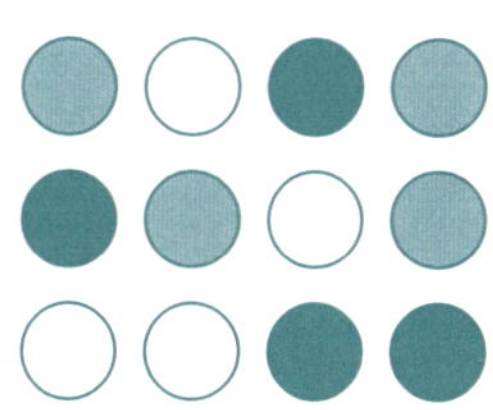

[스터디 그룹]

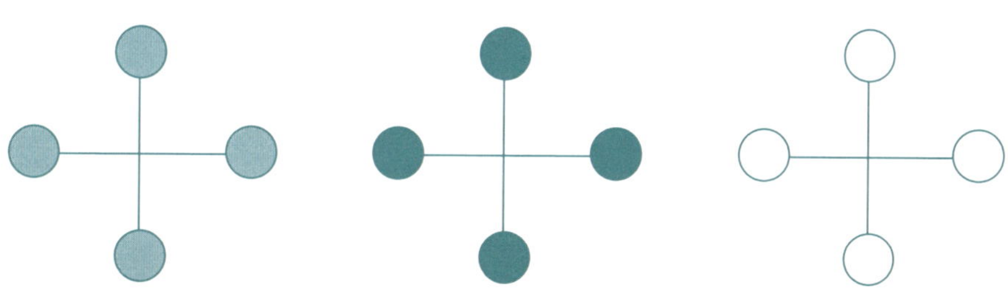

[협력학습 그룹]

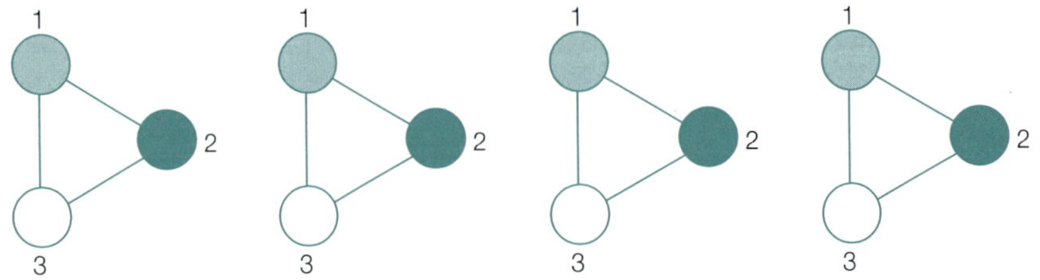

4 협력학습 그룹의 각 구성원들에게 자신들이 학습한 것을 서로서로 가르치도록 한다.

5 리뷰 및 (정확한 이해를 위해) 남은 질문에 대답하기 위하여 전체그룹으로 다시 모은다.

응용하기

1 많은 경우에 참여자들의 수는 학습자료의 수만큼 똑같이 나누어떨어지지는 않는다. 이런 경우에는 소그룹 대신에 학습 파트너를 이용함으로써 조정할 수 있다. 학습자료를 두 부분으로 나누고 두 사람에게 각각 할당하라. 예를 들면, 7가지의 요점이 있는 유인물에서 한 사람에게는 1번부터 4번까지의 내용을, 다른 사람에게는 5번부터 7번까지의 내용을 할당한다. 같은 부분을 할당 받은 구성원들로 짝 그룹들을 만들도록 한다. 그러고 나서 자신들이 공부한 것을 서로에게 가르치기 위해 원래의 짝을 만나도록 한다.

2 인지적인 정보가 아닌 기술들을 같은 방식으로 할당하라. 각자가 학습한 기술을 서로에게 가르치게 하라.

적용 사례

미국에서 할 수 있는 비즈니스에 관한 수업에서 교수자는 비즈니스를 위한 다양한 회사 형태에 대해 다룬다. 교수자는 아래의 각 회사 형태들을 설명하는 유인물을 만든다.

- S 코퍼레이션(S Corporation, 소규모회사)
- C 코퍼레이션(C Corporation, 주식회사)
- 파트너십(Partnership, 무한책임합자회사)
- 단독소유기업(Sole Proprietorship)
- 제한된 파트너십(Limited Partnership, 유한책임합자회사)

5개의 스터디 그룹을 만들고, 각 그룹에게 이 회사들 가운데 하나를 할당하여 다른 사람에게 설명할 수 있을 정도로 학습하도록 한다.

5개의 각 스터디 그룹들로부터 온 사람들(각 그룹에서 한 사람씩)로 새로운 그룹을 편성한다. 각 사람은 자신이 공부한 회사 형태에 대해 그것의 특징, 그리고 이점 및 약점을 지적하면서 다른 사람들에게 가르친다.

53 모두가 선생님

개요

이 방법은 모든 학습자들의 참여와 개인적 책임을 얻기 위한 하나의 쉬운 전략이다. 이 전략은 모든 참여자들에게 다른 참여자들에 대하여 '선생님'으로서 활동할 수 있는 기회를 제공한다.

절차

1 각 참여자들에게 한 장의 색인 카드를 나누어 준다. 거기에 수업에서 학습하는 내용에 관한 질문이나 토론하길 원하는 특정 주제를 적어 보도록 한다.

2 카드들을 모은 후 섞고, 각 참여자들에게 한 장씩 나누어 준다. 참여자들에게 그 카드에 있는 질문이나 주제를 조용히 읽어 보고 그에 대한 답변을 생각해 보도록 한다.

3 지원자들을 초청해 자신들이 받은 카드를 소리 내어 읽게 하고, 그에 대한 답변을 하게 한다.

4 답변 후에는 다른 사람에게 그 지원자의 답변을 보충하도록 한다.

5 지원자가 있는 한 계속한다.

응용하기

1 모은 카드를 그대로 가지고 있어라. 응답자들로 패널을 구성하라. 각 카드를 읽고 패널리스트들이 이에 대해 토론하도록 하라. 패널리스트들을 자주 교체하라.

2 참여자들에게 학습내용에 대해 자신들이 가지고 있는 의견을 카드에 적도록 하라. 지원자들에게 자신의 의견을 전체그룹과 공유하도록 하고, 다른 참여자들에게는 그 제안된 의견에 대해 동의하는지 동의하지 않는지를 묻도록 하라.

적용 사례

은퇴설계에 관한 수업에서 참여자들은 은퇴설계 옵션들에 대한 자료를 읽는다. 참여자들이 제기한 몇 가지 질문들은 다음과 같다.

- 은퇴를 위한 설계는 얼마나 빨리 시작해야 합니까?
- 개인연금과 국민연금의 차이점은 무엇입니까?
- 은퇴를 준비하기 위해 한 달에 얼마를 저축해야 합니까?
- 연금보험이 무엇입니까?
- 은퇴자는 어떤 종류의 투자 전략(investment mix)을 가져야 합니까?

교수자는 참여자들에게 서로의 질문에 대답하는 것을 허락하고, 위에 제시한 절차를 따라 수업을 진행한다.

54 동료 교수법

개요

이는 동료를 가르치는 것에 대한 온전한 책임을 그룹 구성원들에게 지우는 피어(peer) 티칭을 촉진하는 전략이다.

절차

1 참여자들을 소그룹으로 나눈다. 가르칠 주제만큼 소그룹들을 구성한다.

2 각 소그룹들에 다른 참여자들에게 가르칠 정보, 개념 또는 기술을 부여한다. 예시 주제들은 다음과 같다.

- 재택근무 방법
- 케이블 선 잇기
- 직원의 업적평가
- 윈-윈 계약을 위한 협상방법

3 각 소그룹들로 하여금 나머지 참여자들에게 자신의 주제를 어떻게 가르칠지에 대해 생각해 보도록 한다. 강의식 발표는 피하도록 하고 참여자들이 가능하면 액티브하게 참여할 수 있는 방법들을 생각해 보도록 한다.

4 소그룹에게 다음의 방법을 고려해 보도록 제안한다.

- 시각적인 보조자료
- 시범적인 상황극
- 사례 그리고(또는) 비유
- 토론, 퀴즈게임, 작문과제, 역할놀이, 상상하기 또는 사례연구를 통한 참여
- 질문과 대답들

당신은 이 책에서 제시한 다양한 전략들을 제안할 수도 있다.

5 기획과 준비를 위한 충분한 시간을 부여한다(수업시간 동안 또는 그 외의 시간). 그 후 각 소그룹에게 준비한 것을 발표하도록 한다. 교수자는 각 소그룹들의 노력을 칭찬해 준다.

응용하기

1 소그룹 교수 대신에, 참여자들에게 개인적으로 혹은 소그룹 안에서 다른 참여자를 가르치도록 하라.

2 프레젠테이션 전에 소그룹들이 참여자들에게 읽기 과제를 마치도록 요구하는 것을 허용하라.

적용 사례

진로계획에 관한 과정에서 교수자는 그룹을 다섯 개의 소그룹들로 나누고 각 그룹에게 다음의 주제 중 하나씩을 할당한다.

- 당신의 기술과 성취를 평가하기
- 네트워킹 기술
- 이력서 준비하기
- 구직 자원
- 당신의 인터뷰 기술들을 발전시키기

소그룹들은 다음과 같이 자신들의 주제를 발표한다.

- '기술(skill) 평가' 주제를 할당 받은 소그룹은 자기평가 설문지를 준비하고 참여자들에게 교육 시간 동안 그것을 작성해 줄 것을 요청한다.
- '네트워킹 기술' 소그룹은 패널 구성원들이 네트워킹 기술을 개발하는 데 이용해 온 개인적 경험과 기법들을 공유하는 패널 토론을 통해 그것의 핵심 내용을 발표한다.
- '이력서'를 발표하는 소그룹은 참여자들이 분석할 수 있도록 좋은 사례의 이력서와 나쁜 사례의 이력서들을 모은다.
- 다수의 이용 가능한 '구직 자원'을 전달하기 위해, 이 주제를 할당 받은 소그룹은 참여자들이 완성할 수 있도록 가로세로 낱말퍼즐을 준비한다.
- '인터뷰 기술' 소그룹은 인터뷰를 할 때 해야 할 것과 하지 말아야 할 것을 나타내는 상황극을 보여 준다.

55 참여자가 만드는 케이스 스터디

개요

케이스 스터디(case study)는 가장 좋은 학습방법 중의 하나로 널리 알려져 있다. 전형적인 케이스 토론은 하나의 구체적인 상황이나 사례, 취해야만 하는 행동, 학습될 수 있는 내용들, 그리고 미래에 닥칠 상황을 다루거나 피할 수 있는 방법과 관련된 쟁점에 초점을 맞춘다. 여기에 제시되는 기법은 참여자들에게 자신의 케이스 스터디를 만들 수 있도록 해 준다.

절차

1 참여자들을 둘 혹은 셋씩으로 나눈다. 각 짝에게 그룹의 나머지 사람들이 분석하고 토론할 수 있는 하나의 케이스 스터디를 개발하도록 요청한다.

2 케이스 스터디의 목적은 해당 주제를 반영하는 하나의 구체적인 상황이나 사례를 조사함으로써 그 주제에 대해 배우는 것임을 알려 주는 것이다. 다음 사례들 가운데 몇 개를 제공한다.

- 인사고과 평가서는 직원들을 어떻게 효과적으로 평가할 수 있는지 연구하기 위해 분석될 수 있다.
- 한 회사의 승계계획(succession planning) 프로그램에 관한 보고서는 승진 정책을 연구하는 데 이용될 수 있다.
- 매니저와 직원 사이의 대화는 정적강화를 제공하는 방법에 대해 학습하기 위

하여 검토될 수 있다.

- 합병을 추진하고 있는 어느 회사의 경영진에 의해 취해진 조치들은 조직변화를 학습하기 위해 연구될 수 있다.

3 둘 혹은 셋씩 묶인 각 그룹에게 학습주제와 관련된 하나의 토론 쟁점이나 혹은 해결해야 할 문제를 제기하는 짧은 케이스 상황(100~200단어 길이)을 개발하도록 적절한 시간을 제공한다. 참여자들에게 다음의 지침을 제공한다.

- 케이스 스터디는 하나의 실제 사례나 혹은 개발된 것일 수 있다.
- 무엇이 옳고 그른지가 분명한 것보다는 도전적이고 포착하기 쉽지 않은 것을 개발하라.
- 서로의 다른 관점들을 용인하라.

4 케이스 스터디 개발이 완료되면, 소그룹별로 참여자들에게 그것을 발표하도록 한다. 소그룹의 한 구성원에게 케이스 토론을 진행하도록 허용한다.

응용하기

1 사전에 다른 참여자들을 위해 케이스 스터디를 준비할 몇 사람의 지원자를 선발하라(케이스 스터디를 준비하도록 하는 것은 하나의 훌륭한 학습과제다.).

2 소그룹들을 짝수로 구성하라. 소그룹들을 짝으로 엮고 서로 케이스 스터디를 교환하도록 하라.

3 당신 자신의 케이스 스터디를 제공하라(Jean Barbazette, 『Instant Case Studies』 참조).

적용 사례

성희롱에 관한 세션에서 네 개의 소그룹은 다음의 케이스 스터디를 개발하였다.

1 세리는 조선소에서 일하는 여자 용접공이다. 여성의 누드 사진과 세미 누드 사진들이 빌딩 도처에 붙어 있고, 벽에는 다양한 사람들에 대한 외설적인 낙서가 가득하다. 남자 직원과 감독관들은 세리에게 음란한 말들로 놀렸고, 또한 "여자 주위에서 일해야 하는 것보다 나쁜 것은 없지."라고 말했다.

2 존(John)은 군대 EEO(Equal Employment Opportunity, 평등고용기회) 사무실 실장이었다. 존은 자주 여직원에게 "오케이, 베이비."라든가 "이봐, 아가씨."라고 말했다. 존은 퇴근하려는 그녀에게 고함을 지르곤 했고, 심지어는 문을 잠가 이를 막으려고도 했다. 한번은 동료 매니저에게 '읽지도 쓰지도 못하는 바보 여직원'을 데리고 있다고 불평하기도 했다.

3 진희는 미연에게 주어졌던 승진을 원했다. 사무실에 있는 모든 사람들은 미연이 승진 결정권을 가지고 있는 남자 상사와 관계를 했다는 것을 알고 있다. 그 상사는 직장에서 여자 부하들을 '암컷들'이라고 부르곤 했으며, 몇몇 여자 부하들과 가졌던 성적인 경험을 자랑하였다. 심지어는 진희에게 "미연이가 나를 매우 기분 좋게 해 주었기 때문에 승진을 한 거야."라고 말했다.

4 세진은 그의 상사와 2년 가까이 바람을 피워 왔다. 그녀는 언제나 그에게 관심이 있었고 그의 비서 자리가 났을 때 비서가 되기 위한 기회를 잡았다. 그녀는 외설적인 말과 함께 저녁식사에 그를 초대하여 사적인 관계를 시작했다. 세진이 그와의 관계를 끝내려고 했을 때, 그녀의 상사는 매우 당황했고 끝내지 말 것을 간청했다. 어쨌든 세진은 그와 결별했다. 그러고 나서 세진은 부정적인 인사고과를 받기 시작했고 사소한 위반도 기록되었다. 세진은 자신의 성과에 대한 끊임없는 비판 때문에 마침내는 회사를 그만두었다.

각 소그룹의 대변인은 각 케이스에 대한 토론을 수행한다. 질문은 다음과 같은 범주에 들어간다.

- 토론 시작 질문: "이것은 성희롱입니까? 왜 그런가요? 혹은 왜 그렇지 않은가요?"
- 탐색적인/도전적인 질문들: "이 케이스에 어떤 성희롱 지침이 적용됩니까?"
- 적용 질문들: "이것이 직장에 어떻게 영향을 줍니까?"
- 예언적인/가설적인 질문들: "만약 당신이 '희생자'라면 어떻게 하시겠습니까?"
- 분석적인/평가적인 질문들: "그 케이스 시나리오의 어떤 부분이 가장 해롭습니까?"
- 요약 질문들: "이것이 어떻게 매니저로서의 당신의 역할과 관련되어 있습니까?"

56 포스터 세션

개요

이 대안적인 발표 방법은 상상력을 사로잡고, 아이디어의 교류를 가능케 하며, 참여자들에게 간단히 알려 줄 수 있는 훌륭한 방법이다. 또한 이 기법은 참여자들에게 위협적이지 않은 환경에서 학습주제에 관한 자신의 인식과 감정을 표현할 수 있도록 하는 새롭고 생생한 방법이다.

절차

1 각 참여자들이 교육훈련의 일반적 주제와 관련된 하나의 주제를 선택하도록 한다.

2 각 참여자들에게 포스터 보드나 플립 차트에 자신의 개념을 시각적으로 나타내는 것을 준비하도록 한다. 포스터의 표현은 관찰자들이 어떤 부가적인 설명이 없어도 쉽게 이해할 수 있도록 분명해야 한다. 그러나 참여자들은 관찰자의 이해를 돕기 위해 세부사항 등에 관한 한 페이지 정도의 유인물을 준비할 수도 있다.

3 지정된 시간 동안, 참여자들은 자신의 시각적인 프레젠테이션 자료를 게시하고, 자유롭게 방을 돌아다니면서 다른 사람들의 포스터를 참관하고 그에 대해 토론한다.

4 수업 종료 15분 전에, 모든 참여자들을 다시 모으고 그 활동을 통해 자신들이 발견한 가치 있는 것에 대해 토론하도록 한다.

응용하기

1 특별히 만약 주제가 어떤 범위에 한정되어 있다면, 개인별로 과제를 주기보다는 두 명 또는 세 명으로 팀을 구성하라.

2 포스터 세션에 이어 포스터를 전시한 사람들을 패널리스트로 초청하여 패널 토론을 하라.

적용 사례

스트레스 관리에 관한 교육훈련 프로그램에서 교수자는 다음의 하위주제들을 할당하였다.

- 스트레스의 원인
- 스트레스의 증상
- 자신 및 다른 사람에게 미치는 스트레스의 영향
- 스트레스를 줄여 주는 것

한 참여자는 다음의 그림들을 보여 주는 포스터 전시를 통해 스트레스의 증상을 분명히 보여 준다.

- 몸무게를 재고 있는 비만인
- 술을 마시고 있는 사람
- 다투고 있는 두 사람
- 두통이 있는 사람

각 그림 아래에는, 스트레스를 받는 사람이 어떻게 그리고 왜 그러한 증상들을 보이는지를 설명하는 짧은 안내가 들어 있다.

액티브한 이러닝

이러닝은 액티브한 학습을 위한 강력한 기회를 제공한다. 동시적, 비동시적 교육훈련 모두에서, 이 책에 있는 많은 전략들은 온라인 학습에 적용될 수 있다. 예를 들면, 이메일과 채팅방을 이용하여 온라인상에서 직소 학습을 수행할 수 있다. 또한 학습자들의 관심을 끄는 데 독특한 능력을 지닌 테크놀로지들을 이용할 수도 있다. 대표적인 사례가 컴퓨터 기반 시뮬레이션이다.

대부분의 사람들은 이러닝을 사람들이 독립적으로 하는 무언가로 가정한다. 그들은 이러닝을 자신의 페이스대로 할 수 있는, 자기주도적인 활동의 궁극적인 형태로 본다. 그러나 화상회의, 채팅방, 온라인상의 소그룹 활동 등을 가능하게 하는 지원 플랫폼의 출현으로, 테크놀로지를 이용하는 협력적, 상호의존적 학습을 위한 많은 기회들이 생겼다.

다음에 제시되는 몇 가지 흥미로운 전략들은 동시적 혹은 비동시적 상태에서 상호작용적인 이러닝을 촉진시킨다. 심지어 이메일과 같은 간단한 도구도 이용될 수 있다.

57 이메일을 이용한 의견교환

개요

온라인상의 학습자들 사이에 의견교환을 촉진시키기 위하여 이메일을 이용하는 다양한 방법이 있다. 이런 의견교환은 대부분 며칠 혹은 몇 주일에 걸쳐 수행된다.

절차

1 참여자들에게 그들의 적극적인 공헌이 요구되는 주제를 알려 준다. 가능한 몇 가지의 사례가 아래에 제시되어 있다.

- 비윤리적인 사업관행들에 대한 시각들
- 신상품에 관한 사실들
- 조직의 프로세스 개선을 위한 아이디어들
- 시험 질문들에 대한 답변들

2 참여자들에게 답변을 이메일로 보내 줄 것을 요청한다. 너무 많은 데이터로 인해 과부하가 걸리지 않도록 답변하는 이메일의 수를 제한한다. 또한 참여자들이 반드시 답변을 제출해야 하는 기한도 알려 준다.

3 참여자들에게 받은 답변을 종합한 후, 그 결과를 알려 준다.

4 참여자들에게 그 결과에 대한 의견을 물어보고, 마찬가지로 그 의견들을 공개한다.

응용하기

1 참여자들을 두 그룹으로 나누고 그들에게 상대 팀 구성원들의 답변을 독자적으로 평가하도록 함으로써 이러한 의견교환을 게임으로 만들어라. 또는 전문평가 패널을 만들어 이용하거나 가장 좋은 의견에 대해 포상하라.

2 소그룹들을 위한 '연쇄[행운의] 편지' 교환을 구상하라. 참여자들이 자신의 의견을 쓰고 그것을 누구에게 보낼지 차례를 지정하라.

적용 사례

한국과 중국에 지점을 두고 있는 어느 대규모 유통회사로부터 온 50명의 이러닝 참여자들에게 '고정관념을 탈피'해서 자신들의 지점에서 고객서비스를 향상시킬 수 있는 한 가지 아이디어를 제안하도록 요구한다. 이미 나와 있는 아이디어는 제거한다. 퍼실리테이터는 그 아이디어들을 모으고, 다시 참여자에게 보낸다. 그러고 나서 참여자들에게 가장 좋은 3개의 아이디어를 선택하도록 요청한다. 최고 득점을 얻은 아이디어들을 발표하고, 그 최초 기여자들에게 포상한다.

58 ○○님께 드리는 편지

개요

온라인 과정은 거의 모든 주제에 대하여 수업 토론에 학습자들을 참여시키기 위해, 참여자들의 조언을 구하는 이런 형식의 방법을 이용할 수 있다. 참여자들로 하여금 당신이 개발한 '○○님께 드리는 편지'에 응답하게 함으로써, 당신은 그들이 다양한 주제나 쟁점에 대해 탐색하는 것을 도울 수 있다.

절차

1 먼저 3~5명 정도의 참여자들로 구성된 협력그룹을 만든다.

2 각 그룹들을 위한 비동시적인 토론방을 개설한다.

3 추가로 당신이 개발한 편지에 답변할 수 있는 토론방을 만든다.

4 학습내용의 적용을 요구하는 실제 상황의 문제해결을 위해, 그룹들의 조언을 구하는 '○○님께 드리는 편지'를 개발한다. 편지에는 4개의 요소가 필요하다. 도입, 배경 및 맥락, 해결되어야 하는 문제 혹은 내려져야 할 결정, 그리고 조언의 요청 등이다.

5 각 그룹에게 편지를 보낸다.

6 각 그룹의 참여자들에게 편지에 기술된 문제를 해결하는 데 유용한 다양한 자원을 이용하면서 편지에 대한 답변을 함께 모색해 보도록 한다.

7 각 그룹에게 미리 지정된 토론방에 자신들의 답변을 게시하도록 한다.

8 참여자들에게 다른 그룹들이 게시한 답변을 검토하도록 권장한다.

응용하기

1 대안으로, 소그룹 대신에 개인 참여자들 혹은 전체를 대상으로 편지를 보내라.

2 당신의 답변을 제공하고, 그에 대한 반응을 구하라.

적용 사례

아래는 '○○님께 드리는 편지'의 예시다.

○○님께

저는 우리 회사의 성과개선 측정 실행 방법에 대하여 ○○님의 조언을 구하기 위해 이 편지를 쓰고 있습니다. 저는 몇 주 전에 한 기업교육업체에 입사하여 적응하느라 정신이 없습니다. 입사한 지 5주 만에, 현재는 고객 맞춤 교육개발팀을 이끌고 있습니다.

우리 회사는 기업 고객들을 대상으로 고객 맞춤형 테크놀로지 교육훈련을 개발하고 제공하는 작은 회사입니다. 그리고 다양한 일반적인 컴퓨터 기술교육을 제공하고 있습니다. 모든 교육은 강의실 기반이며, 저는 교육설계 및 개발 팀을 이끌고 있습니다.

강의 직원 교체에 대한 고객 불만이 점점 늘고 있습니다. 어느 프로젝트는 유능한 강사로 시작하지만, 덜 준비된 다른 강사로 마무리하기도 합니다. 고객들은 서로 다른 강사가 매번 그 회사에 대한 배경지식 없이 강의하는 것에 대해 더 이상 안심하지 못하고 있습니다.

제가 어떻게 해야 할까요?

끝까지 읽어 주셔서 감사합니다.

강지한 드림

59 응용문제

개요

이것은 실시간(synchronous) 이러닝을 위한 전략이다. 참여자들은 그들이 공부하고 있는 주제와 관련된 정보를 미리 읽음으로써 활동을 준비하며, 교수자는 참여자가 대답해야 하는 일련의 응용문제들을 제기한다. 답변들은 게시되고 검토된다.

절차

1 실시간 이러닝 수업 전에 참여자들에게 읽기 과제를 부여한다.

2 수업 전에 읽게 한 콘텐츠에 기반을 두어 참여자들에게 제시할 응용문제들을 만든다.

3 실시간 플랫폼을 이용하여, 학습주제와 관련된 제목을 단 화이트보드를 띄운다.

4 참여자들에게 워드 작업을 할 수 있는 문서를 열게 함으로써 수업을 시작한다.

5 채팅방에 약 1분에 한 개씩 일련의 문제들을 게시할 것이라고 알린다. 참여자들은 이 모든 문제들에 대답을 해야 한다.

6 참여자들이 모두 끝마치면, 동료들의 대답을 리뷰할 수 있는 시간을 준다. 또한 동료의 대답에 대해 의견을 이야기하거나 서로에게 질문할 수 있는 기회를 부여한다.

7 한 참여자의 대답을 선택하고, 그 텍스트를 복사한 후에 화이트보드에 붙여 넣는다(좋은 토론을 이끌어 낼 수 있을 것 같은 대답을 선택한다.). 오디오를 이용하여 그 답변에 대한 토론을 진행한다.

응용하기

채팅 기능이 복사나 붙여넣기를 지원하지 않는다면, 질문들을 채팅방에 직접 타이핑하고, 대답도 화이트보드에 복사하거나 붙여넣는 것 대신에 직접 입력하라.

적용 사례

효과적인 보상 수여에 관한 수업에서 참여자들에게 하나의 기사를 읽게 하고, 다음과 같은 응용문제들을 제시한다.

- 당신의 경험에 비추어 볼 때, 언제가 보상을 줄 수 있는 좋은 기회입니까?
- 보상을 줄 만하다고 생각하는 행동의 사례를 들어 주세요. 당신은 그 행동에 어떻게 보상하시겠습니까?
- 직원보상 프로그램의 단점은 무엇이며, 그것을 어떻게 피할 수 있을까요?

60 웹기반 정보 찾기

개요

이 전략은 학습자들로 하여금 다양한 온라인 자원들을 탐색하고 그들이 방문한 웹사이트에서 원하는 정보를 찾아보도록 하는 활동을 장려한다. 학습자들에게 특정 정보를 찾아보도록 하는 것은 그들을 즐거운 활동에 참여시킴과 동시에 필수적인 학습자원들로 이끈다.

절차

1 교육훈련 주제와 관련하여 학습자들에게 유용한 웹사이트를 선택한다(예를 들면, 기술지원, 온라인 기사들, 전문가 협회 등이 있다.).

2 각 웹사이트에서 적어도 하나의 특정 사실을 확인하고 그 사실과 관련된 질문을 만든다.

3 개발한 질문들을 학습자에게 이메일로 보낸다.

4 학습자들에게 그 질문들에 대한 답변을 당신의 이메일로 보내 줄 것을 요청한다.

5 학습자들의 과제 수행에 대해 피드백을 제공한다.

응용하기

1 참여자들에게 이러닝을 함께 수강하고 있는 다른 참여자를 위해 '웹기반 정보 찾기' 질문들을 만들게 하라.

2 이제 막 정보 찾기를 시작하는 학습자들을 위해 단서나 출발점(웹페이지)을 제공하라.

적용 사례

비즈니스 보험에 관한 과정에서 회계사들은 '손실 노출(loss exposure)'과 그들의 비즈니스 자산 및 수입/자본에 관하여 배운다. 참여자들에게 다음의 세 가지 질문에 대한 답을 찾아보도록 하기 위해 세 개의 온라인 기사를 제공한다.

- 어떤 유형의 손실 노출이 '외부적인 것'으로 분류됩니까? 두 가지 사례를 제시해 주세요.
- 어떤 유형의 손실 노출이 '합법인 것'으로 분류됩니까? 두 가지 사례를 제시해 주세요.
- 어떤 유형의 손실 노출이 '내부적인 것'으로 분류됩니까? 두 가지 사례를 제시해 주세요.

61 실시간 피드백

개요

이 방법은 참여자들에게 수업 전에 스스로 끝마쳐야 하는 과제를 부여하는 실시간 이러닝 활동이다. 이어 실시간 온라인 수업을 통해, 한 참여자를 무작위로 선정하고 그 과제에 대한 자신의 답변을 이야기해 보도록 한다. 이때 다른 모든 참여자들은 그 아이디어의 효과성에 대한 피드백을 제공한다.

절차

1 참여자들에게 실시간 수업 전에 완성해서 제출해야 하는 과제를 부여한다. 그 과제는 참여자들로 하여금 비판적으로 사고하게 하고 자신의 제안이나 해결책을 만들어 보도록 하는 사례문제나 문제해결 과업, 혹은 다른 활동들이 될 수 있다.

2 참여자들에게 자신의 해결책이나 제안을 실시간 수업 전에 보내도록 요구한다.

3 실시간 수업 시간에 무작위로 참여자 한 명을 선정하고 자신의 제안이나 해결책에 대해서 이야기해 보도록 한다.

4 모든 다른 참여자들에게 채팅방을 이용하여 피드백을 제공하도록 요청한다.

5 참여자의 이름과 함께 채팅 내용을 저장하고, 또 무작위로 선정된 다른 참여자로 넘어간다(당신이 원하는 만큼의 많은 참여자들을 선택하라).

응용하기

1 참여자 전체가 하나의 채팅방을 공유하기보다는 소규모 채팅방을 여러 개 개설해서 이용하라.

2 참여자들에게 하나의 모델을 제공하기 위해 먼저 시작하라.

적용 사례

연구방법에 관한 과정에서 교수자는 참여자들에게 소프트웨어 개발 원리에 관한 학습에 있어서 액티브한 활동 중심 학습방법이 교수자가 이끄는 수업보다 더 우수한지를 테스트하기 위한 준실험 연구를 설계하는 과제를 부여한다. 참여자들은 핵심 변인들을 어떻게 정의하고 측정해야 할지에 관한 구체적인 제안을 개발해야 한다. 이 과정을 통해 참여자들은 연구설계에 관하여 더 깊게 이해할 수 있다.

62 이러닝 저널

개요

이 방법은 이러닝 참여자들에게 글로써 자신들의 학습경험을 반추해 보도록 하고, 이를 통해 그들에게 어떤 일이 일어났는지를 의식하게 만드는 매력적인 방법이다. 이와 관련하여 널리 이용되는 기법이 학습일기나 반성일지 같은 것들이다.

절차

1 참여자들에게 경험이라는 것은 반드시 '최고의 스승'을 의미하는 것은 아니며, 따라서 개인들은 경험이 자신에게 가르쳐 준 것을 잘 분별하기 위해 그 경험들을 되새겨 보는 것이 중요하다는 사실을 설명한다.

2 참여자들에게 자신의 성찰과 학습에 대한 저널(일기)을 써 보게 한다.

3 참여자들에게 일주일에 두 번씩, 학습한 것에 대한 자신들의 생각과 감정을 써 보라고 제안한다. 그것을 e-다이어리로 (철자, 문법, 구두점 등에 대해 걱정하지 말고) 기록하도록 한다.

4 다음과 같은 범주의 일부 혹은 모두에 초점을 두고 이러닝 저널을 써서 제출하도록 한다.

- 자신들에게 불분명한 것
- 자신들이 동의하지 않은 것
- 학습경험이 자신들의 개인적 삶과 어떻게 연관되는지
- 학습경험이 자신들이 읽고, 보고, 행하는 다른 것들에 어떻게 반영되는지
- 학습경험 이후로 자신이나 다른 사람들에 관하여 관찰한 것
- 학습경험을 통해 자신들이 결론 내린 것
- 학습경험의 결과로서 자신들이 하고 싶은 것

5 학습자들이 저널을 꾸준히 쓸 수 있도록 하고, 또한 참여자들의 학습에 관하여 피드백을 받기 위하여 정기적으로 e-다이어리를 읽고 의견을 말한다.

응용하기

1 자유로운 형식 대신에 참여자들이 자신의 학습일기를 조직화할 수 있는 구조화된 양식을 제공하라.

2 강의 후에 학습일기를 작성하는 것보다 온라인 강의 중에 작성해 보도록 하라

적용 사례

관리자를 위한 멀티세션 온라인 프로그램에서 교수자는 참여자들이 프로그램이 진행되는 동안 학습일기를 씀으로써 얻을 수 있는 이점들에 대해 생각한다. 교수자는 학습주제를 확인하고 다음과 같은 질문을 참여자들에게 제시한다.

- 학습주제에 대해 여전히 알거나 이해하기를 원하는 것은 무엇입니까?
- 프로그램에서 배운 것을 바탕으로, 당신에게 보고하는 사람을 다루는 데 있어서 당신이 개선하고자 애쓰는 것이 무엇인지를 확인했습니까?

- 학습한 것들을 업무현장에 어떻게 적용했는지 간략히 써 보시오.
- 효과가 있었던 것과 효과가 없었던 것은 무엇입니까?
- 자신에게서 어떤 변화를 발견했습니까?
- 부하직원과의 관계에서 경험한 변화는 무엇입니까?
- 자신의 업무상황에 대한 이 프로그램의 적용 가능성과 관련된 관찰이나 결론은 무엇입니까?

교수자는 각 참여자들에게 세션들 사이에 질문들 중 일부 혹은 전부에 응답하도록 제안한다. 교수자는 지속적으로 응답을 수집한다. 세션을 모두 마치면, 교수자는 저널을 쓰는 것의 가치에 대한 참여자들의 반응을 요구한다.

정서지능

정서지능 활동은 참여자들이 고객서비스, 팀워크, 변화, 다양성 그리고 의사소통과 같은 쟁점들에 관하여 자신들의 감정, 가치 그리고 태도들을 검토하는 데 도움을 준다. 심지어는 가장 기술적인 교육훈련 주제도 정서적인 쟁점들을 포함한다. 예를 들면, 만약 참여자들이 직무안전 요구사항에 적대적이라면 안전교육이 무슨 소용이 있겠는가? 만약 참여자들이 그들 스스로 확신하지 못한다면 컴퓨터 교육훈련이 무슨 소용이 있겠는가? 만약 참여자들이 현재의 프로세스들을 바꾸는 것에 저항한다면 프로세스 매핑 수업이 무슨 소용이 있겠는가?

몇몇 교수자들은 이미 어떤 견해를 가지고 있는 사람에게 그 견해를 설파하려고 이 활동들을 사용하는 실수를 한다. 정서지능 활동의 액티브한 부분은 활동뿐만 아니라 그것으로부터 흐르는 대화다. 참여자들로 하여금 자신의 감정과 신념을 검토하도록 하기 위해서는 안전하고 비판적이지 않은 환경에서의 성찰과 토론을 필요로 한다.

다음에 제시되는 전략들은 오늘날 많은 교육훈련 주제들에 수반되는 감정, 가치, 그리고 태도에 대한 인식을 높이기 위해 고안되었다. 이들 전략들은 부드럽게 참여자들에게 자신의 신념을 검토하게 하고, 어떤 일을 하는 새로운 방법에 대해 자신이 헌신적인지를 자문하도록 한다.

63 놀래키기

개요

놀래키기(Jolt)는 참여자들이 보통 당연시하는 것이나 테스트되지는 않았지만 그냥 가정하는 것들에 대해 놀라게 하는 빠르고도 극적인 활동이다. 이 활동은 진지한 대화로 자연스럽게 넘어갈 수 있게 한다.

절차

1 당신이 강한 감정들을 이끌어 내기를 원하는 강한 주제를 고른다. 선정 주제의 영역들은 다음의 사례들을 포함한다.

안전	팀워크	프로세스 개선
다양성	변화	자기 책임
의사소통	고객서비스	전략 기획

2 참여자들을 '놀래키기' 위한 세 가지 방법을 고려한다. 하나는 참여자들로 하여금 자신들을 놀라게 하는 정보와 맞닥뜨리게 한다(예를 들면, 해고된 모든 직원들의 90%는 대인관계 기술의 부족으로 회사에서 해고된다.). 두 번째 방법은 참여자들에게 어떤 것을 해 보도록 요청하고, 그 결과를 관찰하며 그것의 시사점에 대해

논의한다(예를 들면, 참여자들에게 팔짱을 끼어 보도록 요청한다. 그러고 나서 반대로 다시 팔짱을 끼게 한다. 청중의 약 절반가량은 비록 반대로 다시 팔짱을 끼는 것을 지극히 편하게 느낄지라도 이는 매우 불편하게 보일 것이다.). 세 번째 방법은 참여자들에게 당신이 예상 밖의 결과를 가져오는 무언가를 말하고, 보여 주고, 행하는 것을 보도록 하는 것이다(예를 들면, 'RUN'과 같은 간단한 단어가 10개가 넘는 다양한 행동들을 의미하는 데 이용될 수 있음을 보여 준다.).

3 참여자들이 '놀래키기'에 대해 반응하도록 한다. 마치 당신이 참여자들을 미리 결정된 통찰이나 결론으로 이끄는 것처럼 행동하지 않도록 주의하라. 비록 당신이 '놀래키기'가 명백한 교훈과 메시지를 준다고 느낄지라도, 우선 당신의 참여자들이 무엇을 생각하는지를 보아라. 그들이 당신을 놀래킬지도 모른다.

적용 사례

의사소통에 관한 워크숍에서 교수자는 참여자들에게 극적인 방법으로, '아무것도 잘못 이해되지 않을 정도로 그렇게 단순한 것들은 없다.'라는 것을 보여 주고자 한다. 교수자는 $8\frac{1}{2} \times 11$ 크기의 종이 한 장을 찢고 접어서 만든 종이 '나비'를 보여 준다. 그다음, 나비를 주머니에 넣고 참여자들에게 백지 한 장을 나누어 준다. 그리고 "종이를 정확하게 찢거나 접어서 여러분의 나비를 만들어 보세요. 나는 어떤 질문도 받지 않을 것이고, 단 한 번만 설명할 것이니 집중해 주세요."라고 말한다. 참여자들에게 다음의 지시사항을 들려 준다.

1. 종이를 반으로 접으세요.
2. 오른쪽 상단 모서리를 찢으세요.
3. 종이를 다시 반으로 접으세요.
4. 왼쪽 상단 모서리를 찢으세요.
5. 종이를 다시 반으로 접으세요.

6. 오른쪽 하단 모서리를 찢으세요.

참여자들에게 자신들의 '나비'를 들어 보이도록 요청한다. 모든 지시사항들은 서로 다른 해석의 여지(어느 쪽으로 접을지?)가 있기 때문에, 결과는 다양할 것이고 나비는 있다고 해도 드물 것이다. 그다음, 이 활동에 대해 간단히 설명하고 의사소통의 함정에 대하여 대화를 시작한다.

64 체험해 보기

개요

종종 교육훈련 프로그램은 참여자들로 하여금 자신들에게 친숙하지 않은 사람이나 상황에 대한 이해와 민감성을 촉진시킨다. 이러한 목표를 성취하기 위한 가장 좋은 방법 중 하나는 친숙하지 않은 사람이나 상황을 가장하는 활동을 만들어 내는 것이다.

절차

1 참여자들이 익혔으면 하는 사람이나 상황의 유형을 선택한다. 당신은 참여자들에게 다음과 같은 것들을 경험하게 할 수 있다.

- 소수자 집단
- 다른 역할이나 직무
- 다른 문화
- 특정 문제를 가진 사람

2 그 사람이나 상황을 가장할 방법을 만드는데, 다음과 같은 방법을 이용할 수 있다.

- 참여자들에게 그 사람이나 상황에 맞는 의상을 걸치도록 한다. 또는 그 사람이나 상황에 맞는 장비나 소품, 액세서리 또는 소유물 등을 다루도록 하거나, 혹은 하나의 전형적인 활동에 참여하게 한다.
- 참여자들을 자신에게 주어진 역할이나 캐릭터에 맞게 행동하도록 요구되는

상황에 처하게 한다.

- 당신을 어떤 사람으로 가장하고, 참여자들에게 당신을 인터뷰하게 하여 당신의 경험, 관점 그리고 생각들에 대해 파악하도록 한다.
- 가상의 상황을 만들기 위해 비유를 이용한다. 참여자들이 친숙하지 않은 상황을 이해할 수 있도록 그들에게 익숙한 시나리오를 만든다. 예를 들면, 왼손잡이인 참여자들에게 나머지 (오른손잡이) 참여자들과는 문화적으로 다른 사람을 연기하도록 요청할 수도 있다.

3 참여자들에게 이런 가상의 상황들을 어떻게 느꼈는지 물어본다. 다른 이의 입장에 섰던 경험에 대해 논의한다. 친숙하지 않은 사람과 상황이 자신들에게 주었던 도전들을 확인해 보도록 한다.

응용하기

1 가능하다면 친숙하지 않은 사람이나 상황과의 실제 만남을 추진하라.

2 참여자들이 자신에게 친숙하지 않은 사람이나 상황을 떠올릴 수 있는 심상체험 활동을 수행하라.

적용 사례

'인스턴트 에이징(instant aging)'이라고 불리는 가상의 상황은 참여자들에게 감각의 손실과 정상적인 노화의 과정을 느껴 보도록 기획되었다. 참여자들은 바셀린을 바른 안경을 끼고, 마른 콩이 들어 있는 신발을 신으며, 귀는 솜으로 막고, 손에는 라텍스 장갑을 착용한다. 각 참여자들에게 연필과 종이를 꺼내서 자신의 이름과 주소, 휴대폰 번호, 현재 받고 있는 치료, 알려진 자신의 알레르기를 쓰도록 요청한다. 이어서, 참여자들에게 문을 열고 길을 찾으면서 강의실 밖에서 산책해 보도록 한다. 이 가상의 상황은 참여자들이 수행해야 하는 과업과 자신들이 돌아가면서 서로를 돕는 방법들에 대한 구체적인 세부사항과 관련된 추가적인 지침도 포함한다.

65 빌보드 랭킹

개요

많은 학습상황들은 옳거나 그른 답들을 포함하고 있지 않다(가치중립적이다). 그런데 당신이 가르치는 주제에 어떤 가치나 의견, 생각 그리고 선호하는 것들이 존재한다면, 그 활동은 성찰과 토론을 자극하기 위하여 이용될 수 있다.

절차

1 참여자들을 4~6명으로 구성된 소그룹으로 나눈다.

2 참여자들에게 다음의 것들 가운데 번호가 매겨진 하나의 목록을 제공한다.

- 가치(예를 들면, 1. 성공, 2. 행복 등)
- 의견(예를 들면, 1. '남북통일 기금 마련은 전 국민의 주요한 관심사가 되어야 한다.' 등)
- 특정 상황에서 취해야 할 행동(예를 들면, 1. '호흡이 멈춘 사람을 구조하기 위해 해야 하는 절차는 (1) 3~4번 정도 신속하게 인공호흡하기' 등)
- 문제에 대한 해결책(예를 들면, 1. '병원의 고객서비스를 향상시키기 위해서는 (1) 병원에서 고객들이 길을 더 잘 찾을 수 있도록 보기 쉬운 안내판 설치하기' 등)
- 의사결정 선택지(예를 들면, 1. 10% 예산 절감하기 등)

- 특성(예를 들면, 1. 카리스마적임 등)

3 각 소그룹들에게 포스트잇을 제공한다. 그리고 각기 다른 종이에 자신들의 목록에 있는 각 항목의 번호를 쓰도록 요청한다.

4 그다음, 자신들이 가장 선호하는 가치, 의견, 행동, 해결책, 의사결정 혹은 특성에 상응하는 번호의 포스트잇은 가장 위로 올리고 나머지 항목들은 그 순서에 따라 순차적으로 정렬시키도록 한다.

5 하나의 게시판(빌보드)을 만들고, 각 소그룹별로 자신이 선호하는 바를 게시할 수 있도록 한다(포스트잇은 칠판, 플립 차트 혹은 큰 종이에도 부착할 수 있다.).

6 이제 시각적으로 전시된 랭킹들을 비교하고 대조하도록 한다.

응용하기

1 전체그룹이 합의에 이르도록 시도하라.

2 자신들과 다르게 순위를 매긴 소그룹과 서로 인터뷰하게 하라.

적용 사례

매니저들을 대상으로 하는 성과관리에 관한 강의에서 교수자는 그들에게 더 높은 성과를 내도록 하기 위해 고려할 수 있는 방법들의 목록을 제공하고, 그것의 즉각적 효과에 따라 우선순위를 정해 보도록 하였다.

- 직원들의 기여에 대한 보상 수준 높이기
- 좀 더 명확하고 일관성 있는 요구사항 전달하기
- 사적으로 직원들과 좀 더 많은 시간 갖기
- 업무 수행에 대한 좀 더 잦은 피드백 주기
- 협력과 팀워크가 더 잘 이루어지도록 격려하기
- 더 많은 교육훈련과 코칭 제공하기

게시판이 만들어진 후에, 그룹은 자신들의 의견에 대한 차이점과 이러한 다양한 영역에 대한 강조가 어떤 방식으로 성과관리를 위한 우선순위에 영향을 줄 수 있는지 논의한다.

66 무엇을? 그래서? 그렇다면 이제는?

개요

경험학습 활동의 가치는 참여자들에게 자신이 겪었던 경험에 대해 성찰해 보도록 하고 또 그것의 의미를 탐색해 보도록 함으로써 높아진다. 이 성찰의 시간은 종종 '디브리핑(debriefing)' 또는 '프로세싱(processing)'이라 일컬어진다. 일부 경험 있는 교수자들은 '수확하기'라는 용어를 사용한다. 여기에 풍부한 학습경험을 수확하기 위한 세 단계 순서가 있다.

절차

1 그룹에게 학습주제와 관련된 적절한 경험을 해 보도록 한다. 이러한 경험들은 다음과 같은 것을 포함할 수 있다.

- 게임 혹은 시뮬레이션
- 현장학습
- 비디오
- 액션러닝 프로젝트
- 토론
- 역할놀이
- 멘탈 이미지(mental-imagery) 활동

2 참여자들에게 그 경험을 하는 동안 자신들에게 어떤 일이 있어났는지 공유하도

록 한다.

- 무엇을 했습니까?
- 무엇을 관찰했습니까? 무엇에 대해 생각했습니까?
- 그 경험을 하면서 어떤 감정이 들었나요?

참여자들의 응답을 이끌어 내기 위해 200가지 팁 중 '참여를 유도하기 위한 10가지 방법'에 나오는 기법들을 이용할 수 있다.

3 그다음은 참여자들에게 '그래서?'라는 질문을 자문해 보도록 한다.

- 그 경험을 통해서 얻은 이점은 무엇입니까?
- 무엇을 배웠습니까? 혹은 무엇을 다시 배웠습니까?
- 그 활동이 시사하는 바는 무엇입니까?
- 그 경험(시뮬레이션이나 역할놀이인 경우)은 실제 세계와 어떻게 관련되어 있습니까?

4 마지막으로, 참여자들에게 '그렇다면 이제는?'을 고려해 보도록 한다.

- 이 일을 미래에는 어떻게 다르게 해 보고 싶습니까?
- 어떻게 학습을 확대시킬 수 있을까요?
- 배운 것을 적용하기 위해 어떤 단계를 밟을 수 있을까요?

응용하기

1 토론 질문을 '무엇을?'과 '그래서?'에 한정시켜라.

2 해롤드 스톨로비치(Harold Stolovitch)와 에리카 킵스(Erica Keeps)가 개발한 좀 더 정교한 6단계의 디브리핑 모델을 이용하라. ① 긴장완화(참여자들에게 긴장을

풀 시간 주기), ② 사실(활동에서 겪었던 일들을 회상하게 하기), ③ 추론한 것들(참여자들이 생각한 것 혹은 상상한 것이 일어났었는지에 대해 질문하기) ④ 전이(그 활동과 참여자가 하고 있는 업무 사이의 유사점 이끌어 내게 하기), ⑤ 일반화(현실을 개선하거나 좀 더 잘 이해하기 위한 몇 가지 원칙 만들게 하기), ⑥ 적용(미래의 구체적인 행동 절차 계획하게 하기)

적용 사례

갈등해결에 관한 수업에서 교수자는 참여자를 두 명씩 짝짓는다. 이어서, 휘파람 신호에 맞춰 2분간 엄지손가락 씨름을 하게 한다. 2분이 지나면, 휘파람을 불어 그 활동을 멈추게 한다. 교수자는 다음과 같은 질문을 던지면서 활동을 진행시켜 나간다.

[무엇을?]

- 당신은 엄지손가락 씨름을 할 때 어떻게 행동했습니까?
- 당신은 엄지손가락 씨름을 할 때 어떤 감정이 들었나요?

[그래서?]

- 갈등해결에 대한 당신 자신의 접근방법에 관하여 무엇을 배웠나요?
- 당신은 실제 생활에서 갈등을 어떻게 다룹니까?

[그렇다면 이제는?]

- 앞으로 당신은 당신의 일이나 개인적인 삶에 있어서의 갈등을 어떻게 다루고 싶습니까?

67 액티브한 자기평가

개요

이 방법은 참여자들로 하여금 자기평가를 통해 하나의 학습주제에 대한 자신들의 태도를 공유할 수 있도록 한다. 이 활동은 교수자에게 참여자들의 감정과 신념을 재어 보게 하고 그룹 토론을 위한 하나의 발판을 제공해 준다.

절차

1 주어진 학습주제에 대한 참여자들의 태도와 감정을 평가할 진술문 목록을 만든다. 다음은 일부 예시들이다.

- 나는 '6시그마(six sigma)'를 믿는다.
- 인사고과는 폐지되어야 한다.
- 나는 대중 앞에서 말하는 것을 편안하게 느낀다.

2 참여자들에게 의자와 테이블을 한쪽으로 치우게 한 뒤, 강의실 뒤에 서게 한다.

3 강의실 앞에 있는 화이트보드나 벽을 이용하여 가로로 1부터 5까지 평가척도를 나타내는 숫자를 쓰거나 붙인다(숫자 사이에는 충분한 간격을 둔다.).

4 참여자들이 진술문을 들어서 그에 대한 자신의 태도나 지식을 가장 잘 나타내는 숫자 앞에 서도록 안내한다. 주제에 따라 숫자 1은 '매우 동의함' 또는 '잘 알고 있음'을, 숫자 5는 '전혀 동의하지 않음' 또는 '잘 알지 못함'을 나타낼 수 있다.

5 각 진술문을 참여자에게 제시한 후, 자신의 지식이나 의견에 가장 잘 부합하는 숫자 앞에 가서 서도록 한다. 그 후 몇몇 참여자들에게 왜 그 숫자를 선택했는지에 대해 질문하는 시간을 갖는다.

6 다른 사람들의 의견을 듣게 한 후, 다른 숫자로 옮기고 싶다면 그렇게 하도록 허락한다.

7 나머지 진술문이나 사실들도 계속해서 들려 주고, 자신의 의견이나 지식에 가장 잘 부합하는 숫자 앞으로 이동하게 한다.

8 모든 진술문에 대한 활동을 마치면, 참여자들을 소그룹을 나누고 각 소그룹별로 그 진술문에 대해 토론하도록 한다.

9 참여자들에게 이제 각 항목에 대한 자신의 선택에 대해 다시 한 번 개인적으로 생각해 보도록 한다. 각 참여자들에게 진술문과 평가척도가 적힌 종이를 나누어 주고 최종 선택을 해 보도록 한다.

응용하기

1 보다 넓은 곳에서 이 활동을 할 때에는, 먼저 참여자들에게 그 진술문에 대한 답을 개인적으로 선택하게 한 후, 자신의 의견에 부합하는 숫자가 붙여 있는 곳으로 이동하게 하라.

2 소그룹 토론으로 시작한 후에 개별적으로 평가하게 한다.

적용 사례

경력개발 워크숍에 등록한 참여자들에게 자신들의 경력 가치를 세 번(공개적으로, 소그룹에서, 개별적으로) 평가하도록 요청한다. 그룹은 다음과 같은 평가척도를 사용한다.

1 = 매우 동의함
2 = 동의함
3 = 모르겠음
4 = 동의하지 않음
5 = 전혀 동의하지 않음

교수자는 다음의 진술문을 읽어 준다.

- 나는 다른 사람들과 함께 일하는 직업을 원한다.
- 나는 나의 기술에 대해 가장 많이 보상받을 수 있는 직업을 원한다.
- 나는 지속적인 평가로부터 자유롭고 안전한 직업을 원한다.
- 나는 잔업을 집에 가져올 필요가 없는 직업을 원한다.
- 나는 출장이 잦지 않은 직업을 원한다.
- 나는 지역사회에 기여할 수 있는 직업을 원한다.
- 나는 나의 능력을 끊임없이 시험해 볼 수 있는 직업을 원한다.

68 정지, 시작, 지속

개요

이 활동은 참여자들에게 현재 하고 있는 행동 또는 바람직한 행동들을 검토하고, 어느 행동을 중단 또는 시작, 아니면 지속할지를 결정하도록 한다.

절차

1 참여자들에게 자신과 일 관계에 있어서 가까운 사람의 이름을 적어도 네 명 적도록 한다. 당신은 한 개의 범주만으로 제한할 수도 있고(예를 들면, 내가 관리하는 사람들), 또는 그 이상의 범주를 제시할 수도 있다(예를 들면, 팀 동료나 내 고객들 등).

2 참여자들에게 자신이 적은 사람들과의 현재적인 상호작용 관계를 검토해 보도록 한다. 이것은 본 활동을 위한 특정 질문이나 준거를 제공하는 데 가장 좋게 작용한다. 예시는 다음과 같다

- 개인적인 차원에서 관계한다.
- 감사 혹은 칭찬을 표현한다.
- 그 사람의 조언을 간청한다.
- 따르다.

- 의견을 준다.
- 설명을 청한다.
- 관심 혹은 갈등을 드러낸다.
- 명확한 방향을 제공한다.

3 이어서 참여자들에게 '정지, 시작, 지속'으로 불리는 방법을 이용하여 자신들의 목록을 검토해 보도록 한다. '정지'는 사람들이 덜하거나 하지 않기를 바라는 행동들이다. '시작'은 사람들이 새로 시작하거나 더 자주 하기를 원하는 행동들이다. '지속'은 사람들이 지속하기를 원하는 행동들이다.

응용하기

이 '정지, 시작, 지속' 모델은 자기계발에 관한 모든 활동들에 적용할 수 있다. 예를 들면, 업무습관이나 스트레스 대처 방법, 기타 등등에 이용할 수 있다.

적용 사례

참여자들에게 건강을 촉진시키는 행동 목록을 나누어 주고, 현재 하고는 있지만 그만두고 싶은 것은 어떤 것인지, 새로 시작하고 싶은 것이나 다시 시작하고 싶은 것은 어떤 것인지, 또한 이미 하고 있으며 자신의 건강을 위해서 계속 하고 싶은 것은 어떤 것인지를 점검해 보도록 한다.

행동	중지	시작	지속
화 다스리기			
과일과 야채 먹기			
충분한 수면			
좋은 행동 실천하기			
TV 보기			
명상/정신적인 행동			
수다 떨기			
운동하기			
술 마시기			
차 운전하기			

이 활동을 마치면, 결과를 파트너와 공유하도록 한다.

69 스토리텔링

개요

스토리텔링은 감정이나 신념 그리고 태도를 탐색할 수 있는 안전한 환경을 제공한다. 보통 참여자들은 자신들의 이야기와 간접적으로 연계된 어떤 이야기(진실이든 허구이든)에 반응할 때 자신들을 더욱 개방적으로 드러낸다.

절차

1 강렬한 인물 또는 사건을 포함하는 짧은 이야기를 찾아낸다(수정할 수 있음). 여기에는 다음과 같은 자료들을 고려할 수 있다.

- 동화
- 성경에 나오는 이야기
- 잡지에 나오는 짧은 이야기
- 우리나라 전래동화와 같은 인기 있는 컬렉션
- 워커(Waker)와 실버만(Silverman)의 『Stories Trainers Tell』과 파킨(Parkin)의 『Tales for Trainers』와 같은 교육훈련 자료들

2 그룹에게 이야기를 직접 읽어 주거나 참여자들 중 한 사람에게 읽도록 한다.

3 참여자들에게 해당 이야기에 대한 분석을 공유하도록 장려한다. 먼저 파트너와 함께 하고, 그러고 나서는 전체그룹과 한다.

4 다음과 같은 질문을 통해 그 활동을 보고한다.

- 이야기의 인물과 사건에 대하여 어떻게 생각하십니까? 그것들은 당신의 경험에서 누구 혹은 무엇에 해당합니까? 당신은 어떤 인물 혹은 사건과 자신을 동일시합니까?
- 이 이야기의 '교훈'에 대해 어떻게 생각합니까? 그것으로부터 무엇을 배울 수 있나요?
- 이 이야기를 어떻게 당신의 직장에 적용할 수 있습니까?
- 이 이야기를 어떻게 바꾸어 보고 싶습니까? 결말을 바꾸시겠습니까?
- 당신의 반응은 다른 참여자들과 어떻게 다릅니까?
- 그 이야기의 재현을 증가(또는 감소)시키기 위해 무엇을 할 수 있습니까?

응용하기

1 이야기가 끝나기 전에 잠시 멈추고 참여자들에게 그 결말을 예측하도록 함으로써 참여자들의 관심을 사로잡을 수 있다. 또는 일부 참여자들에게 그 이야기를 실연해 보도록 요청할 수도 있다.

2 그룹별로 이야기를 즉석에서 만들도록 하라. 코펫(Kat Koppett)이 그녀의 책 『Training to Imagine』에서 제안한 이야기의 핵심 용어들을 활용하라.

- 옛날 옛적에……
- 매일……
- 그러나 하루는……
- 그것 때문에……

- 결국 마침내는……
- 그 이후로는……

적용 사례

교수자는 다음의 이야기를 들려 준다.

옛날 옛적, 아주 먼 곳에 사는 한 헌신적이고 사려 깊은 매니저는 부정적인 고정관념을 제거함으로써 그의 일터를 긍정적인 환경으로 만들고 싶었다. 그는 각 직원들이 부정적인 고정관념을 말하거나 쓸 때마다 구내식당 벽에 못을 박도록 하였다. 각 직원들에게 작은 못 가방을 쥐어 주었고, 망치는 구내식당 벽에 걸어 두었다.

첫째 날, 25개의 못이 모두가 볼 수 있는 구내식당 벽에 박혔다. 직원들은 퇴근할 즈음 이것을 보고 큰 충격을 받았다. 다음 몇 주에 걸쳐, 직원들은 그들의 차이를 이해하는 것을 배웠고 천천히 부정적인 고정관념들을 제거함에 따라, 점차 벽에 박는 못의 숫자가 줄어들었다. 직원들은 그들이 자신들의 환경을 즐기고 있고 새로운 일터를 창조했다는 것을 깨달았다.

마침내는, 벽에 하나의 못도 새로 추가되지 않는 날이 왔다. 그들은 이 좋은 소식을 매니저에게 전했다. 매니저는 이제 부정적인 고정관념을 사용하지 않은 날에는 하나씩 못을 빼내자고 제안했다.

몇 주가 지나고, 마침내 직원들은 매니저에게 모든 못이 벽에서 뽑혔음을 알리게 되었다. 그러나 지금 구내식당 벽에는 수많은 못자국 남아 있었다. 그날 늦게, 매니저는 모든 직원들을 불렀다. 그 모임은 구내식당에서 열렸다. 벽 앞에 그들이 섰을 때, 매니저는 말했다. "당신들은 잘해 냈습니다. 그러나 벽에 난 구멍을 보십시오. 이 벽은 절대 이전과는 같을 수 없습니다. 부정적인 고정관념은 못이 벽에 남긴 못자국처럼 상처를 남깁니다. 그것은 당신이 얼마나 많이 사과를 했느냐의 문제가 아닙니다. 그 피해는 이미 나 버렸습니다. 말로 낸 상처도 신체적인 것만큼 나쁩니다. 지금 우리가 만든 긍정적인 분위기는 매우 가치 있고 우리의 조직에 큰 영향을 줄 것입니다. 나는 우리가 계속 그런 식으로 열심히 일할 것을 당부합니다."

이 글을 읽어 준 후에 참여자들에게 다음의 질문을 한다.

- '벽'이 나타내는 것은 무엇입니까?
- 사람들은 왜 부정적인 고정관념을 표현합니까?
- 어떻게 이 이야기를 우리의 업무 환경에 적용시킬 수 있을까요?
- 부정적인 업무 분위기가 만들어 내는 것은 무엇입니까?
- 긍정적인 업무 분위기는 어떻게 직원들(또는 고객들, 매니저들)에게 영향을 미칠까요?

기술개발

대부분의 교육훈련 프로그램의 핵심은 기술의 습득이다. 기술적인 것이든 기술적인 것이 아니든 간에, 참여자들이 새로운 기술을 배우려고 애쓸 때, 그들은 그것을 효과적으로 연습하고 유용한 수행 피드백을 얻을 필요가 있다.

기술개발 활동을 촉진시킬 때, 교수자는 안전하고 도전적인 분위기를 만드는 것이 필요하다. 이 두 가지의 목적은 달성하기가 쉽지는 않다. 여기에서 제시되는 전략들은 기술을 개발시키는 다양한 방법들이다. 몇몇은 강렬하고, 또 몇몇은 재미있다. 특히, 서로 다른 역할놀이 방법이 특별히 포함되어 있다. 몇몇 방법들이 어떻게 참여자들을 편안하고 여유 있게 만드는지, 반면에 다른 방법들은 어떻게 참여자들이 현재의 수행 수준을 넘을 수 있도록 독려하는지에 주목하라.

70 말없이 보여 주기

개요

기술을 가르치는 고전적인 방법은 사람들에게 스스로 해 보도록 하기 전에 직접 보여 주며 설명하는 것이다. 보다 액티브한 방법은 설명을 약간만 하거나 아예 하지 않으면서 기술을 시연하는 것이다. 학습자들에게 당신이 무엇을 하고 있는지에 대해 말하는 대신에, 그들로 하여금 시연을 주의 깊게 관찰하도록 하고 당신이 무엇을 했는지를 말하도록 한다. 이 전략은 당신이 절차적인 교육훈련을 실시할 때 특히 유용하다. 가능한 한 조용하게 절차를 보여 줌으로써, 당신은 참여자들을 정신적으로 깨어 있도록 격려할 수 있다.

절차

1 참여자들에게 가르치기를 원하는 다단계 절차를 결정한다. 다음과 같은 것들이 예시다.

- 컴퓨터 응용프로그램 익히기
- 청구서 작성하기
- 기계 작동하기
- 공문 작성하기
- 신체적인 노력을 수반하는 직무 관련 행동 수행하기

2 당신이 수행하는 전 과정을 참여자들이 지켜보게 한다. 당신이 무엇을, 왜 하는

지에 대해서는 되도록 말하지 말고 그 작업을 수행한다(당신이 무엇을 하는지를 참여자들에게 설명하게 되면 참여자들의 주의력이 떨어질 수 있다.). 참여자들에게 하고 있는 일의 큰 그림 혹은 전체 작업에 대한 시각적인 맛보기를 제공한다. 참여자들이 그것을 기억할 것이라고는 기대하지 말고, 이 시점에서 당신은 단순히 학습을 위한 준비를 갖추는 일을 한다.

3 참여자들을 둘씩 짝짓는다. 설명을 거의 하지 않으며 다시 절차의 첫 번째 부분을 보여 준다. 짝들에게 당신이 수행한 것에 대해 관찰한 것을 서로 토론하도록 한다. 당신이 수행한 것에 대해 설명할 수 있는 지원자가 있다면 일어나서 그것에 대해 설명해 보도록 한다. 만약 참여자들이 그 절차를 따라 하는 것을 어려워하면 다시 시연을 한다. 올바른 재현에 대해서는 칭찬과 격려를 한다.

4 짝별로 절차의 첫 번째 부분을 서로 연습해 보도록 한다. 첫 부분이 숙달되면, 나머지 부분도 조용히 보여 준 뒤 짝끼리 서로 연습하도록 한다.

응용하기

1 가능하다면, 당신이 시연하기 전에 참여자들에게 그 절차를 시도해 보도록 하라. 추측과 실수를 하는 것에 대하여 두려워하지 않도록 격려하라. 이렇게 함으로써 당신은 참여자들을 즉시 정신적으로 참여시킬 수 있다. 그다음, 당신이 시연하는 것을 참여자들이 지켜보게 하라.

2 만약 일부 참여자들이 다른 사람들보다 그 기술을 빨리 숙달한다면, 그 참여자들에게 '말없는 시연자'로서의 역할을 맡겨라.

적용 사례

어느 한 병원의 의사는 다섯 명의 직원들에게 폐 기능 테스트를 어떻게 하는지에 대해 보여 주고 있다. 의사는 한 명의 참여자에게 환자의 역할을 맡도록 했으며, 나머지 사람들에게는 자신이 어떻게 테스트를 하는지 지켜보도록 하고, 테스트를 시작하였다. 폐 기능을 분석하기 위해서는 반드시 환자가 특정 호흡을 해야 한다. 때문에 테스트를 하는 사람에게 있어서 환자의 협력을 얻는 것은 필수적이다. 참여자들은 그것을 실제로 해 보기 전에 자신의 파트너와 짝을 이뤄 서로 연습해 볼 수 있도록 그 전에 의사가 수행하는 모든 행동들을 주의 깊게 듣고 관찰해야 한다.

71 제1선

개요

이것은 시험이나 역할놀이와 같이 다양한 목적을 위해 이용될 수 있는 생동감 있고 진행이 빠른 방법이다. 지속적으로 짝을 바꾸는 것이 특징이며, 참여자는 속사포 같은 질문이나 다른 종류의 도전들에 응답할 수 있는 기회를 얻는다.

절차

1 '제1선(the firing line)' 전략을 이용하기 위한 목적을 결정한다. 예를 들면, 만약 당신의 목적이 기술개발이라면, 당신은 다음과 같은 것들을 하기 위하여 참여자들에게 이 활동을 이용하게 할 수 있다.

- 서로 테스트하고 교육훈련시키는 것
- 자신들에게 할당된 상황에 대하여 역할놀이를 하는 것
- 서로 가르치는 것

당신은 또한 다른 목적을 위해서도 참여자들에게 이 전략을 이용하게 할 수 있다.

- 다른 사람들의 관점과 견해를 얻기 위하여 그들을 인터뷰하는 것
- 짧은 텍스트나 인용구에 대해 논의하는 것

2 의자들을 마주 보게 두 줄로 놓는다. 모든 참여자를 위해 충분한 의자를 준비한다.

3 각 열의 의자들을 아래와 같이 3~5개씩의 그룹들로 묶는다.

4 각 'X' 참여자들에게 자신의 맞은편에 있는 'Y' 참여자들에게 지시할 업무나 과제가 쓰여 있는 카드를 나누어 준다. 다음 중 하나를 이용한다.

- 시험 질문[예컨대, 맞은편에 있는 사람에게 커크패트릭의 4단계 교육훈련 평가모델에 대해 말해 보도록 요청하라.]
- 역할놀이를 위한 캐릭터(예컨대, 맞은편에 있는 사람에게 부하에게 보고를 다시 하라고 이야기하는 상사에 대해 묘사해 보도록 요청하라.)
- 교수 과제[예컨대, 반대편에 있는 사람에게 하임리히 응급조치법(Heimlich maneuver)에 대해 가르쳐 달라고 요청하라.]
- 인터뷰 주제(예컨대, 맞은편에 있는 사람에게 "당신은 최근 우리가 구축한 주문 프로세스에서의 변화에 대해 어떻게 생각하십니까?"라고 질문한다.)
- 짧은 텍스트나 인용구(예컨대, 맞은편에 있는 사람에게 '고객은 항상 옳다.'라는 말에 대한 그 사람의 의견을 구하라.)

한 그룹에 속한 각 'X' 구성원들에게는 서로 다른 카드를 주어야만 한다. 예를 들면, 4명으로 이루어진 그룹에게는 서로 다른 4개의 역할놀이 상황이 주어질 것이다.

5 첫 번째 과제를 시작한다. 적절한 시간이 흐른 뒤에, 각 그룹 안의 모든 'Y' 구성원들에게 왼쪽(혹은 오른쪽)의 그룹으로 이동하게 한다. 'X' 구성원들은 순환하

지 않는다. 'X' 구성원들은 마주한 새로운 'Y' 구성원에게 동일한 과제를 수행하도록 한다. 당신이 가지고 있는 과업의 수만큼 라운드를 계속한다.

응용하기

1 'X' 구성원과 'Y' 구성원의 역할을 바꾸어 이 전략을 수행하라.

2 몇몇 상황에서는 각 그룹 구성원들에게 동일한 과제를 부여하는 것이 흥미롭고 적절할 수 있다. 이 경우에, 'Y' 구성원은 자신이 속한 그룹의 다른 구성원들처럼 같은 지시사항을 받게 된다. 예를 들면, 한 참여자가 같은 상황의 역할놀이를 여러 번 수행하도록 요청받을 수 있다.

적용 사례

프레젠테이션 기술 수업에서, 교수자는 참여자들에게 훌륭한 시선 처리 및 유창하게 발표하는 것에 대해 교육시킨다. 교수자는 각 그룹의 구성원들에게 다음 중 하나의 카드를 부여한다.

- 맞은편에 앉은 사람에게 현직 대통령에 대한 그의 견해를 요청하라.
- 맞은편에 앉은 사람에게 그의 어린 시절에 대해 물어라.
- 맞은편에 앉은 사람에게 그가 사용하는 치약의 특징과 효과에 대해 물어라.
- 맞은편에 앉은 사람에게 그의 취미나 흥미에 대해 물어라.

72 액티브한 관찰과 피드백

개요

역할놀이 활동이나 기술훈련 세션에서 관찰자들을 활용하는 일반적인 방법은 활동을 마친 후에 그들에게 피드백을 요청하는 것이다. 대신, 이 전략은 활동 중인 수행자에게 즉각적인 피드백을 준다. 이것은 활동이 이루어지는 동안 관찰자들이 방심하지 않도록 해 준다.

절차

1 일부 참여자들은 기술을 연습하고, 다른 참여자들은 그것을 관찰하는 활동들이 포함된 하나의 역할놀이를 개발한다.

2 관찰자들에게 관찰해야 하는 긍정적 행동과 부정적인 행동에 대한 체크리스트를 제공한다. 관찰자로 하여금 역할놀이 수행자가 바람직한 행동을 하게 되면 특정 신호를, 또 부정적인 행동을 하게 되면 다른 종류의 특정 신호를 그들에게 보내도록 한다. 이용할 수 있는 신호에는 다음과 같은 것들이 있다.

- 손 들기
- 휘파람 불기
- 손가락 튕기기
- 박수 치기

3 신호의 목적은 역할놀이 수행자들에게 그들의 수행에 대하여 즉각적인 피드백을 주기 위한 것임을 설명한다.

4 역할놀이가 끝나면 역할놀이 수행자들과 함께 그 경험에 대해 토의한다. 즉각적인 피드백이 그들에게 도움이 되었는지 아니면 방해가 되었는지에 관해서 토의한다.

응용하기

1 관찰자에게 역할놀이를 멈추게 (움직이지 못하게) 할 수 있는 신호(예컨대, 휘파람)를 사용하고 역할놀이 수행자에게 질문을 하거나 좀 더 자세한 피드백을 주는 것을 허용하라.

2 역할놀이를 촬영하라. 역할놀이를 촬영하고 있을 때는 어떤 형태의 피드백도 허용하지 않는다. 참여자들에게 동영상을 보여 주고, 그제야 준비된 신호들을 이용하도록 한다.

적용 사례

판매기술 세션에서 교수자는 관찰자들에게 다음과 같은 긍정적 그리고 부정적 행동에 대한 체크리스트를 제공한다.

[바람직한 행동들]

- 고객의 이름 사용하기
- 시선 마주치기
- 열린 질문 사용하기

- 명확히 하고 확인해 주기
- 미소 짓기
- 고객의 스타일에 맞추기

[바람직하지 않은 행동들]

- 너무 일찍 팔려는 시도
- 너무 빨리 말하는 것
- 전문 용어를 사용하는 것
- 산만한 제스처와 버릇
- 말을 잠시 멈출 때 내는 소리("음……" "어……")

바람직한 행동에 대해서는 벨을, 바람직하지 않은 행동에 대해서는 호루라기를 이용하여 신호를 보낸다. 관찰자가 신호를 보내면 역할놀이 수행자는 행동을 멈춘다. 각 관찰자는 1부터 4까지의 숫자가 적힌 카드를 들어 즉각적인 평가를 한다(4=가장 높은 점수, 1=가장 낮은 점수).

73 위협적이지 않은 역할놀이

개요

이 기법은 교수자가 주인공 역할을 맡도록 하고 그룹에게는 단지 교수자에게 응대하도록 하는 것이다. 또한 시나리오의 방향을 미리 설정하도록 함으로써 역할놀이의 위협을 감소시킨다.

절차

1 고객서비스 담당자에게 불만을 표현하는 화난 고객을 다루는 것과 같은 하나의 업무에 대하여 당신이 바람직한 행동들을 보여 줄 수 있는 역할놀이를 만든다.

2 그룹에게 당신이 역할놀이를 수행할 것이라고 알린다. 참여자들의 역할은 당신이 그 상황을 다루도록 돕는 것이다.

3 역할놀이를 시작한다. 그러나 자주 멈추고 그룹에게 피드백과 역할놀이의 방향에 대하여 조언을 구한다. 참여자들에게 당신이 활용할 수 있는 구체적인 '대사'를 요구한다. 예를 들면, 구체적인 상황에서 "내가 다음에 무슨 말을 해야 할까요?"라고 묻는다. 제안을 듣고 그것 중 하나를 시도한다.

4 어떤 상황을 다루는 데에 있어서 참여자들이 점점 더 당신을 지도하도록 역할놀이를 지속한다. 이것은 당신이 그들을 위해 실제 역할놀이를 수행하는 동안 그

들에게 기술훈련의 기회를 제공한다.

응용하기

1 같은 절차를 이용하여, 그룹이 교수자 대신에 동료 참여자를 지도하도록 하라.

2 전체 역할놀이를 촬영하라. 그것을 재생하고 그 상황의 특정 시점에서 어떻게 다르게 응답할 수 있는지 참여자들과 논의하라.

적용 사례

사회복지사들은 처음 온 클라이언트들을 대상으로 어떻게 접수면접을 수행해야 하는지에 대해 배운다. 교수자는 사회복지사의 역할을 가정하며, 한 명의 그룹 구성원에게는 클라이언트의 역할을 맡게 한다. 사회복지사와 의뢰인 사이의 첫 상호작용 후에는 역할놀이를 멈추고, 교수자는 그룹 구성원들에게 사회복지사가 클라이언트에게 추가적으로 할 수 있는 질문들(예컨대, "당신에게 가장 필요한 서비스는 무엇인가요?" 혹은 "언제 이 문제가 처음 발생했나요?")을 제안하도록 한다.

역할놀이는 계속되며, 그룹이 사회복지사가 클라이언트에게 물어볼 추가적인 질문들을 제공하고자 할 때는 간헐적으로 멈춘다. 그리고 교수자는 그들의 질문에 대한 가능성 있는 답변들에 대해 그룹과 함께 토의한다. 그룹은 또한 "그 의뢰인은 사회복지사에게 매우 겁을 먹은 것처럼 보입니다. 그의 기분을 더 편안하게 해 주도록 하세요."와 같은 상호작용 스타일에 대한 피드백도 제공한다.

74 3중 역할놀이

개요

이 기법은 동일한 역할놀이에서 세 명의 서로 다른 참여자들을 이용함으로써 전통적인 역할놀이를 확장한다. 이것은 개인 스타일에 따라 다양한 결과를 보여 준다.

절차

1 (만약 필요하다면) 자발적인 참여자들의 도움을 얻어, 어떤 상황에 대한 역할놀이를 통해 그것의 기본적인 기법을 시연한다. 예컨대, '한 직원이 자신의 인사고과와 관련하여 평가 책임자인 부서장에게 항의하는 상황'이 좋은 사례일 수 있다.

2 시나리오를 개발하고 그것을 참여자들에게 설명한다.

3 역할놀이에 참여할 네 명의 지원자를 모집한다. 그중 한 명에게는 주연(관리자)을, 나머지 세 사람에게는 다른 역할(직원)을 맡기되 그 역할은 세 사람이 돌아가면서 맡을 것이라고 알려 준다.

4 돌아가면서 직원 역할을 수행할 세 명의 참여자들을 강의실 밖으로 나가 있도록 하고, 누가 먼저 역할놀이에 참여할지 순서를 정한다. 준비가 되면, 첫 번째 참여자가 강의실에 다시 들어와 역할놀이에 참여한다.

5 3분 후, 두 번째 순서인 참여자를 강의실에 들어오게 하고 같은 상황을 반복한다. 첫 번째 참여자는 계속 방에 남아 있을 수 있다. 3분 후 두 번째 참여자의 활동이 끝나면, 세 번째 참여자를 불러 같은 시나리오를 반복한다.

6 마지막으로, 전체그룹에게 어떤 기법이 효과적이었는지, 그리고 개선할 점은 무엇이었는지를 확인하게 함으로써 세 역할놀이 참여자들(직원들)의 스타일을 비교, 대조하도록 한다.

응용하기

1 전체그룹 토론 대신에, 참여자들을 세 개의 소그룹으로 나누어라. 돌아가면서 직원 역할을 맡았던 세 명의 역할놀이 참여자들을 각 소그룹에 따로 배정하라. 각 소그룹별로 자신의 그룹에 배정된 역할놀이 참여자에게 지지적인 피드백을 주도록 하라. 이 방법은 공개적으로 세 명의 역할놀이 참여자들을 비교하는 데서 올 수 있는 곤란함을 줄여 줄 수 있다.

2 큰 규모의 그룹일 경우에는, 참여자들을 세 집단으로 나누고 각 집단에서 한 명의 부서장과 세 명의 직원 역할을 맡을 지원자를 모집하고 같은 방식으로 역할놀이를 진행하라. 그룹은 세 가지의 스타일을 비교하고 대조하기 위해 다시 모인다.

적용 사례

다양성(diversity) 관리에 관한 수업에서 참여자들은 자신의 일터에서 겪는 불쾌한 행동들에 대해 잘 대처하는 방법을 배운다.

- 교수자는 다음과 같은 맥락을 설명함으로써 상황을 설정한다.

> 매니저인 당신은 다른 부서 매니저인 김지원 씨와 점심을 먹고 있다. 그는 다음과 같이 말한다. "나는 내 비서를 잃는 게 너무 싫어. 그녀는 똑똑하고 능력 있는 여자야. 그녀는 아직 아무 말도 안 했지만, 나는 그녀의 남편이 막 학업을 마쳐 그녀도 직장을 그만둘 것이라는 것을 알고 있어. 나는 그녀가 몇 달 혹은 한 일 년을 더 직장 생활을 하게 한 후에 직장을 그만두게 할 거야. 참 나쁜 일이지만. 그녀는 일을 사랑하고 여자로서 적지 않은 돈을 벌고 있단 말이지."

- 교수자는 한 명에게 김지원 씨의 역할을 맡기고, 다른 세 명에게는 다른 관리자의 역할을 맡긴다.
- 세 명의 지원자는 강의실 밖으로 나가 역할놀이에 참여할 순서를 정한다.
- 첫 번째 지원자가 강의실에 들어오고 김지원 씨가 하는 역할에 대응한다.
- 각 역할놀이에 할당된 동일 시간만큼, 두 번 더 같은 시나리오를 반복한다.
- 마지막 역할놀이가 끝나면, 교수자는 세 가지의 다른 스타일을 비교하며 토론을 진행한다. 그룹은 불쾌한 행위를 다루는 데 어떤 기법이 가장 적절하고 효과적이었는지에 주목한다.

75 역할 교대하기

개요

이 활동은 각 참여자들에게 현실의 상황에 대한 역할놀이를 통해 기술을 연습할 수 있는 훌륭한 기회를 준다.

절차

1 참여자들을 세 명으로 구성된 소그룹들로 나눈 후, 소그룹들 사이에는 가능한 한 넓은 공간을 두도록 배치한다.

2 각 소그룹들에게 현재 다루고 있는 교육훈련 주제를 가지고 세 가지의 현실 상황에 대한 시나리오를 만들어 보도록 한다. 각 시나리오는 주요 역할과 보조 역할을 포함하도록 조건을 단다. 각 소그룹의 세 번째 구성원은 관찰자의 역할을 하게 된다.

3 각 소그룹들에게 세 가지 시나리오를 각각 따로 세 장의 종이에 작성하도록 한 후, 각 소그룹의 한 구성원으로 하여금 그것들을 옆에 있는 소그룹에게 넘겨주고, 만약 필요하다면 그것을 명확히 하거나 추가적인 내용을 제공할 수 있도록 한다. 그런 후에, 그 구성원은 원래 자신의 소그룹으로 돌아온다.

4 각 소그룹들의 구성원은 서로 다른 세 가지의 시나리오에서 교대로 다른 역할들(주요 역할, 보조 역할, 관찰자 등)을 맡는다.

5 각 라운드는 최소한 10분 정도의 역할놀이와 5~10분 정도의 관찰자 피드백으로 이루어져야 한다. 각 라운드의 길이는 시간적 제약, 주제, 참여자들의 기술 수준에 따라 조정될 수 있다.

6 각 라운드에서 관찰자는 주요 역할을 맡은 사람이 수업에서 배운 개념과 기술을 이용하는 데 있어서 무엇을 잘했는지, 또 그가 개선을 위해 무엇을 해야 하는지를 확인하는 데 집중해야 한다.

7 세 라운드가 모두 끝난 후, 핵심 학습 요점들과 이 활동의 가치에 대해 논의하기 위해 전체그룹으로 다시 모은다.

응용하기

1 각 소그룹별로 시나리오를 쓰게 하는 대신 당신이 시나리오를 준비할 수 있다.

2 관찰자가 살펴보아야만 하는 특정 기술과 기법들을 명시한 '관찰자 피드백 시트'를 준비하라.

적용 사례

의사소통 기술 수업에 참여한 학습자들은 세 명씩 하나의 팀을 만든 후 적극적인 경청 기술을 연습할 수 있는 세 가지 업무 관련 시나리오를 만들어야 한다.

다음은 각 팀들이 시나리오를 만드는 일반적인 상황들을 나타낸다.

• 한 장소에서 다른 장소까지 어떻게 가는지에 대한 설명 듣기
• 하나의 업무 수행 문제점에 대한 부정적인 피드백 받기
• 무언가를 어떻게 수행해야 하는지에 대한 설명 듣기
• 새로운 정책이나 절차에 관한 정보 듣기
• 직원에게서 동료에 대한 불만 듣기

각 팀들은 누구와 이야기를 하는지, 어디에 있는지, 자신들의 심적 상태가 어떤지, 왜 이런 대화를 하게 되었는지 등에 대해 구체적인 사항들을 결정한다.

각 팀들은 시나리오를 서로 교환하고 연습한다. 각 역할놀이 라운드에서 '관찰자'는 '경청자'가 다음 사례와 같이, '말하는 사람'의 이야기를 확인하고 명확히 하는 액티브한 경청 기법들을 얼마나 잘 사용하고 있는지에 집중해야 한다(예컨대, "당신의 말은……" "내가 이해하기로는……" "당신이 말하는 것을 내가 이해하고 있는지 확인해 보지요……" 등등).

'관찰자'는 정리 시간에 '경청자'가 이러한 기법들을 언제 사용했는지에 대하여 구체적인 사례를 제시하고, 또한 그것들을 언제 사용했다면 더 좋았을지에 대해서도 의견을 제시한다.

76 직접 대본 쓰기

개요

이 기법은 참여자들에게 자신들의 상황극을 통해 수업에서 배웠던 특정 기술들을 연습해 볼 수 있는 기회를 부여한다. 참여자들은 그것을 실제로 수행해 보기 전에 연습해 볼 수 있기 때문에 종종 이 기법은 역할놀이의 대안으로서 적절하다.

절차

1 교육훈련 주제에 대한 학습활동에 이어, 참여자들이 막 논의된 기술들을 사용할 수 있을 법한 몇몇 일반적인 상황들을 찾아본다.

2 주어진 시나리오를 수행하는 데 필요한 사람의 수에 따라 참여자들을 소그룹들로 나눈다. 대개의 경우, 두 명 혹은 세 명이 요구된다.

3 각 소그룹들에게 자신의 시나리오를 만들도록 10~15분가량 준다.

4 또한 각 소그룹들은 전체그룹에게 어떻게 그 시나리오(기술)를 시연할지를 결정한다. 5~7분 정도 연습할 시간을 준다.

5 각 소그룹들은 돌아가면서 다른 참여자들에게 자신들의 기술을 시연한다. 각 시연이 끝날 때마다 피드백을 위한 기회를 제공한다.

응용하기

1 소그룹 구성원들을 시연을 위해 반드시 필요한 사람의 수보다 더 많게 구성하여, 연기를 하지 않는 사람에게는 시나리오 작가, 감독, 조언자 등의 역할을 부여하라.

2 당신이 그 시나리오를 만들고 특정 소그룹들에게 그것을 해 보도록 할당하라.

적용 사례

적극적인 주장훈련(assertiveness training) 과정에서 교수자는 특정 기술을 시연하는 데 필요한 사람들의 수뿐만 아니라, 어떤 사람이 자신의 주장(혹은 의사)을 적극적으로 표현하고 싶어 할 만한 일반적인 상황들을 확인한다.

- "아니요"라고 말하기(2명)
- 갑자기 대화에 끼어들기(3~4명)
- 누군가 방해하지 못하도록 하기(3~4명)
- 부정적인 피드백 주기(2명)
- 동의하지 않기(2~3명)
- 비판의견 수용하기(2명)

소그룹들에게 그들 자신의 구체적인 시나리오를 만들게 하고, 그들이 특정 상황에서 자기주장을 어떻게 보여 줄 것인지를 결정하는 데 7~10분가량을 준다.

각 소그룹들은 번갈아 가며 다른 참여자들에게 자신의 주장을 적극적으로 펼칠 수 있는 능력을 보여 준다.

각 시연이 끝난 후에 전체그룹은 각 소그룹들이 무엇을 잘했는지에 대하여 말하고 개선을 위한 제안들을 제공한다.

77 짝을 지어 하는 연습 – 리허설

개요

이 방법은 학습 파트너와 어떤 기술이나 절차를 연습하고 리허설하기 위한 간단한 전략이다. 이 활동은 파트너 상호 간에 그 기술이나 절차를 확실하게 익히게 하는 데 목적이 있다.

절차

1 참여자들이 익혔으면 하는 일련의 기술이나 절차를 선택한다. 참여자들을 짝으로 묶고 두 가지 역할, 즉 (1) 설명자 또는 시연자, 그리고 (2) 확인자를 배정한다.

2 설명자 또는 시연자는 특정 기술이나 절차를 어떻게 수행해야 하는지 설명하거나 시연한다. 확인자는 설명이나 시연이 맞는지 확인하고, 파트너를 격려하며 필요하다면 지도하기도 한다.

3 파트너와 역할을 바꾼다. 새로운 설명자 또는 시연자에게 수행해야 할 다른 기술이나 절차를 부여한다.

4 이 과정은 모든 기술이 숙달될 때까지 반복한다.

응용하기

1 몇 개의 별개 기술들로 구성된 세트 대신에 다단계의 기술이나 절차를 이용하라. 일련의 단계들이 모두 끝날 때까지 한 파트너가 첫 단계를 수행하면 다른 파트너는 다음 단계를 수행하도록 하라.

2 짝끼리 완전하게 그 과업을 숙달하면, 전체그룹 앞에서 시연해 보도록 하라.

적용 사례

의사소통에 관한 교육훈련에서 교수자는 타인을 설득하려고 시도할 때 사용하는 효과적인 그리고 비효과적인 말들을 시연한다. 참여자들을 짝 그룹으로 나눈다. 시연자의 역할은 자신의 파트너에게 어느 한 직원에게 부여한 프로젝트의 진척 상황에 대하여 어떻게 말하는지를 보여 주는 것이다. 반면, 확인자의 역할은 시연자가 명령조의 말보다는 설득조의 말을 사용했는지를 점검하는 것이다. 이어 짝 그룹은 자신들의 역할을 바꾸어 이 교육훈련을 지속한다.

설득조의 말
~ 을 해 주시겠습니까?
~ 때문에, 할 수가 없겠는데요.
~ 생각해 보셨나요?

명령조의 말
당신은 ~ 해야 합니다.
당신은 ~ 할 수 없습니다.
왜 해 보지 않습니까?

78 나는 ○○입니다

개요

이 전략에서 참여자들은 자신이 배우고 있는 직업을 가진 사람의 역할을 맡는다. 참여자들에게는 사전 지도 없이 실제적인 직장업무가 주어지며, 이들은 '행동함으로써' 학습한다.

절차

1 참여자들이 수행하기를 원하는 역할을 선택한다. 다음은 몇 가지 예시들이다.

나는……

- 안내 데스크 자문위원이다.
- 손해사정사다.
- 인사고과 평가자다.
- 서비스 대표자다.
- 팀 리더다.
- 호텔 접수원이다.
- 세일즈 매니저다.
- 창고 감독관이다.

2 그 역할에 부여될 수 있는 하나 혹은 여러 과업들을 설명하는 안내서를 준비한다. 예를 들면, 서비스 대표자는 고객에게서 그 제품이 어떻게 작동하는지에 대

해 설명하도록 요청받을 수도 있다.

3 참여자들을 두 명씩 짝짓고 각 짝 그룹들에게 과제를 분배한다. 그 활동에 시간 제한을 설정한다. 참여자들에게 해당 과제를 수행하는 데 도움이 될 만한 참고 자료들을 나누어 준다.

4 전체그룹으로 다시 소집하고 과제들에 대해 논의한다.

응용하기

1 참여자가 강의실을 벗어나 도움이 될 만한 동료직원으로부터 지도받는 것을 허락하라.

2 참여자가 파트너의 지원 없이 혼자 과제를 수행하도록 하라.

적용 사례

교수자 양성과정에서 강사는 참여자들을 둘씩 짝짓고, 그들에게 다음의 과제를 부여한다. 참여자들은 광범위한 교육훈련 도서관 자료를 이용할 수 있다.

> 당신은 잘 알려진 회사의 과정 설계자로 간주된다. 그 회사는 다재다능하고 창의적인 사람을 찾고 있다. 무엇보다, 그 회사는 약속된 목적들을 잘 전달할 수 있는 과정을 설계할 수 있는 설계자를 원한다. 당신의 설계 기술을 평가하기 위해, 그 회사는 다음과 같은 과제를 당신에게 부여하였다.
>
> 다음의 네 가지 목적을 달성할 수 있는 20분짜리 과정 설계를 수행하라. 설계 요구는 장기 과정의 중간 즈음에 발생하고, 설계를 위해 필요한 지식은 이미 습득되었다고 가정하라. 당신의 설계는 열거된 목적들만으로 제한하라.

- 참여자들은 그들의 비언어적 의사소통에 대해서 다른 사람들로부터 피드백을 얻는다.
- 참여자들은 회의의 효과성을 올리기 위한 기법들을 알게 된다.
- 참여자들은 토론을 촉진하기 위한 기술들을 연습한다.

79 커브볼[*]

개요

이것은 업무와 관련된 기술을 연습하는 하나의 극적인 방법이다. 이 활동은 참여자들을 그들이 반드시 피하거나 혹은 해결해 내야만 하는 어려운 상황들에 처하게 한다.

절차

1 참여자들이 수행하는 업무와 관련된 흔한 상황을 선택한다. 다음은 그 예시들이다.

- 회의 주재하기
- 직원에게 업무 부여하기
- 매니저로부터 업무 받기
- 프레젠테이션하기
- 매니저에게 보고서 제출하기
- 고객 상담하기

2 특정 상황에 대해 역할놀이를 수행할 한 명의 지원자를 모집한다. 상황을 자세하게 설명해 준다.

---

* 역자 주: 커브볼(curveball). 어려운 상황에 처하게 하기

3 다른 참여자들에게는 지원자에게 '커브볼'을 던지도록 지시하는 설명서를 준다. 지원자가 그 상황을 다루는 데 애를 먹게 하는 몇몇 행동들을 구체적으로 명시한다. 지원자가 '커브볼' 설명서를 읽지 못하도록 한다.

4 지원자가 그 상황에 대처하도록 둔다. 필요하다면, 그의 노력에 박수를 보내 준다. 전체그룹과 함께 예상하지 못한 사건들을 다루는 방법에 대해 논의한다.

5 새 지원자들을 모집하고 그들에게 새로운 도전을 부여한다.

응용하기

1 참여자들에게 지원자에게 던질 '커브볼'을 직접 선택하도록 하라.

2 지원자들 대신에 당신 자신이 참여자들이 던진 '커브볼'에 어떻게 대처하는지를 보여 주어라.

적용 사례

팀 리더 대상의 퍼실리테이션 기술에 관한 수업에서 교수자는 지원자 한 명을 선발해 '팀 회의를 위한 행동 규칙'을 세우기 위해 개최되는 회의를 이끌도록 요청한다. 나머지 참여자들이 회의를 방해할 사람들(부정적이고 적대적으로 행동할 사람과 옆 사람과 잡담을 할 사람)을 선정하는 동안 그 지원자는 강의실 밖에 나가 있게 된다. 이후 그 지원자는 강의실로 돌아와 회의를 진행하면서 문제를 일으키는 그 두 사람들의 행동에 대처해야 한다.

배운 것을 잊지 않게 만드는 전략

복습 전략

배운 학습내용을 잊지 않게 만드는 가장 확실한 방법 중 하나는 참여자들에게 그것에 대해 복습할 시간을 주는 것이다. 실제로 참여자들이 학습내용을 복습한 경우는 그렇지 않은 경우에 비해 5배 정도 더 기억에 남을 가능성이 크다. 복습하는 것은 참여자들에게 자신들의 뇌 속에 정보를 기억할 수 있도록 해 준다. 여기에 제시된 전략들은 복습을 촉진시켜 주는 방법들이다. 게다가 액티브한 활동을 위해, 이 전략들은 복습을 재미있게 만든다.

80 색인 카드 매칭

개요

이것은 배운 학습내용을 복습하는 액티브하고 즐거운 방법이다. 이 전략은 참여자들을 둘씩 짝짓게 하여 나머지 사람들에게 퀴즈를 내도록 하는 것이다.

절차

1 각각의 카드에 교육훈련 기간 동안 다루었던 기술 또는 개념들의 이름을 적는다(예를 들면, '피쉬볼 토론'과 '액션러닝'). 카드는 참여자 수의 절반만큼 충분히 준비한다.

2 참여자 수의 절반에 해당하는 또 다른 카드 각각에 당신이 선택한 각각의 기술 혹은 개념들에 대한 명확한 정의를 적거나, 또는 그것들에 대한 명확한 사례를 예시한다. 예를 들면, 피쉬볼 토론은 '그룹의 일부에게 토론을 위하여 원형으로 둘러앉게 하고, 남아 있는 참여자들은 그들 뒤에 원을 만들어 경청하도록 하는 방법'이다.

3 위의 절차 1과 2에서 각각 준비한 두 세트의 카드들을 합쳐 잘 섞는다.

4 참여자들에게 한 장씩 카드를 나누어 준다. 이것은 색인 카드 매칭 활동임을 설명한다. 어떤 참여자들은 교육시간에 다루었던 기술이나 개념을, 다른 참여자들은 이들에 대한 정의나 사례가 적힌 카드를 들고 있다.

5 참여자들에게 자신의 카드와 매칭되는 카드를 찾게 한다. 매칭되는 카드를 찾았으면 그 사람과 짝을 이뤄 자리에 함께 앉도록 한다(다른 참여자들에게는 자신들이 어떤 카드를 가지고 있는지 말하지 않도록 한다.).

6 모두가 짝을 이룬 후 자리에 앉으면, 각 팀에게 자신들이 들고 있는 카드에 적힌 정의나 사례를 소리 내어 읽음으로써 나머지 그룹에게 퀴즈를 내도록 한다.

응용하기

1 하나의 특정 용어가 빠진 문장과 거기에 매칭되는 특정 용어로 구성된 매칭 카드를 만들어라. 예를 들면, 하나의 카드에 "많은 세일즈맨들은 판매 후의 (　　　)에 실패한다."라고 쓴다. 그리고 이와 매칭되는 다른 카드에는 "사후관리"라고 쓴다.

2 여러 가지 답이 나올 수 있는 질문들로 카드를 만들어라. 예를 들면, "갈등을 진정시키는 방법은 무엇인가?"와 같은 질문이 될 수 있다. 각 질문 카드와 그에 대한 하나의 답이 적혀 있는 카드를 매칭시켜 짝 그룹을 만들게 하라. 각 팀이 다른 참여자들에게 퀴즈를 내면, 참여자들로부터 그 외의 다양한 답들을 얻을 수 있다.

적용 사례

전사적 품질관리(TQM)에 관한 수업에서 교수자는 TQM을 위한 분석 도구 및 이에 대한 정의들로 하나의 목록을 만든다.

- 어피니티(affinity) 다이어그램: 아이디어들을 연관이 되는 것끼리 묶는다. 팀 구성원들은 조용히 범주 및 새로운 아이디어를 만들어 낸다.
- 인과관계 다이어그램: 분석하는 결과의 근본 원인을 확인하기 위해 사용한다.
- 파레토 다이어그램: 발생 빈도로 문제 원인들을 파악하고 조직한다. 80/20 규칙(결과의 80%를 차지하는 20% 소수의 원인을 찾아 집중 관리하는 방법)으로도 알려져 있다.
- 히스토그램: 하나의 주어진 질적 속성에 대한 서로 다른 관측치들의 발생 빈도를 보여 준다. 하나의 관찰된 측정에 대한 변화를 나타내기 위해 사용한다.
- 산포도: 변인들 간의 관계를 묘사한다. 그렇게 함으로써 근본 원인이 효과와 관련됐는지 아닌지를 입증하는 것을 도울 수 있다.
- 통제 다이어그램: 변화가 일반적인 이유 때문인지 아니면 특별한 이유 때문인지를 입증하는 데 사용된다.
- 업무 흐름도: 다양한 활동 및 의사결정 사항들을 나타내서 하나의 과정을 이해하는 데 쓰인다.
- 관계 다이어그램: 하나의 복잡한 상황에 있는 요소들 간의 인과관계를 나타낸다.
- 수형도: 하나의 목적 달성을 위해 필요한 하위 과업들의 범위를 보여 준다.

색인 카드 매칭 활동을 위하여 교수자는 분석 도구들의 이름을 각각의 카드에 적고 다른 카드들에는 그것에 대한 정의를 적는다. 카드를 합친 후 섞는다. 각 참여자들에게 카드(도구의 이름 혹은 그것에 대한 정의가 적힌 카드)를 한 장씩 나누어 준 후, 그것의 짝을 찾아보도록 한다.

81 파워포인트 슬라이드/플립 차트 리뷰

개요

이 전략은 참여자들에게 어느 교육훈련 세션에서 교수자가 이용했던 파워포인트나 플립 차트 발표내용에 대해 논평하도록 요구하는 것이다. 이 전략은 참여자들로 하여금 다루었던 내용을 다시 공부하게 하는 훌륭한 방법이다.

절차

1 어느 한 교육훈련 세션의 끝나갈 즈음에, 파워포인트 슬라이드의 첫 부분을 보여 주거나 플립 차트의 첫 부분으로 돌아간다.

2 참여자들에게 파워포인트 슬라이드 혹은 플립 차트의 내용이 무엇에 관한 것이었는지 회상하도록 한다. 다음과 같은 것들을 묻는다.

- 이것은 무엇을 말하고 있나요? (※ 이것은 슬라이드가 모호하거나 플립 차트 시트가 휘갈겨 써져 있을 때 특히 재미있다.)
- 왜 이것이 중요한가요?
- 누가 나에게 이것에 대한 사례를 들어 주겠습니까?
- 이것은 당신에게 어떤 가치가 있나요?

3 다루었던 모든 내용을 리뷰할 때까지 (또는 시간이 충분하고 학습자들이 즐거워하는 한) 계속한다.

4 학습내용을 리뷰하면서 최종 언급을 통해 정리한다.

응용하기

1 전체그룹 대신에 파트너나 소그룹별로 각 슬라이드나 시트를 리뷰하게 하라.

2 만약 참여자들이 10명 혹은 그보다 적다면 그들을 플립 차트 혹은 컴퓨터 주변으로 모이게 해서 학습내용에 대하여 자신들의 견해를 공유해 보도록 하라. 이 리뷰 과정이 시험을 치르는 것이 아니라는 것을 보여 주기 위해 그 과정이 진행되는 동안에는 강의실에서 나가 있을 수도 있다. 이것은 참여자들이 스스로 시간을 융통성 있게 쓰도록 만든다.

적용 사례

의사결정에 관한 교육훈련 세션이 마무리될 무렵, 교수자는 참여자들에게 그동안 다루었던 4장의 파워포인트 슬라이드에 대하여 리뷰하고 자신들의 생각을 말해 보도록 요구한다.

의사결정의 유형

- 일상적
- 위기상황
- 분석적
- 창조적
- 협상적
- 독단적

사람들이 의사결정이 어렵다고 생각하는 이유

- 자신감의 부재
- 싫어할 것이라는 두려움
- 보복의 두려움

누가 의사결정을 하는가

- 한 사람
- 한 사람 이상
- 하나의 그룹

의사결정에 영향을 미치는 요인

- 개인적 가치들
- 위험 감수
- 과거 경험
- 정치적 분위기
- 제약: 시간, 돈, 기타

82 스크래블 리뷰하기

개요

이 활동은 참여자들이 교육훈련 프로그램의 마지막에 함께 참여하게 하고 하나의 그룹으로서 자신들이 배운 것들을 확인할 수 있게 하는 전략이다. 이것은 하나의 커다란 스크래블(Scrabble®) 보드를 만듦으로써 달성된다.

절차

1 과정이나 교육훈련 프로그램의 제목을 크게 써 놓는다. 만약 제목이 한 개 이상의 단어로 되어 있다면 단어들을 모두 하나로 합친다. 예를 들면, '변화 관리'는 '변화관리'가 된다.

2 참여자들에게 마킹 펜을 나누어 준다. 필요하다면 하나의 토대로서, 써 있는 제목을 이용하여 어떻게 단어들이 만들어질 수 있는지를 설명한다. 단어들이 열거될 수 있는 방법을 검토한다.*

- 수평으로 또는 수직으로
- 어떤 사용 가능한 글자로 시작하기, 어떤 사용 가능한 글자로 끝나기, 그리고 어떤 사용 가능한 글자들을 합치기

* 역자 주: 스크래블 보드 게임 방법 참조–http://blog.naver.com/kboardgame?Redirect=Log&logNo=80139385842).

하지만 학습자들에게 두 단어는 서로 합쳐질 수 없다는 것을 상기시킨다. 그 둘 사이에는 반드시 공간이 있어야 한다. 단어로서 적당한 명칭들은 허용한다.

3 시간제한을 두고 참여자들에게 프로그램의 내용, 활동 혹은 참여자들과 관련된 단어들을 가능한 한 많이 만들어 내도록 한다.

4 그룹 구성원들이 일을 나누어서 하도록 한다. 일부의 사람들이 새로운 단어를 찾는 동안 다른 참여자들은 그것을 기록하도록 제안한다.

5 끝날 시간임을 말하고 참여자들에게 단어를 세도록 한다. 서로 자신들의 경험에 대한 놀랄 만한 성과에 대해 격려하도록 한다.

응용하기

1 만약 이 활동을 하기엔 그룹의 규모가 커서 통제하기 힘들다면, 참여자들을 소그룹으로 나누고 각 그룹에 스크래블 보드를 만들게 하라. 세션이 경쟁적인 분위기로 마무리되지 않도록 모든 소그룹들의 결과물을 나열하고 단어의 총합을 확인하라.

2 교육훈련 프로그램의 제목을 세로로 적고 참여자들에게 그 제목의 각 글자로 시작하는 수업과 관련된 동사, 부사 또는 명사를 가로로 적게 함으로써 활동을 단순화시켜라.

3 교육훈련 프로그램의 제목을 사용하는 대신에 일반적인 기술을 나타내는 단어(예컨대, LISTENING)를 제공하고, 참여자들이 그 기술을 업무에 어떻게 적용할 것인지(예컨대, L-Look at the speaker, I-Inquire to clarify 등)에 대하여 구체적인 추천을 하게 한다.

적용 사례

권한위임 기술에 관한 과정에서 교수자는 화이트보드에 권한위임(혹은 D-E-L-E-G-A-T-E)을 수직으로 적고 참여자들에게 이와 관련하여 그 글자로 시작하는 적절한 단어나 구를 쓰게 한다. 참여자들의 답은 다음과 같다.

- 권-권력의 행사, 권력의 범위
- 한-한정된 권한의 행사
- 위-위임결정은 신속하게
- 임-임무는 명확하게

또는,

- D-do, directions, deadline
- E-explain
- L-listen to concerns, let go
- E-encourage
- G-grooms successor, gives opportunities, gives overview
- A-authority, accountability, agreement
- T-train (필요하다면)
- E-expect the best

83 가로세로 낱말퍼즐

개요

가로세로 낱말퍼즐로 리뷰(복습) 테스트를 실시하는 것은 학습자들의 즉각적인 몰입과 참여를 이끈다. 가로세로 낱말퍼즐은 개인 혹은 팀으로 수행될 수 있다.

절차

1 끝마친 교육훈련 수업과 관련된 여러 개의 핵심 용어나 이름들을 브레인스토밍한다. 이것을 가능한 한 많이 포함해서 하나의 단순한 가로세로 낱말퍼즐을 만든다. 이용할 필요가 없는 부분은 어둡게 색칠한다. 만약 이 용어들로만 가로세로 낱말퍼즐을 만들기가 너무 어렵다면, 교육훈련 수업과 관련 없는 용어들도 단순 채우기를 위한 목적으로 집어넣는다. (가로세로 낱말퍼즐을 쉽게 만들 수 있는 키트는 trainerswarehouse.com에서 구할 수 있다. 이곳에서 제공하는 도구를 이용하여 가로세로 낱말퍼즐을 직접 설계하고 인쇄할 수 있다.)

2 가로세로 낱말들을 위한 힌트를 만든다. 다음과 같은 종류의 힌트를 사용할 수 있다.

- 짧은 정의 ('측정하고자 하는 대상을 얼마나 정확하게 측정하고 있는가의 정도')
- 그 용어가 속하는 범주 ('고정자산의 일종')

- 예시 ('갠트 차트는 이것의 한 예시다')
- 반대되는 것 ('집단사고의 반대말')

3 참여자들에게 가로세로 낱말퍼즐을 배포하고, 그것을 개별적으로 또는 팀으로 완성하도록 한다.

4 시간제한을 둔다. 가장 많은 항목을 맞춘 개인이나 팀에게 포상한다.

응용하기

1 전체그룹이 함께 협력해서 가로세로 낱말퍼즐을 완성하도록 하라.

2 참여자들을 짝지어라. 한 사람은 A, 다른 사람은 B로 지정하라. A에게 교육훈련 수업과 관련된 핵심 용어 목록을 주고 B에게는 A와 다른 목록을 준다. 각 참여자들에게 자신이 가지고 있는 용어에 대한 힌트를 만들도록 한다. 교대로 자신의 짝에게 용어에 대한 힌트를 주어 그 핵심 용어에 대해 추측하도록 한다. 용어의 글자 수는 공개해야 한다(예를 들면, 두 글자인 용어에 대한 힌트: 사람이 마땅히 따라야 할 가치 판단의 기준 [규범]).

3 전체 교육훈련 수업 가운데 가장 중요한 용어 하나를 선정함으로써 퍼즐을 단순하게 만들어라. 그것을 가로로 퍼즐에 써 넣는다. 교육훈련 세션에서 다른 사항들을 요약하며 그 핵심 용어에 세로로 들어맞는 용어들을 선택하라.

4 퍼즐에 대한 더 다양한 아이디어를 위해서는 티아기(Thiagi)의 책 『Design Your Own Games and Activities』의 137~156쪽을 참조한다.

적용 사례

은행 고객서비스 담당자를 위한 교육훈련 세션에서 교수자는 다루었던 정보를 복습시키기 위해 하나의 가로세로 낱말퍼즐을 만들었다. 교수자가 이용한 힌트는 다음과 같다.

[가로]

1. 만약 당신이 어떤 서비스를 살 돈이 없다면, 당신은 그것을 (   ) (해)야 한다.
3. 돈에 대한 다른 말
5. 일시불 대출의 한 유형
6. 무담보 대출
8. 할부 대출은 (   )이(가) 최종 대출이다.
11. 빌린 돈의 다른 말

[세로]

1. 대출금이 전액 지불되는 날짜
2. 담보를 가진 대출
4. (   ) 하기에 족한
7. 집 (   ) 대출
9. 담보의 한 유형
10. 법원 기록에 있는 선취 특권을 말소하는 것

84 제퍼디 리뷰

개요

이 전략은 미국의 유명한 텔레비전 게임쇼인 '제퍼디!(Jeopardy!)'를 응용한 것으로, 정답이 주어지며 그에 대한 적절한 질문이 무엇인지를 알아맞히는 독특한 형식으로 이루어진다(예컨대, 사회자가 "이 도시는 대한민국의 수도입니다."라고 말하면, 응답자는 "서울은 무엇입니까?"라고 대답해야 한다.). 이 형식은 학습자료를 복습하는 데 쉽게 사용될 수 있다.

절차

1 3~6개의 복습할 질문 범주들을 만든다. 일반적인 범주는 다음과 같다.

- 개념 혹은 아이디어
- 사실
- 기술
- 명칭

또는 주제에 따라 범주를 만든다. 예를 들면, 회의관리에 대한 과정은 '회의 전' '회의 중' '회의 후'와 같은 주제를 포함할 수도 있다.

2 하나의 범주당 적어도 3개의 정답(그리고 그에 해당하는 질문들)을 만든다. 예를 들면, "이것은 항상 회의 전에 회람되어야 한다."라는 정답은 "의제는 무엇인

가?"라는 질문과 짝지을 수 있다. 각 범주당 같은 수의 질문과 답을 만들 필요는 없으나, 질문과 답을 점점 어렵게 만들어야 한다.

3 제퍼디 게임 보드를 파워포인트나 화이트보드를 이용해 보여 준다. 범주와 각 정답에 대한 점수를 알려 준다. 다음은 게임 보드의 한 사례다.

회의 전	회의 중	회의 후
10점	10점	10점
20점	20점	20점
30점	30점	30점

4 팀들을 3~6명의 참여자들로 구성하고 응답자 카드를 각 팀에 제공한다. 가능하다면, 조직에서 일정 범위의 기술 수준, 경험, 그리고 기능 분야를 대표하는 개인들로 구성된 팀을 만든다.

5 각 팀에게 팀장과 득점기록원을 정하게 한다.

- 팀장은 팀을 대표한다. 팀장은 응답자 카드를 들어 올리고 정답을 말할 수 있는 유일한 사람이다. 팀장은 정답을 말하기 전에 반드시 팀 구성원들과 상의를 해야 한다.
- 득점기록원은 자신의 팀을 위해 점수를 계산해야 할 책임이 있다.

※ 게임의 사회자로서 당신은 어떤 질문이 사용되었는지를 지속적으로 파악하고 있어야 한다. 사용된 질문은 게임 보드에서 지운다. 참여자들이 어려워한 질문에는 체크 표시를 한다. 게임이 끝난 후에 이 질문들로 되돌아올 수 있다.

6 다음의 게임 방식에 대해 검토한다.

- 응답자 카드를 첫 번째로 든 팀장에게 정답을 말할 기회가 있다.

- 모든 대답은 질문 형식으로 응답되어야만 한다.
- 정답을 맞혔다면, 그에 해당하는 점수가 부여된다. 만약 틀린 답을 제시했다면, 팀 점수에서 그 점수만큼을 제하고, 다른 팀에게 정답을 말할 기회를 준다.
- 마지막에 정답을 제시한 팀이 다음 문제를 선택한다.

응용하기

1 팀장을 지정하는 대신, 각 팀 구성원이 차례대로 게임에 참여하게 하라. 대답을 하기 전에 팀 구성원과 상의할 수 없다.

2 참여자들에게 게임 질문을 만들게 하라.

적용 사례

비즈니스 글쓰기 과정에서 교수자는 다음과 같은 세 개의 범주들과 각각 이에 해당하는 질문과 정답을 만든다.

[편지와 메모]

1. 이 편지의 포맷은 네 부분으로 되어 있다.
   - '나쁜 뉴스(bad news)'를 다루는 편지는 무엇인가?
2. 이 마무리 발언은 비즈니스 편지에 적합하다.
   - 'Sincerely'는 무엇인가?

[문법]

1. 주어가 행위를 하고 있는 문법 구조다.
   - 능동태는 무엇인가?

2. '그리고' '하지만' 혹은 '또는'에 의해 결합되는 두 개의 독립적인 절들로 구성되는 문장 형식이다.

   • 중문은 무엇인가?

[구두법]

1. 이 구두점은 비즈니스 편지의 인사말 뒤에 항상 따라와야 한다.

   • 콜론은 무엇인가?

2. 이 구두점은 중문에서 접속사 위치에 쓸 수 있다.

   • 세미콜론은 무엇인가?

85 백만장자가 되고 싶은 사람?

개요

이 전략은 난이도에 따라 등급이 매겨진 일련의 객관식 질문을 이용하는 퀴즈쇼 형식을 취한다. 이 전략은 교수자들로 하여금 참여자가 학습내용을 어느 정도 습득했는지를 평가하게 하고, 또한 요점들을 강화하고, 명확히 하며, 요약한다.

절차

1 학습내용에 관해서 쉬운 것부터 아주 어려운 것까지 객관식 문제 세트를 준비한다. 가장 어려운 문제에 대한 정답에 10억 원이 수여되도록 문제 세트를 준비한다. 문제의 수는 상관없다. 예를 들면, 각각 10만 원, 20만 원, 50만 원, 100만 원, 200만 원, 400만 원, 800만 원, 1600만 원, 3200만 원, 6400만 원, 2억 5천만 원, 5억 원, 그리고 10억 원의 가치를 가진 13개의 문제를 만들 수 있다.

2 참여자들을 3명 또는 4명으로 구성된 팀으로 나누고 각 팀별로 한 명의 팀장을 정하도록 한다.

3 각 팀들에게 1번부터 번호를 부여한다.

4 다음 규칙들을 설명한다.

- 1번 팀은 가장 쉬운 질문을 받게 된다. 응답할 시간은 단 10초만 주어진다. 팀장이 '최종 답안'을 말해야 한다. 만약 답을 맞히면, 그 팀은 문제에 해당하는 액수를 받는다(예를 들면, 10만 원). 다음 순번의 팀은 다음 난이도의 질문을 받게 되고, 그 질문에 대한 답을 맞히면, 그에 해당하는 금액을 받는다(예를 들면, 20만 원). 모든 팀들이 질문에 답할 기회를 가졌으면, 다시 1번 팀으로 되돌아간다.
- 만약 어떤 팀이 답을 맞히지 못한다면, 언제든 나머지 다른 팀 가운데 가장 먼저 일어나는 팀장이 답을 맞힐 기회를 갖는다. 답을 맞힌다면, 보너스 점수를 획득할 수 있다.
- 가장 어려운 문제들에는(퍼실리테이터가 가장 어려운 문제들의 개수를 정할 수 있다), 팀이 '최종 답안'을 말하는 데 1분이 주어진다.
- 10억 원짜리 문제에 대해서는 각 팀이 자신의 답을 카드에 써서 제출한다. 정답을 맞힌 모든 팀들은 그에 해당하는 최고의 상금을 받는다.

5 복습 게임을 시작한다. 각 문제들을 성공적으로 맞히면, 학습목표와 관련하여 그 질문의 중요성에 대해 상세히 설명한다.

6 각 팀에게 자신들이 얻은 최종 점수를 보고하도록 한다.

응용하기

1 주관식으로 된 난이도별 문제 세트를 준비하여 게임을 진행하라.

2 게임을 시작하기 전에 각 팀에게 모든 객관식 문제들이 적혀 있는 종이를 나누어 줘라. 이것은 참여자들에게 문제를 예습하고 미리 가능성 있는 답안을 선택할 수 있는 기회를 준다.

적용 사례

대인관계 지능에 관한 교육훈련 프로그램에서, 교수자는 참여자들을 3개의 팀으로 나눈다. 각 팀의 이름을 각각 호랑이, 표범, 사자로 부른다(각 팀이 자신의 팀 이름을 정할 수 있다.). 교수자는 다음 질문들을 사용한다.

10만 원: 우리가 다룬 첫 번째 기술은?

(1) 골칫거리 피하기

(2) 피드백 교환하기

(3) 사람들 이해하기

(4) 감정을 자유롭게 표현하기

20만 원: 다른 사람들에게 피드백을 해 주는 것 외에도, 다음은 중요하다.

(1) 그들에게 돈 빌리기

(2) 그들 자신이 속수무책이라는 것을 알게 하기

(3) 가능한 한 빨리 떠나기

(4) 그들에게 당신 자신에 대한 피드백 요청하기

50만 원: 다른 사람을 이해하는 좋은 방법은?

(1) 그들에게 심리테스트를 제공하는 것

(2) 당신이 그들을 어떻게 비교하는지 보는 것

(3) 그들에게 피드백을 제공하는 것

(4) 당신의 직감을 믿는 것

100만 원: 효과적으로 갈등을 해소하는 것은 다음과 같은 것을 수반한다.

(1) win/lose 솔루션

(2) lose/lose 솔루션

(3) win/win 솔루션

(4) 논쟁하기

200만 원: 자기주장을 하는 가장 좋은 방법은?

(1) 크게 말하기

(2) 침착하고 자신감 유지하기

(3) 먼저 사과하기

(4) 자신의 행동 정당화하기

400만 원: 팀 플레이어가 되는 것은 다음을 포함하지 않는다.

(1) 인내심

(2) 협동심

(3) 공을 나누기

(4) 끊임없는 재미

800만 원: 삶의 자세를 바꾸기 위해서는 ~하는 것이 도움이 될 것이다

(1) 자신의 인간관계가 얼마나 뒤엉켰는지 평가한다.

(2) 누가 자신을 잘못된 방향으로 이끌었는지 조사한다.

(3) 시행착오를 겪는다.

(4) 휴가를 갖는다.

1600만 원: 'Alligator River' 이야기의 요점은?

(1) 우리는 자주 논쟁에서 질문하는 데 실패한다.

(2) 우리는 경청하지 않는다.

(3) 우리는 고정관념을 형성한다.

(4) 우리는 다른 사람들을 너무 빨리 믿지 않는다.

3200만 원: 7가지 종류의 지능에는 다음이 포함되지 않는다.

(1) 자기성찰

(2) 시각적 예리함

(3) 논리적 추론

(4) 현명함

6400만 원: 만약 당신이 조언을 해 주고자 하는 강한 욕구가 있다면 해야 할 가장 좋은 것은?

(1) 성급해 하지 않는다.

(2) 잠시 동안 자신의 의제를 접어 둔다.

(3) 자신의 감정을 통제한다.

(4) 더욱 설득력 있게 자신의 요점을 말한다.

2억 5천만 원: 변화를 위한 네 단계의 정확한 순서는?

(1) 배워라, 원하라, 시도하라, 그리고 살아라.

(2) 시도하라, 원하라, 배워라, 그리고 살아라.

(3) 원하라, 배워라, 시도하라, 그리고 살아라.

(4) 살아라, 배워라, 원하라, 그리고 시도하라.

5억 원: 시청한 비디오에서 나오지 않는 인물은?

(1) 스티브

(2) 앨런

(3) 페이지

(4) 신시아

10억 원: 이 교육훈련 프로그램에서 인용되지 않았던 인물은?

(1) 스티븐 포브스

(2) 스티브 잡스

(3) 피터 드러커

(4) 아담 샌들러

86 참여자 자신이 하는 요약

개요

이 전략은 참여자들에게 자신이 배웠던 것을 요약하게 하고, 요약한 것을 다른 이들에게 발표할 수 있는 기회를 제공한다. 이 방법은 참여자들이 배운 내용을 스스로 요약하게 하는 좋은 방법이다.

절차

1 참여자들에게 교수자가 수업에 대한 요약을 제공하는 것은 액티브한 학습의 원리에 맞지 않는다고 설명한다.

2 참여자들을 2~4명으로 구성된 소그룹들로 나눈다.

3 각 소그룹에게 교육훈련 세션에 대한 자신들만의 요약을 만들어 보도록 한다. 소그룹에게 자신들의 요약 자료를 잘 발표할 수 있도록 개요나 마인드맵, 또는 다른 도구들을 이용하도록 장려한다.

4 참여자들의 요약 작업을 돕기 위해 다음과 같은 질문을 사용한다.

- 우리가 다루었던 주요 주제는 무엇입니까?

- 오늘 수업에서 다루었던 핵심 사항들은 무엇입니까?
- 오늘 어떤 경험을 했습니까? 그것으로부터 배운 것은 무엇입니까?
- 이 교육훈련을 통해 얻은 아이디어나 제안은 무엇입니까?

5 소그룹에게 자신들의 요약을 공유하도록 하고, 그 노력에 박수를 보낸다.

응용하기

1 참여자들에게 그날의 주제 개요를 제공하고 다루어졌던 것들의 세부사항을 채워 보도록 하라.

2 팀을 만들어라. 팀별로 수업에 관한 몇 가지 요점을 말하도록 하라.

적용 사례

생산적인 그룹 기술에 관한 교육훈련 프로그램에서 그룹의 구성원들은 그룹의 효과성에 기여하는 다음의 핵심 사항들을 자신들의 언어로 요약한다.

- 사람들은 서로 듣고 대답한다.
- 그룹은 자신의 목표를 명확히 한다.
- 누구나 참여한다.
- 리더십은 그룹으로부터 나오고 모든 그룹 구성원들과 공유한다.
- 어떤 중요한 결정도 모두의 동의 없이는 결정되지 않는다.
- 반대의견도 격려된다.
- 구성원들의 행복은 과업 달성이라는 목적으로 인하여 무시되지 않는다.
- 그룹은 일이 어떻게 돌아가는지 함께 논의하고 구성원들은 서로에게 피드백을 준다.

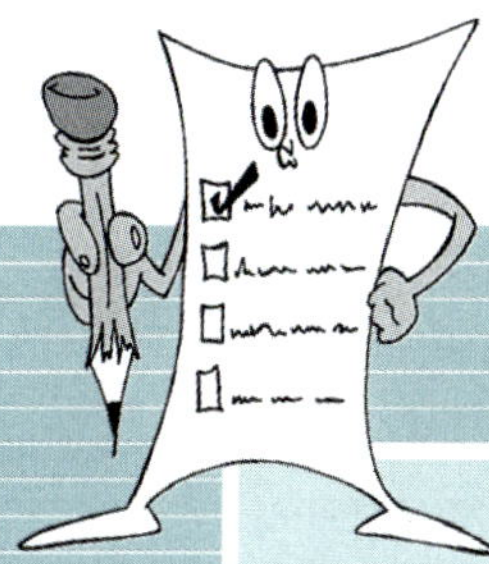

자기평가

교육훈련 세션이나 프로그램의 마지막은 성찰을 위한 시간이 된다. 내가 배운 것은 무엇인가? 내가 지금 믿고 있는 것은 무엇인가? 나의 기술들은 무엇인가? 나는 어떤 것을 개선시킬 필요가 있는가?

자기평가를 위한 시간을 부여하는 것은 참여자들에게 교육훈련이 자신들에게 어떤 의미였는지를 검토할 수 있는 기회를 준다. 여기에서 제시되는 전략들은 이와 같은 자기평가를 촉진하기 위해 구조화된 방법들이다. 이것들은 또한 교육훈련 세션이나 프로그램을 의미 있게 마무리할 수 있도록 해 준다.

87 재고하기

개요

하나의 교육훈련 세션을 만들기 위한 가장 효과적인 방법 중 하나는 참여자들에게 세션의 시작과 끝에 학습주제에 대한 그들의 견해를 묻는 것이다. 이를 위한 몇 가지 방법이 있다.

절차

1 교육훈련 세션의 시작 부분에서, 참여자들에게 학습주제에 대한 자신들의 견해를 제시해 보도록 한다. 예를 들면, 다음에 관해 물을 수 있다.

- 효과적인 매니저의 특성들(세일즈맨, 리더, 기타)
- 직원의 기강을 다루는 최고의 방법들(회의하는 것, 기타)
- 스트레스를 줄이기 위해 참여자들이 스스로에게 하는 조언(보다 생산적이 되어라, 보다 긍정적이 되어라, 기타)
- 참여자들이 특정 문제를 다루기 위해 고안할 수 있는 해결 방안

다음의 형식 중 한 가지를 이용하라.

- 그룹 토의
- 설문지
- 오프닝 디베이트(opening debate)
- 성명서(written statement)

2 수업이 끝날 무렵, 참여자들에게 학습주제에 대한 자신들의 견해를 다시 한 번 더 제시해 보게 한다.

3 학습자들에게 자신의 견해가 처음과 같은지 물어본다.

응용하기

1 참여자들이 왜 자신의 견해를 바꾸었는지에 대해 그 이유를 토의하게 하라.

2 참여자들에게 자신이 기대했던 만큼 효과적이지 못했던 최근 시기에 대해 써 보도록 하면서 수업을 시작하라. 그리고 수업이 끝날 즈음에는 앞서 기술했던 사건들을 미래에 어떻게 좀 더 효과적으로 다룰 수 있는지에 대해 묻는다.

적용 사례

고객서비스 교육의 시작 부분에 교수자는 참여자들을 소그룹으로 나누고 각 소그룹에게 고객서비스 담당자를 위한 지침을 만들도록 한다. 만들어진 첫 목록은 다음과 같은 항목들을 포함한다.

- 즉각적인 서비스를 제공한다.
- 고객 앞에서 껌을 씹지 않는다.
- 고객 상담 중에 전화하지 않는다.
- 미소 짓는다.
- 매우 화가 난 고객은 매니저에게 맡긴다.
- 회사정책을 고수한다.

교육 마지막에 교수자는 처음에 만든 목록을 게시하고, 참여자들에게 새롭고 개선된 목록을 만들어 보도록 한다. 다음의 목록이 만들어진다.

- 고객에게 당신이 할 수 없는 것이 아니라 할 수 있는 것을 말한다.
- 가능할 때마다 고객에게 선택권을 준다.
- 고객의 입장이 되어라.
- 무엇을 상상하든 그 이상을 하기 위해 노력한다.
- 고객의 이름을 불러 준다.
- 자신 스스로가 문제를 해결하려고 노력한다.
- 고객에게 바로 감사를 표한다.

88 투자 수익

개요

이 접근법은 참여자들에게 교육훈련 세션을 통해 이득을 얻었는지를 평가하도록 하는 것이다.

절차

1 교육훈련 초반에 참여자들로 하여금 교육훈련에서 배운 것을 자신의 직업이나 삶에 어떻게 이용할 수 있게 되기를 희망하는지 작성해 보도록 한다. 다음은 이 활동을 조직하기 위한 몇 가지 방법들이다.

- 참여자들에게 수업에 대한 자신의 학습목표를 작성해 보도록 한다.
- 참여자들에게 최근의 성공 및 실패 경험에 대해 작성해 보도록 한다.
- 참여자들에게 직장에서 현재 겪고 있는 문제, 과업 혹은 이슈들에 대해 작성해 보도록 한다.

2 교육훈련 세션 중에 주기적으로 참여자들에게 처음에 작성했던 것들을 다시 읽어 보게 하고, 교육훈련이 이제까지 자신에게 어느 정도의 가치를 주었는지에 대해 생각해 보게 한다.

3 교육훈련 세션 마지막에는 참여자들에게 세션 초반에 작성했던 것에 비추어 교육훈련에 들인 시간과 노력의 투자가 얼마나 가치 있었는지를 평가하도록 한다.

4 참여자들로부터 당신의 교육훈련 세션의 가치에 대해 피드백을 받는다.

응용하기

1 참여자들이 교육훈련 세션 동안 쉽게 참조할 수 있도록 이들의 목표를 시각적으로 나타내는 보조자료를 만들어라.

2 참여자들에게 교육훈련에 대한 투자수익을 백분율로 나타내도록 하라. 예를 들면, 교육훈련이 도움이 되었다고 느낀 참여자는 자신이 투자한 것에서 75%를 회수했다고 생각할 수 있다.

적용 사례

프레젠테이션 기술에 관한 수업에서 교수자는 참여자들에게 자신의 프레젠테이션을 향상시킬 수 있는 방법들에 대해 목록을 작성해 보도록 한다. 통합된 목록은 아래와 같다.

- 초반에 긴장을 누그러뜨린다.
- 프레젠테이션 매체를 보다 효과적으로 활용한다.
- 청중과 더 나은 눈 맞춤을 유지한다.
- 메모에 덜 의존한다.
- 발표 속도를 개선한다.
- 단조로운 억양을 피한다.
- 토론과 질문을 장려한다.
- 강한 결론으로 마무리한다.

프로그램의 마지막에는 참여자들에게 투자 수익을 결정하기 위하여 자신이 얼마만큼 향상되었는지를 평가하도록 한다.

89 우리가 배운 것은 뭐?

개요

이 활동은 교육훈련 세션을 통해 참여자들이 학습한 것에 대해 평가하는 (그리고 축하하는) 하나의 방법을 제시한다.

절차

1 참여자들을 2~4명으로 구성된 소그룹으로 나눈다.

2 각 소그룹별로 구성원들이 수업에서 무엇을 배웠는지를 논의하도록 한다. 이 논의는 개인적인 경험과 수업 관련 전문적인 성과 모두를 다룰 수 있다. 그리고 소그룹에게 플립 차트에 '배운 것들'의 목록을 적도록 한다. 목록의 제목은 '우리가 배운 것은 뭐?'로 하도록 한다.

3 이들 목록을 강의실 벽에 붙인다.

4 참여자들에게 각각의 목록을 둘러보게 하고, 다른 소그룹들의 목록에서 자신이 학습한 것이 있으면 '√'를 표시하도록 한다('√' 대신에 동그라미 컬러 스티커로 표시할 수도 있다. 혹은 다른 방식으로도 가능하다.).

5 가장 많은 선택을 받은 '배운 것들'에 주목하면서 그 결과를 공유한다. 또한 일반적이지 않았거나 예측하지 못했던 것들에 대해서도 언급한다.

응용하기

1 만약 그룹의 규모가 적절하다면, 각각의 참여자에게 자신의 목록을 만들도록 하라.

2 참여자들에게 '배운 것들'을 적도록 하는 대신에 '간직할 것들'을 적도록 하라. '간직할 것들'이란 세션에서 다루어진 아이디어나 제안 중에 참여자들이 나중에 업무에 적용하기 위하여 간직할 가치가 있다고 생각하는 것들이다.

적용 사례

직원들의 동기부여에 관한 세션 마지막 부분에 교수자는 각각의 소그룹들에게 이 수업으로부터 자신들이 배운 것들을 플립 차트에 적도록 한다. 다음의 것들이 목록에 포함되어 있다.

- 당신은 누구도 동기부여시킬 수 없다. 당신은 오직 사람들이 동기가 부여될 수 있는 환경을 만들 뿐이다.
- 사람들은 충족되지 않은 요구들에 의해 동기가 부여된다.
- 보상은 반드시 종업원이 가치 있게 여기는 것이어야 한다.
- 무언가를 올바르게 하는 사람들을 포착하라.
- 직원들은 당신의 기대를 충족시킬 것이다. 긍정적으로든, 부정적으로든.
- 선택과 그로 인해 나오는 개인적 헌신은 동기부여에 필수적이다.
- 강화는 개인적이다. 한 사람을 동기부여시킨 것이 다른 사람을 동기부여시키지 못할 수 있다.
- 행동과 태도를 통해 당신이 어떻게 동기부여되어 있는지를 보여라.
- 생산성은 개방과 신뢰를 조장하는 조직에서 최고가 된다.

90 움직임을 통한 자기평가

개요

이 활동은 67번 전략 '액티브한 자기평가'와 유사하다. 교육훈련 프로그램 마지막에 이 전략을 사용하면 참여자들로 하여금 자신이 얼마나 많이 배웠는지를 평가하고 이전에 가지고 있던 신념들을 수정하도록 한다.

절차

1 참여자들의 변화를 평가할 진술문을 하나 이상 만든다. 다음과 같은 사례가 포함될 수 있다.

- 이 교육훈련 수업 덕분에 ____________에 대한 나의 관점들이 바뀌었다.
- 나는 ____________의 기술이 향상되었다.
- 나는 새로운 정보와 개념들을 배웠다.

2 참여자들에게 테이블 또는 의자를 한쪽으로 치우고 강의실의 뒤편에 서도록 한다.

3 강의실 앞 화이트보드를 이용하거나 벽에 숫자를 붙여 등급을 나타내는 숫자 1~5를 만든다.

4 참여자들에게 일련의 진술문을 읽어 주고, 그것을 들은 후에는 자신이 생각하는 숫자 앞에 가서 서도록 한다. 참여자들에게 자기 자신을 사실 그대로 평가하도록 요청한다. 어떤 것들은 거의 또는 전혀 변화가 없었을 수도 있음을 지적한다. 이것들은 더 많은 연습과 시간이 필요한 사전지식 혹은 기술, 또는 요구들일 수 있다. 다음의 척도를 사용한다.

1 = 전혀 동의하지 않는다.
2 = 동의하지 않는다.
3 = 확실치 않다.
4 = 동의한다.
5 = 매우 동의한다.

5 참여자들이 모두 자리를 잡았으면, 몇몇 참여자들에게 왜 자신이 그 순위를 선택했는지 공유하도록 요청한다.

6 다른 사람들의 의견을 들은 후에, 자신의 자리를 바꾸기를 원하는 사람이 있으면 그렇게 하도록 기회를 부여한다.

응용하기

1 위와 같은 공개적인 자기평가 대신에 개인적인 지필 자기평가를 활용하라.

2 참여자들에게 각 진술문에 대해 자신들이 얼마나 동의하는지의 순서로 줄을 서게 하라. '신체적 연속체'라고 불리는 이 기법은 참여자들이 서로 선호하는 자리를 차지하기 위해 자신들이 무엇을 배웠는지, 혹은 어떻게 변했는지에 대해 논의하게 한다.

적용 사례

전화업무 처리에 관한 수업 마지막에 교수자는 다음과 같은 진술문을 준비하고 그룹에게 하나씩 보여 준다.

- 나는 화난 고객들을 상대하는 방법에 대하여 새로운 정보를 배웠다.
- 전화 응답의 중요성에 대한 나의 관점이 바뀌었다.
- 나는 전화 경청 기술을 향상시켰다.
- 나는 부정적인 말을 표현하는 데 있어서 더 나은 표현방식들을 배웠다.
- 나는 전화가 하나의 방해거리가 아니라 내 업무의 중요한 부분이라는 것을 이해한다.
- 나는 전화를 다른 사람에게 돌려주는 적절한 절차를 안다.

참여자들에게 위의 절차에 따라 자신들을 평가해 보도록 한다.

적용계획

교육훈련 프로그램의 마지막에 참여자들은 자연스럽게 "이제 어떻게 해야 되나요?" 라고 질문할 것이다. 액티브한 교육훈련의 성공 여부는 이 질문이 어떻게 대답되는가에 달려 있다. 즉, 이는 교육훈련 과정에서 습득된 것이 실제 업무에 어떻게 반영되는지에 의해 평가된다. 여기에 제시되는 전략들은 적용계획을 향상시키기 위해 고안되었다. 몇몇 방법은 시간이 제한적일 때 사용할 수 있는 꽤 신속한 기법들이다. 반면에 다른 것들은 더 많은 시간과 헌신을 요구하지만 훨씬 더 나은 결과를 가져온다.

91 셀프 모니터링

개요

이 전략은 참여자들에게 그들이 다시 업무에 복귀했을 때 스스로를 모니터링할 수 있는 구체적인 계획을 세울 수 있도록 한다.

절차

1 행동수정과 관련하여 잘 알려진 기법 중 하나는, 내담자로 하여금 자신의 행동을 모니터링해 보도록 하는 것임을 설명한다. 예를 들면, 자각의 확장이 몸무게 감량 프로그램에서 자제력을 높일 것이라는 가정하에, 내담자에게 자신이 섭취하는 모든 것을 적어 보도록 요청할 수 있다.

2 참여자들에게 자신이 업무에 복귀하게 되면, 교육훈련 효과를 지속시키기 위한 방법의 하나로서 자신의 행동을 면밀히 모니터링해 보도록 제안한다.

3 이를 위한 한 가지 방법은 자신들이 배운 것을 적용하는 행동계획을 설계하는 것임을 알려 준다.

4 참여자들이 업무에 복귀했을 때 사용할 수 있는 리마인더(reminder)를 브레인스토밍하게 한다. '~를(을) 기억하라.'라는 어구를 사용한다.

5 브레인스토밍으로부터 나온 목록 가운데 자신의 업무에 적합하다고 생각하는 리마인더를 선택하도록 한다.

응용하기

1 참여자들을 위한 리마인더 목록을 미리 준비하고, 자신에게 적합하다고 생각하는 것을 선택하게 하라.

2 참여자들에게 자신만의 리마인더 카드를 만들어서 직장 내 테이블에 놓거나 벽에 붙여 놓도록 하라. 카드를 멋있게 만드는 데 필요한 도구를 제공한다.

적용 사례

시간관리 수업에서 교수자는 참여자들에게 자신의 직장에서 시간을 더 효과적으로 관리하는 데 도움을 주는 리마인더를 브레인스토밍하게 한다. 참여자들은 '~를(을) 기억하라.'라는 문장을 활용하여 다음과 같은 리마인더를 생각해 낸다.

'~를(을) 기억하라.'

- 매일 '해야 할 일' 목록을 만드는 것
- 어떤 과업을 끝마쳐야 하는 것에 대해서 나 자신과 약속하는 것
- 빈 색인 카드(또는 스마트폰 메모장)에 아이디어를 메모하는 것
- 긴급한 것이 아닌 중요한 것에 기반을 두어 우선순위를 정하는 것
- '보아야 할' 파일을 만들어서 출장 때 항상 가져가는 것
- 아이디어를 찾으면서 책이나 기사를 훑어보는 것
- 편지나 메모에 즉시 응답하는 것
- 가능한 한 모든 것을 위임하는 것

- 한 달에 한 번 자신의 인생목표 목록을 살펴보고, 필요하다면 수정하는 것
- 한 달에 한 번 3시간짜리 '잡다한 일 처리 시간'을 두고 이때 처리할 사소한 일들을 모으는 것

각 참여자들에게 가장 적합하게 생각하는 세 가지 리마인더를 선택하게 하고, 그 카드들을 직장에 붙여 놓도록 한다.

92 동료상담

개요

이 전략은 참여자들에게 현업에서 겪는 여러 문제에 대하여 서로 돕도록 하며, 동시에 교육훈련 프로그램에서 학습한 것을 복습하고 적용할 수 있도록 한다.

절차

1 각 참여자들이 현장에 복귀했을 때 겪게 될 문제들에 대해 논의하기 위해 참여자들을 소그룹으로 나눈다.

2 각 소그룹 구성원들 가운데 한 사람의 지원자가 교육훈련 주제와 관련하여 자신이 직면하고 있는 문제에 대해 해당 그룹 구성원들과 공유하도록 요청한다. 문제들은 다음의 것을 포함할 수 있다.

- 어려운 프로젝트
- 문제 있는 직원의 인사고과
- 시간관리 문제
- 중요한 세일즈 프레젠테이션

3 각 소그룹의 다른 구성원들에게 그 지원자가 가지고 있는 문제를 함께 해결해

보도록 요청한다. 참여자들이 그 지원자를 도울 때 교육훈련 프로그램에서 배운 지식과 기술을 적용하도록 격려한다.

4 각 소그룹에게 시간이 허락하는 한 많은 문제들을 다루어 보도록 한다.

응용하기

1 한 명의 참여자를 초청하여 전체그룹에게 자신의 문제를 공유하도록 요청하라. 여러 참여자들에게 자신들이 배운 지식과 기술을 그 문제에 적용하고 새로운 전문 지식을 시험해 볼 수 있도록 논의를 조장하라.

2 도움을 구하는 참여자들에게 후속 지원 및 상담을 계획하라.

적용 사례

회의관리에 관한 세션의 막바지 즈음에 교수자는 참여자들을 4명으로 구성된 소그룹으로 나누고, 그들에게 보다 효과적으로 다루기를 원하는 (곧 있을) 회의에 대해 토론하도록 한다. 각각의 구성원들은 돌아가면서, 자신이 더 잘 다루었으면 하는 회의의 특정 측면을 이야기하고, 다른 구성원들은 수업에서 배운 내용에 기반을 두어 그에 대해 아이디어를 제안한다.

한 참여자는 회의를 할 때 어떤 사람이 그 회의를 독점하려고 하는 문제 상황을 제시한다. 다른 동료들은 이 문제를 해결하기 위하여 다음의 전략들을 제시한다.

- 회의를 독점하려고 하는 사람에게 개인적으로 당신은 많은 좋은 아이디어들을 가지고 있지만 다른 사람들의 생각도 들어 보자고 부드럽게 이야기한다.
- 논의를 독점하는 사람에게 논의에 대한 기록원의 역할을 부여한다.

- 회의 참여자들의 공평한 참여를 위해 라운드 로빈(Round-Robin) 브레인스토밍 기법을 이용한다.

라운드 로빈 브레인스토밍 기법

1. 전체그룹을 소그룹들로 나누고 같이 모여 앉게 한다.
2. 각 소그룹에게 한 가지씩 논의 주제를 할당한다.
3. 각 소그룹에게 자신의 브레인스토밍 아이디어를 적을 수 있도록 플립 차트를 제공한다.
4. 2~3분 후에, 각 논의 주제(플립 차트)를 다음 테이블로 넘기고, 그 주제에 대해 새롭게 논의를 시작하게 한다.
5. 각 소그룹들이 모든 주제를 다 다룰 때까지 이 과정을 지속한다.
6. 전체그룹으로 다시 모여 완성된 플립 차트를 검토하게 한다.

93 장애물 확인 · 평가

개요

이 전략은 참여자들에게 교육훈련 프로그램으로부터 자신들이 배운 것을 적용하는 데 있어 직면할 수 있는 여러 장애물들에 대해 생각해 보도록 한다.

절차

1 참여자들에게 당신의 바람은 그들이 수업에서 배운 기술(혹은 지식)을 자신들의 일에 적용해 보는 것임을 말한다. 향후에 이전과는 다르게 행동하고자 하는 최상의 의도들이 새해 결심처럼 쉽게 포기될 수 있다는 점도 언급한다. 이 활동은 이러한 현실을 다루도록 설계되었음을 설명한다.

2 참여자들에게 자신들이 배운 것을 적용하는 데 있어 극복해야 할 장애물들은 어떤 것들이 있을지 예상해 보도록 한다. 이전에 효과적이었던 대처 기술로 되돌아가게 하거나, 행동계획을 수행하려는 결심을 주저하게 만드는 순간을 야기할 수 있는 상황들에 대해 생각해 보도록 한다. 참여자들에게 구체적인 장면을 시각화하도록 장려한다.

3 그다음에 참여자들에게 자신들이 직면할 수 있는 장애물들에 대처하는 긍정적인 이미지를 만들어 보도록 안내한다.

4 만약 예상된 부정적인 시나리오가 실제로 현실화된다면, 참여자들에게 그러한 장애물들을 성공적으로 극복해 낼 수 있도록 자신감을 심어 준다.

응용하기

1 멘탈 이미지(mental imagery)를 이용하는 것 대신에, 참여자들에게 자신들이 직면할 수 있는 장애물 목록을 작성하도록 요청하라. 그 목록을 '내부적인 것'과 '외부적인 것' 두 가지 제목으로 분리하도록 한다. 내부적인 장애물은 참여자 개인에게 책임이 있는 태도와 행동을 말한다. 외부적인 장애물은 다른 사람과 사건에 의해 만들어지며 개인의 결심을 방해하는 태도나 행위를 일컫는다. 참여자들에게 이러한 내부적 · 외부적 장애물을 극복하기 위한 방법들을 브레인스토밍하도록 요청한다.

2 참여자들이 장애물을 평가하고 극복하는 것을 돕기 위해 세력분석(force-field analysis, 변화를 추동하는 힘과 이를 방해하는 힘 분석)을 사용하라(※ 저자의 책 『Active Training』, pp. 166-169 참조).

적용 사례

대인관계 의사소통에 관한 수업에서 교수자는 참여자들에게 수업에서 자신들이 배운 것들을 업무에 적용해 보도록 요청한다. 행동계획의 한 부분으로서, 참여자들에게 계획을 수행할 때 직면할 수 있는 장애물들이 무엇일지에 대해 상상해 보도록 한다. 한 참여자는 상사가 동료들 앞에서 자신을 나무라는 방식에 대해 상사에게 자신의 생각을 어떻게 표현할지 상상한다. 참여자는 마음속에 다음과 같은 대본을 가지고 상사에게 접근하는 것을 시각화한다.

나는 항상 당신의 높은 기대를 충족시켜 드릴 수가 없다는 것을 잘 알고 있습니다. 하지만 당신이 다른 사람 앞에서 나를 질책할 때, 나는 당황스럽고 화가 납니다. 나는 당신이 나의 업무 수행에 대해 개인적으로 말해 주면 더 좋겠습니다. 당신이 그렇게 하면 나는 당신의 제안을 좀 더 잘 받아들일 것입니다. 나는 내 일을 즐기며 잘하고 싶고, 당신의 기대를 충족시켜 드리고 싶습니다.

이 참여자는 자신이 기가 죽어 상상한 대로 말하지 못할까 봐 염려된다고 말한다. 교수자는 그 참여자에게 성공적인 결과와 자신의 의견에 대한 상사의 긍정적인 반응을 시각화하도록 한다. 대안으로서 교수자는 참여자에게 상사와 정면으로 마주 대하는 것 대신에 편지를 써 볼 것을 제안한다.

94 업무 리마인더

개요

이 전략은 참여자들에게 자신을 위한 업무 보조도구 및 리마인더(reminder)들을 만들어 보도록 한다. 이것은 업무 공간 안쪽이나 혹은 근처(개인 컴퓨터나 게시판, 혹은 커피 마시는 곳, 시계 위, 아니면 자판기 등과 같은)에 게시되어, 참여자들로 하여금 어떤 특정 행동을 수행하도록 상기시키는 표지판이나 목록의 역할을 할 수 있다.

절차

1 참여자들에게 다음 중 하나를 진술하는 표지판이나 깃발을 만들도록 한다.

- 교육훈련 프로그램에서 배운 단 한 가지 것(예, '모든 화난 고객은 잃어버린 고객이다.')
- 앞으로 명심해야 할 중요한 생각 또는 조언(예, '당신의 감정을 관리하라.')
- 향후에 취할 행동조치(예, '갈등에 직면했을 때는 질문하라.')
- 숙고해야 할 질문(예, '나의 목표는 무엇인가?')

2 참여자들에게 가능한 한 간결하게 표현하도록 한다. 선정하기 전에 다양한 아이디어들이 나오도록 브레인스토밍하게 한다. 자신의 아이디어에 대하여 다른 이들의 반응을 구하도록 장려한다.

3 참여자들이 리마인더를 가능한 한 멋지게 만들 수 있도록 다양한 물품을 제공한

다(다양한 종류의 포스트잇을 활용할 수 있다.).

4 리마인더들을 모아 갤러리처럼 전시한다. 참여자들은 그것을 자신들의 직장으로 가져가 게시하도록 장려한다.

응용하기

1 참여자들이 가져갈 수 있도록 업무 리마인더를 만들어 제공하라.

2 참여자들이 색인 카드에 리마인더에 관한 아이디어를 적어 보도록 하라. 카드를 모으고 전체 참여자들에게 그것을 돌린다. 각 참여자들로 하여금 본인에게 잘 맞는 다른 구성원들의 아이디어를 3개 선택하게 하라.

적용 사례

스트레스 관리에 관한 세션 막바지에 교수자는 참여자들에게 핵심 학습 요점을 담아 내는 가상의 범퍼 스티커를 만들어 보도록 한다. 참여자들은 다음과 같은 것들을 개발한다.

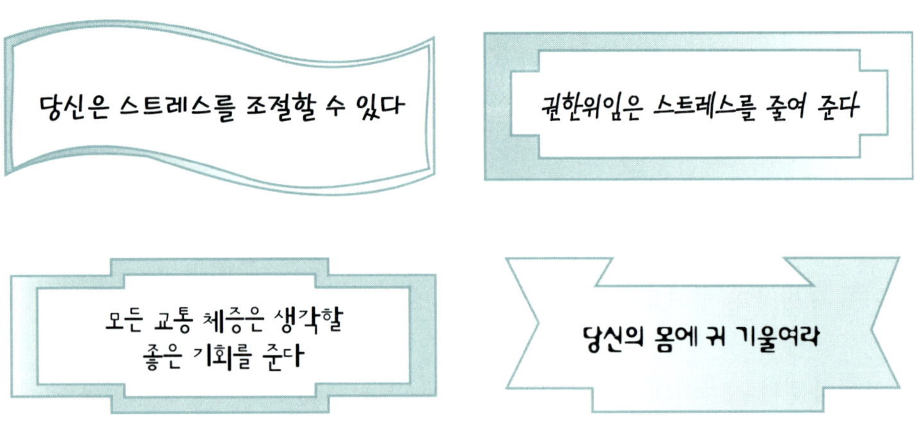

95 나는 ~을 결심한다

개요

이것은 교육훈련 프로그램에서 배운 것을 적용하는 데 도움을 줄 수 있는 하나의 유용한 전략이다. 이는 또한 참여자들이 교육훈련이 끝난 뒤에 교육훈련 프로그램을 오랫동안 기억하도록 돕는 훌륭한 방법이기도 하다.

절차

1 참여자들에게 교육훈련 프로그램으로부터 배운 것을 당신에게 말해 보도록 요청한다. 참여자들의 생각을 기록하고 종합한 목록을 만들어 전시한다.

2 참여자들에게 빈 종이와 봉투를 제공한다.

3 참여자들에게 자신이 (개인적으로) 교육훈련에서 학습한 것과 그것들을 실제로 적용하기 위해 어떤 조치를 취할 것인지에 대해 스스로에게 편지를 써 보도록 한다. 편지의 시작은 '나는 ~을 결심한다.'라는 문구로 한다.

4 참여자들에게 편지는 비밀 편지임을 알려 준다. 각 참여자들에게 편지를 자신의 이메일 주소가 쓰여 있는 봉투에 넣고 밀봉하도록 한다.

5 각 참여자들에게 당신으로부터 그 편지를 이메일로 받아 보고 싶은 날짜를 포스트잇에 적어 봉투에 붙이도록 한다. 당신은 해당 날짜에 참여자들에게 그 편지를 보낼 것을 약속한다.

응용하기

1 봉투들을 모으고 그것을 섞은 뒤, 하나씩 각 참여자들에게 나누어 주어라. 참여자들에게 이 과정이 끝나고 한 달이 지난 시점에, '나는 ~을 결심한다.' 편지를 원래 저자에게 이메일로 보내 주도록 요청한다.

2 참여자들이 편지를 쓰도록 하는 대신에, 다른 사람에게 자신의 결심을 알리고 지원을 요청하는 내용을 담은 편지를 쓰도록 제안하라.

3 마지막 세션이 끝나고 한 달 뒤에 참여자들에게 교육훈련 프로그램의 요점을 요약한 편지를 보내라. 참여자들에게 자신이 배운 것들을 적용하도록 격려하라. 적용과 관련된 문제에 있어서 당신을 자원으로 활용하도록 제안하라.

적용 사례

퍼실리테이션 기술 워크숍 막바지에 교수자는 참여자들에게 팀 미팅을 촉진시키는 것에 대해 자신들이 무엇을 배웠는지, 그리고 배운 것을 어떻게 적용할 것인지를 보여 주는 편지를 스스로에게 쓰도록 한다. 다음은 한 참여자의 편지다.

나는 팀 미팅 시에 덜 지시적이 될 것을 결심한다. 나는 개방형 질문으로 물을 것이고, 팀 구성원의 이야기를 중간에 끊지 않고 끝까지 들을 것이다. 만약 누구도 즉각적으로 대답하지 않으면, 나는 인내할 것이며, 침묵이 만들어 낸 빈 공간으로 뛰어들지 않을 것이다. 질문을 하면, 내가 직접 대답하기 전에 팀 구성원에게 대답해 보도록 할 것이다. 나는 그 미팅을 통제하기보다는 팀 구성원 간의 상호작용을 촉진하도록 진정한 노력을 기울일 것이다.

96 후속 설문지

개요

이것은 교육훈련 프로그램 종료 후에도 그것에 대해 오랫동안 기억하도록 하는 훌륭한 전략이다. 그리고 참여자들과 계속 연락할 수 있는 한 가지 방법으로 기여하기도 한다.

절차

1 교육훈련 프로그램 마지막 날에 당신은 참여자들에게 지금으로부터 한 달 뒤에 후속 설문지를 보내고자 함을 알린다. 설문지는 (1) 자신들이 무엇을 배웠는지 그리고 배운 것을 얼마나 잘 적용하고 있는지를 평가하도록 도우며, (2) 참여자들로부터 피드백을 얻기 위한 목적으로 실시된다.

2 참여자들에게 자기 자신을 위해 설문지에 응답해 보도록 촉구한다. 당신이 피드백을 받기를 원한다 할지라도, 참여자들이 자발적으로 원하는 경우에만 설문지를 회신하도록 요청한다.

3 설문지를 개발할 때, 다음의 제안들을 고려한다.

- 비공식적이고 친근한 톤을 유지하라.
- 가장 작성하기 쉬운 문항을 첫 번째에 위치시켜라. 체크리스트, 등급 척도(예,

5단 척도), 빈칸 채우기, 짧은 서술형과 같은 응답 포맷을 사용한다.

- 참여자들에게 가장 기억에 남는 것은 무엇인지, 현재 활용하고 있는 기술은 무엇인지, 그리고 어떤 성취를 이루었는지에 대해 질문한다.
- 질문이나 적용상의 문제가 있는 경우에 당신에게 자유롭게 전화할 수 있도록 하라.

응용하기

1 참여자들이 흥미 있어 할 만한 후속 유인물을 보내라.

2 설문지를 보내는 대신에 전화로 혹은 직접 만나서 인터뷰를 하라. 만약 교육훈련 참여자들이 많았다면 그중 일부에게만 요청하라.

적용 사례

적극적인 주장훈련 과정에 참여한 학습자들에게 다음의 설문지를 보낸다.

안녕하세요? 잘 지내고 있지요? 나는 여러분들이 프로그램을 통해 적극적인 의사소통에 관한 기술들을 익힐 수 있는 기회를 가졌기를 희망합니다. 이야기한 대로 나는 여러분들이 적극적인 의사소통의 기술과 능력을 갖게 되었는지에 대해 검토하고 평가하는 것을 돕기 위해 이 설문지를 보냅니다. 이 설문지를 내게 다시 보내 주시면, 내가 이 교육훈련 프로그램을 평가하는 데 도움이 될 것입니다. 감사합니다.

1. 어려운 순서대로 다음의 상황들에 순위를 매겨 주세요. 1부터 5까지의 척도를 사용하여, 가장 어렵지 않은 것에는 1을, 가장 어려운 것에는 5를 부여하세요.

___ 사과 없이 "NO"라고 말하기

___ 대화를 시작하기

___ 당신의 감정을 솔직하게 드러내기

___ 설득력 있게 말하기

___ 매우 까다로운 사람 대하기

2. 다음의 상황들에서 당신이 겪는 어려움의 정도를 표시해 주세요.

	어려움 없음	약간 어려움	상당히 어려움
이성과의 대화			
자녀 훈육			
전화 통화하기			
임금 인상 요청			
그룹에서 말하기			
판매원에 거부하기			
식당에서 음식 반환하기			

3. 당신이 적극적으로 의사를 표현했던 최근의 상황에 대해 간략하게 적어 주세요.

____

____

____

____

4. 당신이 적극적으로 의사를 표현하지 못해 후회했던 최근의 상황에 대해 간략하게 적어 주세요.

____

____

____

____

5. 당신이 유용하다고 생각하는 기법들에 동그라미 쳐 주세요.

포깅(fogging, 동의하기)	깨진 레코드 기법(the broken record technique)*
공짜 정보	감정이입적인 적극적 주장
'나' 메시지	부정적 질문

6. 다음 중 하나에 체크해 주세요.

_________ 전화 부탁합니다. 나는 아래와 같은 어려움에 처해 있습니다.

____

____

____

_________ 모든 게 잘되고 있습니다. 도움을 청할 일이 없습니다.

* 역자 주: 핵심 논점에서 벗어난 것에 대해서는 무시하고, 핵심 논점을 확고히 반복 주장함

97 적용 실천하기

개요

이것은 참여자들이 자신이 배운 것을 적용하는 데 상당한 노력을 기울이게 만드는 하나의 방법이다. 이것의 핵심은 참여자의 행동계획과 슈퍼바이저의 피드백을 통합하는 것이다.

절차

1 교육훈련 프로그램의 마지막에, 참여자들에게 자신이 학습한 것을 어떻게 실행하려고 계획하는지에 대한 후속 업무기술서 서식의 빈칸을 채워 보도록 한다. 업무기술서 서식의 사례는 다음 페이지에 제시되어 있다.

2 모두 마치면, 참여자들에게 자신의 업무기술서 서식을 3~4주 후에 보내 줄 것임을 알린다. 동시에 다음의 지시문도 참여자들에게 보낸다.

> 당신이 작성한 업무기술서를 검토하세요. 당신이 성공적으로 적용할 수 있었던 계획들에는 A를, 당신이 여전히 적용하기 위해 노력하고 있는 계획들에는 B를 쓰세요. 당신이 적용하지 못한 계획들에는 C를 쓰세요. 당신의 계획을 달성하는 데 방해가 되었던 장애물들에 대해 기술하세요.

3 각 참여자들의 재량에 따라, 참여자들의 슈퍼바이저로부터 피드백을 얻기 위해 그들에게 업무기술서를 보낼 수도 있다. 다음의 예는 당신이 슈퍼바이저에게 보낼 수 있을 법한 사례다.

슈퍼바이저 후속 노트

귀하의 부하 직원인 [이름] 씨는 [주제]를 다루었던 교육훈련 프로그램의 참여자였습니다. 지난 3~4주 동안 그는 자신이 프로그램에서 배운 아이디어 혹은 기술들을 적용하고자 시도해 왔습니다. 그가 작성한 것을 검토해 주시기 바랍니다. 어떠한 변화를 관찰했습니까? 당신은 [이름] 씨가 자신이 배운 것을 적용하기 위해 노력을 기울였을 때 지원해 주실 수 있었습니까?

후속 업무기술서 서식

교육훈련 프로그램으로부터 학습한 것을 적용하고자 하는 상황을 기술하고, 언제 그리고 어떻게 적용할 것인지에 대한 구체적인 계획을 써 보세요.

1. 상황: ______________________________

____

나의 계획: ______________________________

____

2. 상황: ______________________________

____

나의 계획: ______________________________

____

3. 상황: ____

____

나의 계획: ____

____

4. 상황: ____

____

나의 계획: ____

____

응용하기

1 참여자들에게 자신의 업무기술서를 슈퍼바이저와 즉각적으로 공유할 수 있도록 하라. 참여자들이 적용하는 것을 돕기 위해서 참여자와 슈퍼바이저가 함께 노력할 것을 제안하라.

2 교육훈련 프로그램 시작 전에 적용계획에 대한 슈퍼바이저의 협조를 요청하라.

적용 사례

갈등관리 프로그램에 참여한 한 학습자는 다음의 행동계획을 마련하였다.

1 상황: 두 직원은 사이좋게 지내지 않고 종종 다툰다.
계획: 두 직원을 모두 불러 '자리'보다는 '이익'에 초점을 두라는 피셔(Fisher)의 제안을 적용한다.

2 상황: 나의 부서와 다른 부서는 동일한 행정상의 지원 자원을 놓고 경쟁한다.

계획: 다른 부서의 매니저와 함께 앉아 고객에게 더 나은 서비스를 제공하기 위하여 어떻게 우리가 자원을 공유할 수 있을지에 대해 논의한다.

마무리하기

많은 교육훈련 프로그램에서 참여자들은 교육훈련 기간 동안에 다른 구성원들과 친해져 있을 것이다. 이는 참여자들이 오랜 시간 동안 만났고 광범위한 공동작업에 참여했다면 더욱 그렇다. 그들은 서로에게 작별인사를 하고 교육훈련 기간 동안 받은 지원과 격려에 감사를 표현해야 할 필요가 있다. 이러한 마지막 인사말을 위해 좋은 방법들이 많이 있다. 다음의 전략들은 좋은 사례다.

98 하이파이브

개요

이 활동은 교육훈련 프로그램들을 마무리 짓는 대단히 활동적인 전략이다. 이것은 재미가 있을 뿐만 아니라 참여자들이 창의적이 되도록 자극한다.

절차

1 트인 공간에서 참여자들이 앞을 보고 일렬로 서게 한다.

2 줄을 선 참여자들과 얼굴을 마주하고 선다. 당신과 그 줄 사이의 거리는 적어도 약 5미터 정도 떨어져 있어야 한다.

3 각 참여자들에게 그들의 액티브한 참여에 감사를 표한다.

4 줄의 맨 앞에 있는 참여자부터 당신 앞으로 달려오도록 해서 축하의 의미로 당신과 하이파이브를 하도록 한다(간단한 악수를 포함하여, 그룹과 상황에 따라 다른 신체적 감사 표현으로 대체할 수 있다.). 하이파이브 후에는 줄의 맨 뒤로 돌아가도록 한다.

5 다음 사람을 앞으로 불러내기 전에, 당신은 참여자들에게 반드시 앞 사람과는

다른 방식으로 뛰어나와야 함을 이야기한다(예를 들면, 한 참여자는 한쪽 발로만 뛰어 당신에게 다가올 수 있다.). 그 사람이 오면 하이파이브를 한다.

6 각 참여자들이 차례대로 당신에게 다가올 때 반드시 앞 사람과는 다른 방식으로 오도록 한다. 이 규칙은 모든 참여자들의 창의성을 북돋아 주고, 많은 웃음과 박수를 불러온다.

응용하기

1 참여자들이 하이파이브를 한 후 서로 인사하도록 하라.

2 각 참여자들에게 홀로 당신에게 다가오게 한 후에는, 그들을 다른 사람과 짝을 짓게 하고 두 명이 함께 창의적으로 당신에게 다가올 수 있는 방법을 찾도록 하라. 만일 그룹이 크다면 이 과정을 3명 혹은 4명, 심지어는 5명까지 그룹을 짓게 해서 이 활동을 지속할 수 있다.

3 각 참여자들에게 참여자들이 서 있는 줄을 지나게 하면서 모든 동료들의 하이파이브를 받도록 하라.

적용 사례

그룹의 다양한 목표를 달성하기 위하여 참여자들이 협력했던 팀빌딩 프로그램의 마지막에 참여자들은 하이파이브를 위해 줄을 선다. 교수자 및 각 개인 서로 간에 하이파이브를 하는 것 이외에, 참여자들은 자신들이 달성한 것들의 목록을 만들고 자신들의 성공에 대하여 동시에 서로 축하할 창의적인 방법을 만든다.

99 커넥션

개요

이것은 상징적인 의미로서 교육훈련 프로그램을 마무리 짓는 활동이다. 이것은 특히 참여자들이 서로 친밀한 관계를 형성했을 때 적합하다.

절차

1 문자 그대로 그리고 상징적으로 참여자들을 연결하기 위해서 실타래를 사용한다.

2 모든 사람들에게 일어나서 원을 만들도록 요청한다. 당신은 이 교육훈련 프로그램을 진행한 감회를 짧게 언급함으로써 과정을 시작한다.

3 실의 한쪽 끝을 잡고 실타래를 원의 다른 편에 있는 참여자에게 던진다. 그 사람에게 교육훈련 프로그램에 참여한 결과로 그가 경험했던 것을 짧게 언급하도록 요청한다. 그러고 나서 마찬가지로 그 사람에게 실을 잡도록 하고 실타래를 다른 참여자에게 던지도록 한다.

4 각 참여자들에게 돌아가면서 실타래를 받고, 던지며, 자신들의 경험을 공유하도록 한다. 각 참여자들에게 실의 한쪽을 계속해서 잡고 있도록 한다. 결과적으로 모든 참여자들을 연결하는 실로 된 거미줄이 만들어진다.

5 이 프로그램은 기꺼이 다른 사람들과 연결하고, 서로에게서 배우는 것을 주저하지 않는 개인들의 집합으로부터 출발했음을 말하면서 이 활동을 마친다.

6 모두는 각 개인으로서 떠나지만, 자신과 함께 다른 참여자들의 부분 조각을 가져갈 수 있도록 가위로 실을 자른다. 참여자들의 흥미, 생각, 시간 그리고 노력에 감사한다.

응용하기

1 자신에게 실타래를 던진 사람에게 감사함(혹은 칭찬)을 표현하게 하라.

2 실타래를 사용하는 것 대신에 공 혹은 비슷한 물건을 활용하라. 각각의 참여자들은 공을 받으면 마지막 인사말을 할 수 있다.

적용 사례

직원협력 구축에 관한 프로그램에서 참여자들은 실타래를 받으면 다음과 같은 말들을 한다.

- 나는 팀으로 함께 일하는 것이 얼마나 중요한지를 배웠습니다.
- 나는 우리 모두가 서로 다른 개성과 의사소통 스타일을 가졌다는 것을 알게 되었습니다.
- 나는 개인적으로 사람들을 더 잘 알 수 있는 기회가 주어진 것에 감사합니다.
- 나는 여기에 있는 모든 사람과 더불어 뭔가 통하는 느낌을 받았습니다.
- 나는 이제 갈등을 보다 효과적으로 다루는 방법을 알았습니다.
- 우리가 다 같이 배우는 동안 재미있었습니다.
- 우리 모두는 훌륭했습니다.

100 그룹 사진

개요

이 활동은 각 참여자들의 공헌에 대해 감사하고 동시에 전체그룹을 축하하는 전략이다.

절차

1 전체 참여자들을 그룹 사진을 찍을 수 있는 대형으로 모이게 한다. 보통은 3열로 만들어 첫 번째 줄은 바닥에, 두 번째 줄은 의자에 앉도록 하고, 마지막 줄은 의자 뒤에 서게 한다. 사진을 찍기 전에 마지막 인사말을 한다. 얼마나 교육훈련이 액티브한가는 참여자들의 지원과 노력에 달려 있음을 강조한다. 프로그램의 성공에 큰 공헌을 해 준 것에 대해 참여자들에게 감사를 표한다.

2 한 번에 한 명씩 나오게 해서 사진사 역할을 맡도록 한다.

3 만약 그룹이 그리 크지 않다면, 각 참여자들에게 자신의 마지막 인사말을 하도록 요청한다. 전체그룹은 각 참여자들의 기여에 박수를 보내도록 한다.

4 이메일로 각 참여자에게 그룹 사진을 보낸다.

응용하기

1 프로그램의 몇몇 하이라이트를 검토할 기회로서 사진촬영 세션을 이용하라.

2 참여자들이 공개적으로 마지막 인사말을 하는 것 대신에, 벽에 붙인 종이에 자신의 마지막 인사말을 전하는 것으로서 이 프로그램을 마쳐라.

적용 사례

교차기능팀(cross-functional team)에 관한 교육훈련 프로그램이 막바지에 이르렀다. 참여자들은 자신의 조직에서 교차기능적 협력을 위한 기회들을 검토하는 데 많은 시간을 썼으며, 실행을 위한 구체적인 활동계획을 만들었다. 교수자는 마지막 활동으로 참여자들을 그룹 사진을 찍을 수 있는 대형으로 모이게 한다. 각 참여자들은 자신이 사진사 역할을 맡을 때, 자신의 마지막 소감을 말한다. 그 소감들은 다음과 같다.

- 나는 서로 다른 부서들이 자신의 영역을 보호하는 데만 관심을 가질 것이기 때문에 이게 시간낭비가 될 거라고 생각했습니다. 내가 틀렸습니다! 나는 우리가 함께한 작업에 정말 신이 났었습니다.
- 나는 이 그룹의 재능에 정말 감명 받았습니다. 이것을 우리가 놓칠 순 없지요.
- 처음엔 우리가 서로의 말에 귀 기울일 수나 있을까 의심했어요. 하지만 마지막에 나는 모두를 진심으로 신뢰하게 되었습니다.
- 비록 나는 다른 많은 사람들처럼 긍정적이지는 못하지만, 이게 한번 해 볼 만하다고 생각했습니다. 여러분은 내가 여러분과 진정 함께했다는 것을 믿어도 좋습니다.

101 마지막 시험

개요

이것은 최소 하루짜리 이상의 교육훈련 프로그램에서 수행된 활동들을 회상할 수 있는 즐거운 방식이다.

절차

1 참여자들에게 빈 종이를 나누어 주며 마지막 시험을 치를 시간임을 알려 준다. 참여자들에게 시험에 대한 긴장감을 불러일으킨다.

2 참여자들에게 마지막 시험은 교육훈련 프로그램에서 자신들이 경험한 많은 활동들을 순서대로 적는 것임을 알려 준다(이 시점에서 이것은 성적에 반영되는 것이 아닌 하나의 도전적인 활동임을 알린다.).

3 참여자들이 과제를 마치면 (혹은 포기했거나!), 전체그룹별로 하나의 목록을 만들도록 한다. 완벽한 목록이 될 때까지 수정을 한다.

4 만들어진 목록을 보며, 참여자들에게 재미있었던 혹은 협동했던, 그리고 완전한 이해에 도달했던 순간을 떠올리게 하면서 그 경험들을 회상하도록 한다.

5 교육훈련 프로그램에 대한 인상 깊은 정서적 마무리를 위하여 참여자들에게 자신의 경험을 회상해 보도록 한다.

응용하기

1 활동한 것들에 대한 목록을 제공하라. 즉각적으로 회상을 시작하라.

2 활동들에 초점을 두는 것 대신에 '기억하고 싶은 순간'에 초점을 맞춰라. 이 단계에서는 교육훈련 프로그램을 회상하는 데 있어 강의실에 웃음이 가득 차게 할 수도 있고 혹은 향수에 잠기게 할 수도 있다.

적용 사례

창의성에 관한 교육훈련 프로그램에서 참여자들은 기발한 사고를 촉진하는 다양한 활동들을 경험하면서 하루를 보냈다. 참여자들에게 전지를 나누어 주고 마인드맵을 이용하여 어떤 활동(자신들이 배웠던 기술 중의 하나)을 기억하도록 하였다. 그 결과는 다음과 같이 나타난다.

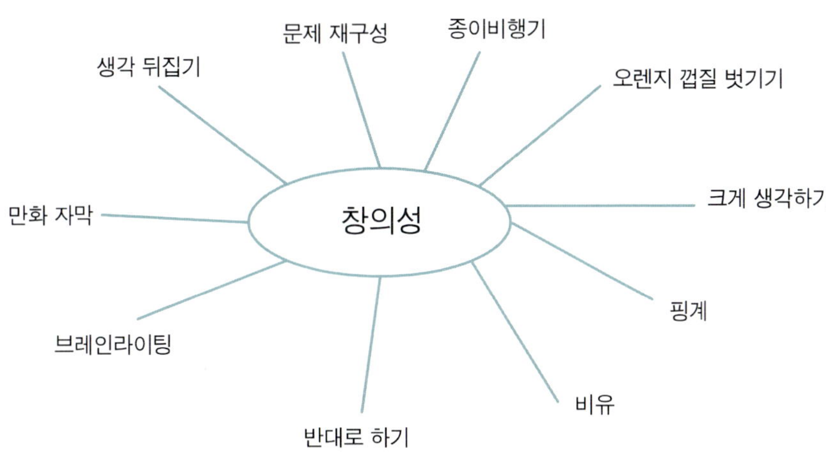

참여자들이 마인드맵 활동을 마치면, 그들에게 재미있었던 혹은 협동했던, 그리고 완전한 이해에 도달했던 순간을 떠올리게 하면서 그 활동들을 회상해 보도록 한다.

참고문헌

Barbazette, Jean. (2004). *Instant case studies*. San Francisco, CA: Pfeiffer.

Bowman, Sharon. (2001). *Preventing death by lecture*. Glenbrook, NV: Bowman.

Hofmann, Jennifer. (2004). *Live and online*. San Francisco, CA: Pfeiffer

Koppett, Kat. (2001). *Training to imagine*. Sterling, VA: Stylus.

Meier, Dave. (2000). *The accelerated learning handbook*. New York: McGraw-Hill.

Parkin, Margaret. (1998). *Tales for trainers*. London: Kogan.

Silberman, Mel. (1998). *Active Training* (2nd ed.). San Francisco, CA: Pfeiffer.

Thiagarajan, Sivasailam. (2003). *Design your own games and activities*. San Francisco, CA: Pfeiffer.

Wacker, Mary, & Silverman, Lori. (2003). *Stories trainers tell*. San Francisco, CA: Pfeiffer.

Watkins, Ryan. (2005). *75 e-learning activities: Making online learning interactive*. San Francisco, CA: Pfeiffer.

저자 소개

실버맨(Mel Silberman) 박사는 템플 대학교(Temple University)의 성인 및 조직개발학과 명예교수이며, 이 대학으로부터 훌륭한 교수상을 수상한 바 있다. 그는 세계 곳곳의 교육, 기업, 정부 그리고 휴먼 서비스 조직들을 대상으로 무수히 많은 액티브한 교육훈련 세미나를 수행했다. 또한 미국 전역의 대중들을 대상으로 교육훈련 기술 세미나를 제공하는 뉴저지주 프린스턴 소재의 Active Training사(www.activetraining.com, 800-924-8157) 회장을 역임했다.

실버맨 박사는 『Active Training: A Handbook of Techniques, Designs, Case Example, and Tips』(1998), 『The Best of Active Training』(2004), 『The 60-Minute Active Training Series』(2005) 등을 포함하여 많은 책들을 Pfeiffer를 통해 출판했고, 『PeopleSmart』(Berrett-Koehler, 2000) 및 『Working PeopleSmart』(Berrett-Koehler, 2004)를 공동 저술했다. 이에 더하여 그는 『The ASTD Training and Performance Sourcebook』 및 『The ASTD Team and Organization Development Sourcebook』의 편집자이기도 하다.

실버맨 박사는 브랜다이스 대학교(Brandeis University)에서 학사 및 석사 학위를, 시카고 대학교(University of Chicago)에서 교육심리학으로 박사학위를 취득하였다.

역자 소개

전주성

서울교육대학교를 졸업하고, 서울대학교 교육학과 대학원에서 평생교육학을 전공으로 수학하였다(석사 및 박사 과정 수료). 이후 미국 조지아 대학교(University of Georgia)에서 성인교육학 전공으로 박사학위(Ph.D.)를 취득하고, 한국교육학술정보원 연구원과 경원대학교 교수를 거쳐 현재 숭실대학교 평생교육학과 교수로 재직 중이다. 관심분야는 조직개발, 성인학습이론, 교육훈련 프로그램평가, 평생교육 정책평가 등이다.

교육훈련을 Active하게 만드는 101가지 방법
101 Ways to Make Training Active(2nd edition)

2012년 8월 30일 1판 1쇄 인쇄
2012년 9월 10일 1판 1쇄 발행

지은이 • Mel Silberman
옮긴이 • 전주성
펴낸이 • 김진환
펴낸곳 • (주) 학지사
121-837 서울특별시 마포구 서교동 352-29 마인드월드빌딩 5층
대표전화 • 02)330-5114 팩스 • 02)324-2345
등록번호 • 제313-2006-000265호

홈페이지 • http://www.hakjisa.co.kr
커뮤니티 • http://cafe.naver.com/hakjisa

ISBN 978-89-6330-916-3 93370

정가 18,000원